スタジオジブリ全作品集 増補改訂版

はじめに

　この「スタジオジブリ全作品集」は、『風の谷のナウシカ』から最新作『君たちはどう生きるか』まで、すべてのスタジオジブリ作品（P.3右下の※をご参照ください）について、作品ごとに詳しく紹介しています。特に、『君たちはどう生きるか』は、映画の内容やキャラクターの紹介のほか、どのように映画がつくられたか、スタッフの貴重な証言を交えて解説しています。また、スタジオジブリの歴史や主な出来事などに加え、鈴木敏夫プロデューサーには、『君たちはどう生きるか』と新たにオープンしたジブリパーク、そしてジブリの未来について語っていただいています。映画のシーンを"飛ぶ"や"食べる"などの視点から読み解くページもあり、新たな発見があることでしょう。監督たちが映画制作に際して綴った思いなども収録しています。もっとジブリ映画を深く知りたいと思われた方のために、おすすめの書籍・DVDなどを紹介するページもあります。映画に登場するキャラクターを、すぐに探せる便利なキャラクター索引も付いています。盛りだくさんの内容で、たっぷりとジブリ映画の世界を楽しむことができます。

各作品ページの読み方

各作品を紹介するページについて、『風の谷のナウシカ』を例として、見てみましょう。

- ■ 作品名と公開された年です。
- ■ 作品についての解説です。
- ■ 作品の制作に関わった人たちです。
- ■ 作品のストーリーを紹介しています。
- ■ 作品のもとになった、原作です。オリジナル作品の場合は、記載がありません。
- ■ 作品が公開された当時のポスターで、主なものを掲載しています。
- ■ 作品が公開された当時に作られた、主な新聞広告です。

- ■ 作品に登場する主なキャラクターたちです。
- ■ 作品の中で、特に注目してほしいシーンです。
- ■ キャラクターたちの関係が、ひとめでわかる相関図があります。
- ■ 作品の見逃せない名シーンをピックアップしています。
- ■ あまり知られていない、制作当時のとっておきのエピソードを知ることができます。

もくじ

- 2 はじめに
  - 各作品ページの読み方
- 4 鈴木敏夫プロデューサー インタビュー
- 6 『君たちはどう生きるか』
  - 6 作品解説
  - 9 制作過程①
    『君たちはどう生きるか』ができるまで
  - 10 制作過程②
    トップクリエイターが創り出した映像
  - 12 ポスタービジュアル 国内／海外
    世界が見た『君たちはどう生きるか』
  - 14 エリック・ベックマン 寄稿
    スタジオジブリとGKIDS
- 22 スタジオジブリとは？
  - 22 スタジオジブリの歴史
  - 26 スタジオジブリ年表
  - 28 ジブリパークとジブリ美術館
- 31 スタジオジブリ全作品
  - 32 『風の谷のナウシカ』（1984年）
  - 36 『天空の城ラピュタ』（1986年）
  - 40 『となりのトトロ』（1988年）
  - 44 『火垂るの墓』（1988年）
  - 48 ジブリが描く "街と建物"
  - 50 『魔女の宅急便』（1989年）
  - 54 『おもひでぽろぽろ』（1991年）
  - 58 『紅の豚』（1992年）
  - 62 ジブリが描く "飛ぶ"
  - 64 『海がきこえる』（1993年）
  - 66 『平成狸合戦ぽんぽこ』（1994年）
  - 72 『耳をすませば』（1995年）
  - 75 『On Your Mark』（1995年）
  - 76 『もののけ姫』（1997年）
  - 82 『ホーホケキョ となりの山田くん』（1999年）
  - 86 ジブリが描く "走る"
  - 88 『千と千尋の神隠し』（2001年）
  - 94 『猫の恩返し』（2002年）
  - 98 『ギブリーズ episode2』（2002年）
  - 100 『ハウルの動く城』（2004年）
  - 104 ジブリが描く "戦い"
  - 106 『ゲド戦記』（2006年）
  - 110 『崖の上のポニョ』（2008年）
  - 114 『借りぐらしのアリエッティ』（2010年）
  - 118 『コクリコ坂から』（2011年）
  - 122 ジブリが描く "食べる"
  - 124 『風立ちぬ』（2013年）
  - 128 『かぐや姫の物語』（2013年）
  - 132 【コラム】ジブリ映画の音楽は
    『風の谷のナウシカ』の
    イメージアルバムから始まった。
    賀来タクト（映画・音楽評論家）
  - 134 『思い出のマーニー』（2014年）
  - 138 『レッドタートル ある島の物語』（2016年）
  - 140 『アーヤと魔女』（2020年）
  - 144 ジブリが描く "自然と風景"
- 146 スタジオジブリ作品の監督たち
  - 146 宮﨑 駿
    高畑 勲
  - 147 望月智充
    近藤喜文
    森田宏幸
    百瀬義行
    宮崎吾朗
    米林宏昌
    マイケル・デュドク・ドゥ・ヴィット
- 148 監督たちの言葉
- 172 ジブリがいっぱいセレクション
- 174 キャラクター索引

※本書に掲載している作品は、スタジオジブリホームページに掲載の「スタジオジブリ作品一覧」に依拠しています。この作品一覧に含まれていない作品は原則として掲載しておりません。

INTERVIEW 『君たちはどう生きるか』とジブリのこれから──

宮﨑駿監督の10年ぶりの長編作品『君たちはどう生きるか』が公開されておよそ1年が経ち、「ジブリパーク」の5つのエリアが開園するなど、大きな話題が続く。そんなスタジオジブリの今後について、鈴木敏夫プロデューサーに話をうかがった。

◆ カンヌに送ったビデオメッセージ

── まずは名誉パルムドール、おめでとうございます。同賞は、映画界へ多大な貢献をした監督や俳優などの個人に贈られるもので、スタジオが受賞するのは初だとか。宮﨑監督とどのように喜び合ったか、教えていただけますか。

鈴木敏夫（以下、鈴木） 評判になったみたいですよ、僕と宮﨑のかけあい漫才。

── 授賞式に寄せたビデオコメントですね。

鈴木 「（カンヌに）吾朗くんに行ってもらったんですよ」と言ったら、宮さんが「気の毒に」。会場が大盛り上がりだったそうです。狙ったわけじゃないんだけれど。そもそも漫才が始まったのは、いつだったか、忘年会かなにかで、宮さんに「みんなの前で挨拶してくださいよ」と言ったら「嫌だ」と言うので、引っ張り出すためにみんなの前でやったのが最初。その後、アカデミー賞にノミネートされた時に、同じやり方で撮って送ったら、評判がよかった。それで今回のカンヌでしょ？ みなさんアカデミー賞とかカンヌとかっていうと興奮されるんだけど、当の本人たちはかけあい漫才だからね。この二人はいったいなにをやっているんだ、という。しょうがないよね、ジジイになったんだから。

── 賞に対しては、鈴木さんは一貫して恬淡としていますね。

鈴木 アカデミー賞にしても、アメリカの賞を取ることがなぜこんなに話題になるんだろうと、違和感があったのは確かですよ。あまりピンと来ないんですね。僕らの世代はね。もちろんありがたいし、それが興行に結びつくのは、僕としてはうれしかったですよ。

── 『君たちはどう生きるか』公開から1年が経ちますが、興行的にも大成功と言っていいでしょうか。

鈴木 まだ（すべての興行が）終わっていないし、お客さんが来てくれるかどうかは時の運。結果として大勢来てくれましたけど、それだけを見てあれこれ言うのはあまり意味がないと思います。

　言えることがあるとすれば、宮﨑駿という人にジブリはずっとお世話になってきたわけで、最後ぐらい自分の好きなことをやってもらおうというので、いつもだったら企画に1年、実作業に2年、計3年で作ってきたものを、その倍の時間を与えたらなにができるだろう、そう考えてスタートした映画だということです。これはどういうことかというと、予算は3倍かかるんですよ。ふつうの映画興行としては成立しないんです。プラスにするのは至難の業。だから僕は、はじめから期待しなかったんです。

　じゃあどうするかというので、まず最初に決めたのが、これまでのように製作委員会の人たちに協力してもらわず、ジブリ1社でやろうということ。二つ目が、宣伝をしない。これもずいぶん前に決めていました。とい

うことでスタートしてみたら、あにはからんや、僕の予想を超えてお客さんが来てくれて、海外でも評判がよくて、いろんな賞もいただくという結果になった。

── 監督に思う存分作ってもらうという本筋をぶれさせなかったんですね。

鈴木 興行という意味では、今までと違うことは一個だけです。アメリカや中国で（興行収入の）記録を作ったんです。海外でいっぱいお客さんが来てくれた。ここに大きな特徴がありますね。

◆ 中国やアメリカで成功した理由

── 中国の盛り上がりは日本でも報じられており、日本映画の初日興行収入の記録を塗り替えて、初日だけで1億元を超えたそうですね。特別な戦略があったのでしょうか。

鈴木 中国は、易巧（イ・チャオ）さんという人にすべてを委ねました。『千と千尋の神隠し』を中国でヒットさせてくれた人です。「鈴木さんが指名してくれたのはうれしい」と言ってくれて、やることになったんだけど、僕としては「あとはよろしく」のつもりだったのね。ところが、そういうわけにはいかなかった（笑）。「鈴木さん、中国へ来てくれるんですよね？」って。僕は嫌だったんだけど、はっきり言われたんですよ。「ふつうにやったら20億円。鈴木さんが来てくれたら、100億円になります」。

── 易さんは、すごい胆力の持ち主ですね。

鈴木 そうなんです。それを言われたら、行かざるを得ない。

　結果として、彼が言った数字を大きく超えています。これは予想しなかったです。仮に予想したとしても、計算ではできない。

　それともう一つは、アメリカです。アメリカはね、ディズニーとの提携が終わったあと、当時ジブリの海外事業部の責任者をしていたスティーブン・アルパートさんがGKIDS（ジーキッズ）という会社を探してきてくれた。小さいけど、いい会社だと。それで任せたら、ニューヨークを中心に、ジブリの全作品をほんとにきめ細かくやってくれたんですよ。その努力が花開いたと言えるんじゃないでしょうか。だから、偶然じゃないんですよ。作品の力が一番なのは間違いありませんが、それだけではない。という気がしますね。

◆ ジブリパークはまだまだ進化する

── ジブリパークは、2023年11月に「もののけの里」、2024年3月に「魔女の谷」が開園して、当初計画していた5つのエリアが揃いました。

鈴木 ジブリパークは、おかげさまですごく評判がいいんだけれど、なんでかと言ったら、触ることができる。これがすごく大きいと思うんですよ。各地で開催している（「ジブリパークとジブリ展」や、「金曜ロードショーとジブリ展」などの）イベントも、本物に触れるという効果はある

でしょうね。

　映画というのは複製物です。一方、今のお客さんはライブのほうが喜ぶ。映画にとっては、難しい時代に入ったなと思っています。これから先どうなっていくかは、わからないですけれど。

―― パークを作り始める時に、そういう時代が来ることを予測していたんですか。

鈴木　いや、そんなことは思っていなかったですよ。ただ、見ていておもしろいなと思ったのは、吾朗くん（ジブリパークの監督を務める宮崎吾朗）が作るものって、ジブリの映画に忠実であろうとする。実際はいろいろと違うんだけれど、ジブリの世界を目の当たりにした、この手で触ったと、お客さんが感じられるものを作る。なるほどな、みなさんそういうものをどこかで求めていたんだなって思うわけです。だけどそれは、先例があるわけじゃないですか。

―― ディズニーランドですね。

鈴木　ウォルト・ディズニーという人も、映画から立体物へ向かったでしょ。二次元のものと三次元のものの違いというのが、あるような気がしているんですね。そういうことで言うと、僕が見る限り、吾朗くんは立体物がすごく得意だよね。

―― 吾朗さん自身にも、もっと作りたいという気持ちがあるのでしょうか。「魔女の谷」が開園してジブリパークは完成だと思っていましたが、そうとは限らない？

鈴木　限らないんじゃない？　みんなもっといろいろ見たいと思っているでしょう。欲望は果てしない。

―― そんな話を吾朗さんとされたりしますか？

鈴木　たまにはしますよ。「もっと作りなよ」と言いました。無責任に。お金が大変なので、それをどうするかですよね。

―― お金があれば（『千と千尋の神隠し』の）油屋のような新エリアができる可能性もあるということですか？

鈴木　みんな判で押したように油屋と言うんだけど、それは凡庸な人が考えることです（笑）。

―― では、鈴木さんだったらなにを作りますか？

鈴木　まったく違うものを作ってみたい。映画になっていないやつ。吾朗くんは真面目なんです。僕は、映画に忠実じゃないものに興味がある。なにとは言いませんよ。当たり前じゃないですか（笑）。

◆ スタジオジブリのこれから

―― ジブリはもちろん、映画を作るスタジオですが、ジブリパーク事業や、展覧会や舞台などのイベント事業も、うまくいっているように見えます。どちらの方向に向かうのか。今後のジブリはどうなりますか？

鈴木　誰にもわかりません。そこがジブリのおもしろさじゃないですか？『君たちはどう生きるか』なんていう映画を、誰が想像したか。しないでしょう。だからおもしろかったんですよ。

　さっき、映画が難しい時代になっていると言ったけれど、出版もそうかなという気がしているんですよ。出版物も複製物でしょ。だからキーワードは「複製」かなと。「世の中に一個しかない」となったら、その物が持っている価値とか、みんながどれくらいそれを求めるかとか、全部変わるじゃない。今の出版物や映画に成功例が少ないのは、そのことと関係があるんじゃないかなという気がしています。わかんないけどね。いっときのことかもしれないし。

　そういうなかで、『君たちはどう生きるか』みたいな映画を作ったわけですが、これから映画を作ろうという人たちは、ほんとに大変だと思う。だってあれを要求されても、できないから。それは僕がまったく予想しなかったことなんだけど、それほどのものを作ったんだから、宮崎駿も疲れただろうけど、スタッフだって疲れたんですよ。だから当面、映画はお休みしたらいいかなって、それは思っています。

　一方で、パークはこれから発展していく。ジブリはどうなるかということで言えば、近い将来は、ジブリパークが中心になるだろうという気はしています。そうこうしているうちに、「映画やりたい」という人が出てくるんですよ、たぶん。そういうものではないかな。

―― 「映画やりたい」という人が出てきた時に、ジブリらしさみたいなものは受け継がれていくのでしょうか。

鈴木　そんなことはわかりません。だって『君たちはどう生きるか』というのは、突然出てきたんだよ。突然出したやつの勝ちなんです。こうあらねばならないというのは間違いなんです。自由にやればいいんです。自分がいいと思ったものを。

取材・文：長瀬千雅／撮影：西田香織
これは2024年7月11日にインタビューしたものです。

鈴木敏夫　｜　Toshio Suzuki

1948年、愛知県名古屋市生まれ。スタジオジブリプロデューサー。徳間書店で『アニメージュ』の編集に携わるかたわら、1985年にスタジオジブリの設立に参加、1989年からスタジオジブリ専従。以後ほぼすべての劇場作品をプロデュースする。著書に『仕事道楽 新版―スタジオジブリの現場』『歳月』（ともに岩波書店）、編著に『スタジオジブリ物語』（集英社）など多数。

母を探して少年が迷い込んだ先は…宮﨑駿監督の自伝的冒険活劇

君たちはどう生きるか　2023年

『風立ちぬ』(2013年)公開後、長編からの引退を表明していた宮﨑駿監督の10年ぶりの復帰作であり、7年かけて制作された手描きのアニメーション作品だ。吉野源三郎による同名の小説からタイトルを借りているが、ストーリーは太平洋戦争下の日本を舞台にしたオリジナル。母を失った少年・眞人が、謎の青サギに導かれて夢と現実の入り交じる世界へと降りていき、さまざまな出来事を乗り越えて現実へと戻ってくるまでの冒険譚だ。

国内では2023年7月14日に劇場公開されたが、それまで一切の宣伝は行われず、事前に公表されたのは1枚のポスターのみ。そのポスターも、タイトルと宮﨑が描いた青サギのスケッチのみで構成され、主要キャラクターもキャッチコピーもなしという、極端に情報が少ないものだった。まっさらな状態で宮﨑監督の新しい映像を浴びる体験は、多くのジブリファンを興奮させ、SNSを中心にさまざまな感想や考察が飛び交った。

考察の題材の一つに「登場人物のモデル」があった。プロデューサーの鈴木敏夫は、眞人は宮﨑自身、青サギは鈴木、大伯父は高畑勲がモデルだと明かしているが、同時に「お客さんは自由に見てほしい」とも語っている。眞人の人物造形は、これまでの宮﨑作品のどの少年とも異なる。頭に石を打ちつけて自傷し、周囲の大人や学友に心の内を明かさず、失った母の影を追う。決して快活な人物とは言えないが、自らの運命から目をそらさずに果敢に立ち向かっていく少年像を描くことこそが、宮﨑にとっての新たな挑戦だったといえるだろう。

本作は、世界50ヵ国以上で劇場公開され、ゴールデングローブ賞アニメーション映画賞、米アカデミー賞長編アニメーション映画部門賞などを受賞。各国で高い評価を得た。

ストーリー

物語の舞台は、太平洋戦争末期の日本。11歳の少年・眞人は、母を火事で失い、父の経営する軍需工場がある地方へ疎開する。母の妹で、父の再婚相手となった夏子は、お腹に新しい命を宿していた。夏子を新しい母として受け入れられない眞人は、孤立し、自らを傷つけてしまう。そんな眞人の前に、ある日一羽の青サギが現れる。青サギは眞人につきまとい、「母君はあなたのたすけを待っていますぞ」と挑発する。

前触れもなく夏子が失踪。眞人は、住み込みの老婆・きりこと共に、屋敷の奥深くにたたずむ古びた塔へ向かう。その塔はかつて大伯父が建てたもので、大伯父は本を読みすぎて、姿を消してしまったのだった。青サギに導かれるように、塔の中に足を踏み入れる眞人。現実と幻想が入り交じり、眞人はもうひとつの世界へと落ちていく。行き着いた先は、生と死が渾然一体となった世界。眞人は、夏子を探すため、奥深くへと分け入っていく。その先で、眞人が出会う人物とは。果たして眞人は、元の世界に帰ることができるのか。

公開日：2023年7月14日
上映時間：約124分
© 2023 Hayao Miyazaki/Studio Ghibli

原作・脚本・監督……宮﨑　駿
プロデューサー……鈴木　敏夫
制作……星野　康二
　　　　宮崎　吾朗
　　　　中島　清文
音楽……久石　譲
作画監督……本田　雄
美術監督……武重　洋二
色彩設計……沼田　富美子
　　　　　　高柳　加奈子
撮影監督……奥井　敦
主題歌……「地球儀」
（作詞・作曲・歌：米津玄師）
製作……スタジオジブリ

眞人……山時聡真
青サギ・サギ男……菅田将暉
キリコ……柴咲コウ
ヒミ……あいみょん
夏子……木村佳乃
勝一……木村拓哉
いずみ……竹下景子
ワラワラ……風吹ジュン
あいこ……阿川佐和子
インコ大王……國村隼
老ペリカン……小林薫
大伯父……火野正平

キャラクター

眞人（まひと）
11歳の少年。火事で母・ヒサコを失い、父・勝一とともに疎開する。勝一と継母・夏子に複雑な想いを抱いているが、サギ男にいざなわれ、大伯父が築いたもうひとつの世界へと旅することになる。

青サギ・サギ男（あおサギ・サギおとこ）
青サギと人間の姿を行き来する謎の男。その言葉は嘘か真か定かではないが、眞人の母と、姿を消した夏子の居場所を知っていると言い、眞人をもうひとつの世界へといざなう。

勝一（しょういち）
眞人の父。軍需工場を経営しており、家族のためなら何も厭わないという強さを持っているが、時にその行動は少年である眞人にとって複雑に映る。

夏子（なつこ）
眞人の母・ヒサコの妹で、ヒサコ亡き後勝一と結婚し、眞人の継母となる。新たな子を身ごもっているが、つわりに伏せている最中、姿を消してしまう。

老婆たち（ろうば）
（あいこ、いずみ、うたこ、えりこ、おゆき、かずこ、きりこ）
青鷺屋敷の老婆たち。大将的存在のあいこは、勝一に、大伯父の建てた塔が生まれた秘密を明かす。

キリコ
もうひとつの世界で、漁師として巨大な魚を捕っている。墓所へと続く黄金の門をくぐってしまった眞人を、厳しくも優しく導く。ヒミの焼いたパンが好き。

ヒミ
もうひとつの世界で火をつかさどる少女。ワラワラを食べようとするペリカンを火で追い払うが、その火はワラワラをも焼いてしまう。眞人とともに夏子のもとへと向かうが……。

ワラワラ
キリコが捕ってきた魚のはらわたを滋養にするワラワラとした集団。月の輝く夜になると天へと昇ってゆき、人間として生まれるという。

インコ大王（だいおう）
もうひとつの世界で、隙あらば眞人を食べようとするインコたちを率いる王。大伯父と会談し、帝国と呼ぶもうひとつの世界を統治しようとしている。

老ペリカン（ろう）
もうひとつの世界を舞うペリカンのうちの一羽。大空めがけて、何度飛び上がっても元の場所に戻ってきてしまうことに絶望している。

大伯父（おおおじ）
眞人の母の大伯父であり、屋敷の塔を建てた人物。本を読み過ぎて姿を消したと言われている。もうひとつの世界を築き、その世界を旅して力のある石を集め世界の均衡を保っており、後継者を探している。

キャラクター相関図

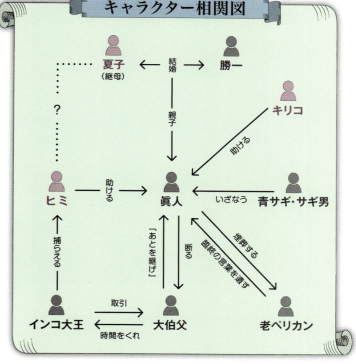

注目ポイント

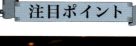

本作の見どころは、なんといっても圧倒的な映像表現。例えば冒頭の火事のシーンは、強烈に印象に残ると公開直後から話題になった。宮﨑監督からこのシーンを託されたのはアニメーターの大平晋也。難易度の高いモブ（群衆）シーンだが、監督は大平が作画することを前提に絵コンテを描いたという。

青鷺屋敷

■ 疎開して、母方の実家である「青鷺屋敷」で暮らし始めた眞人。つきまとってきたあやしい青サギと対峙する。

■ ベッドから抜け出した眞人を心配し、夏子と老婆たちが探しにくる。しばらくすると、今度は夏子が伏せってしまう。

■ 姿を消した夏子を追って、大伯父の塔へ向かう眞人。薄暗くほこりの積もる内部に足を踏み入れると、青サギに出迎えられ……。

もうひとつの世界

■ もうひとつの世界に入った眞人は、漁師のキリコに助けられる。膨らんでのぼっていくワラワラ達。

■ 眞人は、サギ男と和解するようにキリコに諭され、協力して夏子を探しに行くことになる。

■ ヒミに助けられた眞人。追ってきたインコ達に挟み撃ちにされた二人は、時の回廊のドアを開ける。

制作秘話

本作を制作中の2018年4月5日に高畑勲監督が亡くなった。宮﨑監督は巨大な喪失感に苛まれ絵コンテが描けなくなったと、のちに鈴木プロデューサーが明かしている。再開後の絵コンテでは、眞人と大伯父の関係や作品における大伯父の位置づけが、当初構想されていたものから変更された。高畑監督の死は、それほど大きな出来事だった。

制作過程 ① 『君たちはどう生きるか』ができるまで

本作の企画は、2016年の夏にさかのぼる。短編『毛虫のボロ』の制作が進むなか、宮崎駿監督は、鈴木敏夫プロデューサーに長編の企画書を手渡した。

鈴木は当初、宮崎の長編復帰に強く反対していた。名監督が晩年になって傑作を作った例を知らなかったからだ。宮崎は「絵コンテを20分ぶんだけ描くから、それで判断してほしい」と言い、その年の末に鈴木に見せた。その絵コンテは文句なくおもしろかったが、ジブリが映画制作を再開するとなれば、どんな困難が待ち受けているか、鈴木にはわかっていた。宮崎と自分の年齢。制作期間や制作費がいくらかかるか——やらない理由はいくつもあった。迷いながら宮崎のアトリエを訪れたが、宮崎の姿を見て、不思議と心が決まったという。

宮崎にとことんつきあうと決意した鈴木は、異例とも言えるプロデュースの手法を考案。製作委員会方式をとらず、公開時期も決めずにジブリの自己資金のみでの製作とすることで、監督やスタッフが納得いくまで制作に取り組める環境を用意。さらに、公開時には宣伝を一切行わないことを公言し、世間を驚かせた。

作画監督にはアニメーターの本田雄を起用した。本田は、当時既に『シン・エヴァンゲリオン劇場版』の作画監督に内定していたが、宮崎に請われて本作に参加することとなった。美術監督にはベテランの武重洋二。原画や背景にも、名うてのアニメーターや美術スタッフが集結した。締め切りを設けない方針が適材適所の人員配置を可能にし、印象的なシーンをいくつも生み出すこととなった。

2017年5月、動画および美術スタッフの新人募集を開始。事実上、ジブリの再始動を公表することになった。最初の作画打ち合わせ（監督と各シーンを担当するアニメーターとの作画に関する打ち合わせ＝作打ち）は、2017年8月に行われた。その間も、宮崎は絵コンテに取り組み続けた。絵コンテの完成は2019年5月。その後、2020年の初頭に発生し、長く続いたコロナ禍を乗り越えて、映画は完成した。

参考資料　『スタジオジブリ物語』（集英社）
『THE ART OF 君たちはどう生きるか』（徳間書店）

作品のあゆみ

2016	7.	宮﨑駿が企画書を書いて、鈴木敏夫に提案
	年末	宮﨑、冒頭20分ぶんの絵コンテを鈴木に見せる
		週明け月曜日、鈴木が製作を決意
	5.19	新人スタッフ募集開始
2017	7.3	開所式および宮﨑からメインスタッフへ作品説明
	7.4	本田雄キャラ表作業IN
		武重洋二、吉田昇イメージボード作業IN
	8.23	作画IN（初作打ち：大平晋也）
	9.	新人スタッフ（美術、動画）選考・採用者決定
		美術・動画・仕上・撮影・ハーモニーの
		各作業が順次IN
2018	4.5	高畑勲監督逝去
	5.15	高畑勲　お別れの会
	7.12	初ラッシュ
	8.10〜19	宮﨑、夏休み&絵コンテ集中作業の為、山小屋へ
2019	5.1	絵コンテ完成
	7.	新人スタッフ（仕上）選考・採用者決定
2020	3.30〜4.3	新型コロナウイルス感染症対策休暇
	4.6	メインスタッフを除く、現場スタッフ自宅作業に切り替え
	4.7	緊急事態宣言発令（1回目）
	4.21	宮﨑、作業場所を二馬力に変更
		メインスタッフ全員自宅作業に切り替え
	5.25	緊急事態宣言解除
	6.1	メインスタッフ　スタジオ作業再開
	6.15	全スタッフ　スタジオ作業再開
		その後、翌年にかけて計4回の緊急事態宣言が発令されるが、
		その都度、希望者はスタジオから自宅へ切り替え。
		作業は継続

2021	3.29〜31	君たち班　春のリフレッシュ休暇
	9.6	全カット作打ち終了
	9.25	全カットレイアウトすべてUP
	10.25	久石譲、来社@二馬力
2022	1.5	宮﨑、久石の事務所で音楽スケッチ「Ask Me Why」を聴く
	3.	ハーモニー、背景（美術）、原画の各作業が順次すべてUP
	6.9	全カット作監UP
	7.	動画、動画検査、仕上の各作業が順次すべてUP
	9.26	宮﨑、米津玄師の主題歌【仮題：地球儀】のデモを確認@二馬力
	10.	CG全作業UP、撮影take1全カットUP
	11.24	アフレコ@ジブリ試写室（翌年1月10日まで）
2023	1.	音響や音楽に関する作業を進める
	2.22	0号試写@ IMAGICA
	2.24	初号試写@ IMAGICA

7.14 全国ロードショー

	9.8	トロント国際映画祭でオープニング作品として上映（日本時間）
	10.6	海外初となる台湾で劇場公開
		以降、韓国、スペイン、フランスなど世界各国で公開が続く
	11.30	ニューヨーク映画批評家協会賞アニメーション映画賞受賞
	12.8	北米で劇場公開
2024	1.7	ゴールデングローブ賞アニメーション映画賞受賞
	3.10	米アカデミー賞長編アニメーション映画部門賞受賞
	3.20	国内で英語吹替版（日本語字幕付き）の上映開始
	4.3	中国で劇場公開

参考資料：
鈴木敏夫責任編集『スタジオジブリ物語』（集英社）
スタジオジブリ責任編集『THE ART OF 君たちはどう生きるか』（徳間書店）

制作過程 ②　トップクリエイターが創り出した映像

『君たちはどう生きるか』には、凄腕のアニメーターや美術スタッフが集結した。スタッフにとっても、宮﨑駿監督とともにこれほど長期にわたって一つの作品に取り組むのは、かつてない経験だった。

作画の中心を担った本田雄は、若くしてテレビアニメシリーズの作画監督に抜擢され、同業者からは親しみと敬意を込めて「師匠」と呼ばれるほどの実力者だ。宮﨑作品には『崖の上のポニョ』で初参加、三鷹の森ジブリ美術館オリジナル短編『毛虫のボロ』でも作画監督を務めた。

庵野秀明監督作品をはじめ、あらゆる現場で筆を振るってきた本田だが、本作では宮﨑監督のもとで従来とは異なるアプローチも模索したという。特にレイアウトチェックにおいては、レイアウトの段階でがちっと絵を決め込むのではなく、おおまかな方向性をつかむにとどめるという、監督のやり方に合わせる必要があった。

「僕にもレイアウトの時に動きのラフをあまり入れないでほしいと言われました。僕の絵で固めてしまうと、宮﨑さんが原画の時に直しづらかったみたいなんです」(『THE ART OF 君たちはどう生きるか』)

キャラクター設定についても、監督の絵コンテをもとに、本田がキャラクターの設定画を描いたが、実際に完成した映画を見ると、髪型や身長が少しずつ違っているという。近年は、キャラクターの顔や髪型などが設定からともかくずれないことを良い作品と見る向きもあるが、宮﨑は必ずしもそれにこだわらない。本田は、本作ではあえてキャラクターの身長を対比する設定画を作らなかった。多少のずれは許容して、原画チェックの段階までフレキシブルさを残しておく宮﨑のやり方は、本田も納得できるものだった。

「ここから先はよろしくみたいなものも結構ありました。任せてくれた部分は自分なりに考えてやれたので、そういったところで自分の絵が出ていると思います」(同)

本田はまた、制作に時間がかけられたおかげで、頼みたいと思うアニメーターに作業の時期や期間を気にせずに依頼できたのがよかったと話している。そういったアニメーターの一人が、冒頭の火事のシーンを手がけた大平晋也だ。

母が入院している病院が火事だと聞いた眞人が、自宅を飛び出し、防火活動でおおわらわの町の人たちのあいだをぬって駆けていく。走るというアクションと同時に群衆を動かすという難しいシーンだが、大平にしか描けない動きや炎の効果で、一度見たら忘れられない映像ができあがった。

大平は当時、別の作品のメインスタッフを務めており、本作では最も早く作打ちをして、最後まで作業していた。じっくり作業をしたいタイプという大平は、時間をかけて取り組めたことに満足していると、のちのインタビューでも語っている。

「今回の仕事はああすれば良かったということはほとんどなかったです。(中略)やりすぎは良くないと思いながらも、『迷ったら描いちゃえ』というようなことができた」(同)

これまでも数々のジブリ映画で美術監督を務めてきた武重洋二は、長いキャリアに区切りをつけて、次の人生に踏み出そうと思っていたところ、宮﨑に誘われ、絵コンテのおもしろさに惹きつけられた。作業に入る前に、宮﨑から「今までと違う『緑』を描いてほしい」と言われ、その試作からスタートしたという。火事のシーンの家や街並み、眞人の疎開先である青鷺屋敷の庭など、自ら背景美術を手がけながら、美術監督として作品全体の世界観やクオリティーを保つことに注力した。

「美術スタッフは基本的にジブリに机を置いて、そこで描いてもらっていたんです。そうすると描いている途中に、宮﨑さんが声をかけて、こうしてほしいというやりとりもできますし。やっぱり直接宮﨑さんに言ってもらったほうがいいんです。それ受け止めて反映させていくことのできる人たちに、今回は頼んでいますので」(同)

こうしたスタッフの証言から、監督を中心に、適度な緊張感のある現場運営がなされていたことがうかがえる。

参考資料
『THE ART OF 君たちはどう生きるか』(徳間書店)
『君たちはどう生きるか』ガイドブック(東宝)

キャラクターについて

本作のキャラクターについて、本田は「キャラクター設定は僕が描いていますが、やっぱり本編とは違う」(『THE ART OF 君たちはどう生きるか』)と証言している。一方、これまでの宮﨑作品とは異なり、作画監督である本田の絵柄が画面に出ている、という関係者の声も聞かれる。制作を務めた伊藤郷平は、「原画チェックに関してはかなり本田雄さんに任せたので、映像にはかなり本田さんの絵の特徴が出ています」(同)という。さまざまな証言を総合すると、監督の宮﨑が作画監督の本田に以前の作品と比べればかなりの部分を任せ、本田も監督のやりたい方向に最大限に歩み寄った結果、ジブリらしさがありつつも新鮮な映像表現が実現したといえるだろう。

■ 宮﨑駿によるイメージボード(左)と、本田雄によるキャラクター設定(右)。眞人と、父・勝一が描かれている。

■ 青サギのキャラクター設定では、頭部や全身、羽の形状などが描かれている。

青サギと背景画

　青サギは特に重要なキャラクターで、たたずむ姿や飛翔する姿などのイメージボードが、宮崎によって描かれた。それらをもとに本田が描いたキャラクター設定では、羽の色分けや瞳の描き方といった注意点が書き込まれている。その後の工程としては、まずそのシーンの原画を担当する近藤勝也が宮崎の絵コンテに沿ってレイアウトを描き、監督チェックを経て原画作成に着手、作画監督のチェックを受けるが、それと並行してレイアウトは美術にも回り、背景美術が描かれる、という流れで作られていった。

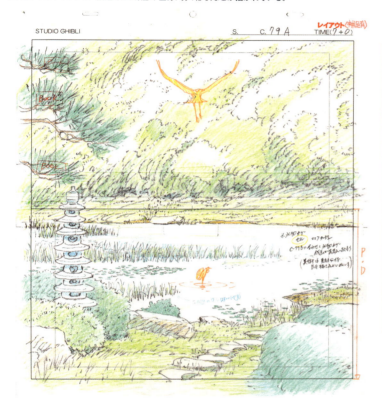

■ 原画を担当した近藤勝也によるレイアウト（左）と、武重洋二による背景画（右）。近藤は、『天空の城ラピュタ』で初参加して以来、ジブリ作品を支えるベテランの一人。

レイアウトと完成した場面

　シーンの設計図としてのレイアウトと、完成した場面の対比。ヒミが乗っている船の舳先の形状や帆の色などは、宮崎が描いたイメージボードをベースに描き起こされている。ちなみに、もうひとつの世界に導かれた眞人は、船に乗って現れるキリコに助けられるが、初期のイメージボードでは、その船に乗っているのはヒミだった。本田によれば、「ヒミがそういう登場の仕方をすると、ヒミ主導で話が動いていく感じになってしまうので、それを避けるために、若いキリコにしたんじゃないでしょうか」（『THE ART OF 君たちはどう生きるか』）とのこと。絵コンテの段階でかなり大きな変更が行われたようだ。

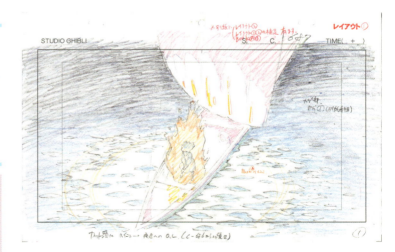

■ 原画を担当した山下明彦によるレイアウト（上）と、場面スチール（右）。山下は80年代からさまざまなテレビシリーズで活躍。ジブリ作品は『千と千尋の神隠し』で初参加。『借りぐらしのアリエッティ』で作画監督を務めた。

ポスタービジュアル　国内／海外
世界が見た『君たちはどう生きるか』

■国内用ポスタービジュアル第１弾。

■国内用ポスタービジュアル第２弾。

ポスタービジュアル 国内版

国内では、公開前に発表された宣伝ビジュアルは第１弾ポスターのみ。その後、第２弾、第３弾と続くが、いずれも宮崎監督のイメージボードからビジュアルが採用されている。

■国内用ポスタービジュアル第３弾。

日本で2023年7月に公開された『君たちはどう生きるか』はその後、世界50ヵ国以上で公開。それぞれの国の文化的特色や背景に合わせて、多様なポスターが作られた。他のジブリ作品と比べても、国内版と海外版の違いが際立っているのも興味深い。

ポスタービジュアル海外版

海外では、国ごとにポスターが制作された。公開まで一切の情報が隠された国内と異なり、眞人や青サギといったキャラクターの姿が見えることが大きな違いだ。独自の意匠が凝らされているものもある。
鈴木プロデューサーの発案で英語タイトルは『The Boy and the Heron』（少年とサギ）となった。中国や韓国などを除き、各国語で『少年とサギ』を表すタイトルになっている。

■ 台湾版のポスター。タイトルは『青サギと少年』。

■ フランス版のポスター。

■ フランスの劇場公開時に地下鉄駅構内で掲出された広告。

■ 韓国版のポスター。タイトルは『君たちはどう生きるか』になっている。

■ イタリア版のポスター。

■ 北米版のポスター。鈴木プロデューサーの発案で英語タイトルは『The Boy and the Heron』（少年とサギ）となった。

■ 中国版のポスター。

■ 中国でのメインポスター。原題と同じ『君たちはどう生きるか』というタイトルで公開された。

参考資料「熱風」2024年5月号、6月号、7月号

寄稿

エリック・ベックマン
GKIDS 創設者兼 CEO
アニメーション・プロデューサー

スタジオジブリとGKIDS

『君たちはどう生きるか』は、アメリカでは2023年12月8日に公開され、初週の興行ランキングで首位になった。翌年のアカデミー賞でオスカーを獲得するなど、映画大国・アメリカで高い評価を得ている。北米での配給を手がけたのが、ニューヨークを拠点とする配給会社・GKIDSだ。2008年創業のGKIDSは、スタジオジブリ作品をはじめ、世界じゅうの優れたアニメーションを紹介している。『君たちはどう生きるか』公開を記念して、創業者のエリック・ベックマン氏に、GKIDSとジブリの歴史を振り返ってもらった。

(初出：「熱風」2024年5月号)

「君たちはどう生きるか」の歴史的公開があった後、北米の配給会社である私たちGKIDSとスタジオジブリの長年にわたる親密な関係について、何か書いてほしいと依頼を受けた。両社の関係は、社員がまだ2人しかいなかった頃から始まっていた。

しかし、ジブリとの関係は実はGKIDSが存在する前から始まっていたのだ。

1 GKIDS前

◆ ニューヨーク国際子ども映画祭

はじまりは1999年。当時ディズニー社がジブリ作品を扱っていた頃、私は2年前に共同で立ち上げたニューヨーク国際子ども映画祭（NYICFF）を運営していた。NYICFFでの最初のジブリ作品は「魔女の宅急便」の英語吹替版プレミア上映で、映画祭の観客たちは映画に完全に魅了され、涙を流しながら「いかにすばらしい作品で、どれだけ感動したか」を私に話しかけてくるほどだった。

「魔女の宅急便」が大ヒットしたので、翌年は日本のアニメーションの一大特集を行うことにした。タイトルは"ANIME：日本のアニメーションの50年"。プログラムの一環として宮﨑駿レトロスペクティブを開催し、オープニング・ナイトに「天空の城ラピュタ」の英語吹替版をプレミア上映するのだ。そのためスタジオジブリ海外事業部のトップ、スティーブン・アルパートがオープニング・ナイトに出席することになり、この時初めて、私はジブリの関係者と会った。

■ NYICFF2000 のオープニングは「天空の城ラピュタ」。
(映画祭プログラムより)

■ "エサやりタイム"用のTシャツは子どもに大人気だった。

◆ 水族館のエサやりタイム

NYICFFではちょっとした伝統があった。各上映前、私が観客の前でTシャツを手にして「欲しい人はいるかな？」と尋ねるのだ。劇場内にいる子どもたち全員が飛び跳ねて「僕！」「わたし！」と叫び、手を大きく振ったりする。みんな大騒ぎだ。そうして客席の熱狂が十分駆り立てられたところで、私はTシャツを2、3枚観客に向かって投げる。水族館の魚のエサやりを見たことがあるなら、それに近い。誰もが映画の前にご機嫌になる楽しい時間だ。そして当然、残念ながらほとんどの子どもたちはTシャツをキャッチできないので、帰りがけにママに買ってくれと頼みこむことになる。スタジオジブリのスティーブン・アルパートにこのTシャツをあげると、大変気に入ってくれた。それ

以来、スティーブンが映画祭に来ていようといまいと、毎年彼にTシャツを贈ることにした。小さなことだが、この映画祭のTシャツと観客の反応のおかげで、10年後にスタジオジブリがGKIDSと手を組もうと決断したと内心思っている。このような些細なことが、ときに大きな出来事につながることがあるのだ。

◆ 子ども向けの独立系映画

NYICFFについてもう少し話しておきたい。GKIDSについて、そしてスタジオジブリと最終的にどういう関係を築いたかについて、より理解できるからだ。

NYICFFの使命は、現在主流の子ども向けハリウッド映画とは別の作品を提供することだった。ハリウッド映画が悪いというわけではない。問題なのは、子ども向け映画がそれしかなかったこと、しかもどれも似たり寄ったりということだった。私には、ハリウッドのスタジオは同じような映画を繰り返し作っているように思えてならなかった。あらゆる実写映画が全てロマンチック・コメディだったらと想像してみてほしい。立て続けにロマンチック・コメディを9本見たあとには、恐らく自分の頭を撃ちたくなるんじゃないだろうか？ 少なくとも、「他のタイプの映画はありますか？」くらいは尋ねるだろう。NYICFFを開催して明らかになったのは、他のタイプの子ども向け映画はあり得るし、そういった映画が見たくてたまらない観客がいる、ということだ。

NYICFFはわずか2、3年で主要な映画祭へと成長した。ニューヨーク在住の子どものいる映画関係者が来るようになり、スパイク・リー、ガス・ヴァン・サント、イーサン・コーエン、ジョナサン・デミ、ジェームズ・シェイマス、ユマ・サーマン、ジェフリー・ライト、スーザン・サランドン等、多くの関係者が審査員や顧問委員を務めてくれた。NYICFF2000では、ついに全てのチケットが上映前に売り切れ、なんとダフ屋が現れるほどになった。アメリカには大きなアニメーション映画祭がなかったため、NYICFFが多くの素晴らしいアニメーションの入り口となったのだ。これまでに、「時をかける少女」から「おおかみこどもの雨と雪」までの細田守の全作品、新海誠の「秒速5センチメートル」と「星を追う子ども」、トム・ムーアの「ブレンダンとケルズの秘密」、その他多数の作品のアメリカ・プレミア上映を行った。NYICFFで紹介する作品はアメリカで配給していなかったので、上映後には大勢から質問された。この作品をもう一度見るにはどうすればいい？ DVDは買える？？ こういったことがきっかけで、私はアニメーション映画の配給会社を始めようと考えるようになった。

◆ GKIDSのGとは？

NYICFFの初期の巨大ポスターを見ると、上の方に"ゲリラ・キッズ提供"と書いてあるのがわかる。当時の私は、刺激的に聞こえる名前のおかげで、動きの遅い巨大エンタメ会社をひっくり返そうとしている革命家と思ってもらえるんじゃないか、と考えていた。けれども"ゲリラ"のスペルを正しく書けない人があまりにも多かったので、映画祭のウェブサイトの名前は簡略化してGKIDS.comとした。

■ニューヨーク国際子ども映画祭（NYICFF）2000のポスターを飾ったのは「鉄腕アトム」。「ゲリラ」のスペルが難しすぎた。

そしてそのGKIDSという名前は、後に新しく配給会社を立ち上げた時に使われることとなったのだ。

2 | GKIDS初期 2008〜2011

◆ デイちゃん

■結婚したその週からGKIDSで働き始めた、あどけないデイちゃん（左）。

GKIDSで最初にしたこと、それはデイヴ・ジェスデッドを雇うことだった。デイヴは私が面接した唯一の人物だ。彼は高校時代にDVDやゲームのレビューサイトを運営していて、まだティーンエイジャーだったのにネットでやり取りする何人もの大人たちを、それはうまく仕切っていた。私はこの経歴と、彼がこれまで会った誰よりも映画に詳しいことに魅力を感じた。

そのうえ、ガールフレンドと結婚するため、ニューヨーク大学の4年の映画コースを既に3年で修了していたのだ。かくして、22歳になったデイヴは結婚し、そしてその同じ週にGKIDSで働き始めたのだった。

後に知ったのだが、ジブリの女性スタッフは全員、彼のことをデイちゃんと呼んでいた。当時の写真を見返してみるとわかる。確かに彼はなんとあどけなかったことか！

◆ "50人以下のスタッフ"

GKIDSの最初の2年、社員は私たち2人だけで、デイヴと私は180平方フィート（約16・7平方メートル）の部屋で、肘がぶつかる距離に座って仕事をしていた。最初に配給した映画はアイルランドの映画監督トム・ムーアの「ブレンダンとケルズの秘密」で、社の名前に偽りなく、私たちはアカデミー賞に向けてゲリラ的にキャンペーンを展開した。資金がなかったからそうせざるを得なかったのだ。その「ブレンダンとケルズの秘密」がノミネートされたのは、誰にとってもビッグ・ニュースだった。何しろ、誰もこの作品を知らなかったのだから！ 全新聞社が連絡してきたが、GKIDSにはパブリシストなんていない、いるのは私とデイヴだけだ。ロサンゼルス・タイムズの取材を受けた時、記者はGKIDSで何人働いているか知りたがったが、私は「小規模な会社ですよ」「とても小さいんです」等と言い続けた。たった2人とは言いたくない。「それで何人なんですか？？？」私が答えるのを拒み続けていると、ついにその記者は「では、50人以下でしょうか？」と尋ねてきたので、私は答えた。「ええ、50人以下ですね」。そして記者はそれを記事にした。

厳密に言っても、2人は50人以下だから嘘ではない。GKIDSは今でも50人以下の会社だ。

◆ 星野康二との出会い

「ブレンダンとケルズの秘密」の大騒ぎのあと、私はロサンゼルスにいた。GKIDSはロサンゼルス映画祭に作品を出していたからだ。ジブリからは「崖の上のポニョ」が出品されて、同じくロサンゼルスにいたスタジオジブリの海外事業部トップのスティーブン・アルパートから電話をもらい、ランチに招待された。ランチには「ポニョ」上映のためにロサンゼルスに来ていたジブリの社長、星野康二も同席していた。

康二とのランチは、フォーシーズンズホテルの陽射し溢れるパティオ席で行われた。気持ち良いそよ風の吹くロサンゼルスらしい日だった。彼らと何を話したのか正確には覚えていないが、たぶん、いつものように私は延々と語りまくっていたのだろ

■ 2011年にニューヨークのIFCセンターで開催したレトロスペクティブのポスター。

う。映画芸術としてのアニメーションの話だとか、アメリカのアニメーション映画は事実上企業の商品だとか、実写映画にあるように、アニメーションでもインディペンデントが繁栄できるような環境づくりにGKIDSは貢献したい、だとか。繰り返すが、正確にはどんな話だったか思い出せない。だがあるタイミングで、スティーブンと康二は顔を見合わせては頷いたり微笑んだりし始めた。そのランチからしばらくして、スティーブンから電話をもらった。GKIDSでスタジオジブリ作品の劇場権を扱ってみないか、というのだ。

！！！！！！！！

「となりのトトロ」、「風の谷のナウシカ」、「千と千尋の神隠し」、「天空の城ラピュタ」、「魔女の宅急便」、「もののけ姫」。これまで作られたアニメーション映画の中で、最も重要で、象徴的な作品群。まさに傑作揃いだ。スタジオジブリが私たちにこれらの作品を託すなんて、信じられないほど素晴らしいことだ。もちろん、イエスと即答した。

私たちがまず着手したのは、約4週間にわたる大掛かりなレトロスペクティブの開催だった。場所はニューヨークのIFCセン

ター。GKIDSは上映する全作品の35㎜ニュープリントを作った。このレトロスペクティブは大きく報道されて、チケットは完売。ニューヨーク・タイムズ紙は、写真付きで2ページ半にわたる特集記事を載せた。その後、このイベントはトロント、サンフランシスコ、シカゴ、その他の主要都市でも開催されたが、上映するとどの場所でも同じ反応があった。私たちのような小さな会社にとって、これは大きな変革だった。スタジオジブリは、自分たちの映画が定期的に劇場で上映され、さらにアメリカのプレスも観客も作品に夢中になったのを知って、大満足だと話してくれた。

3 最初の成長期 2012〜2016
◆ デイヴ、ランニング・マシーンから落ちる

　IFCセンターでのレトロスペクティブから1週間後、そして「ブレンダンとケルズの秘密」から2年後、あり得ない出来事が起きた。同じ年にGKIDSが扱っていた作品が2本もアカデミー賞にノミネートされたのだ。GKIDSはまだまだ小さな会社で、この時は確か総勢3人だったと思う。デイヴはジムのランニング・マシーンで走りながらテレビニュース「グッド・モーニング・アメリカ」でノミネート発表を見ていた。私たちの扱う2本の映画がアナウンスされると、彼は興奮のあまりランニング・マシーンから落ちた。この時、私たちは確信した。GKIDSは本物の会社だ、もっとたくさんの作品を入手すべきだ、と。

　ランニング・マシーン事件からすぐ後、スティーブン・アルパートに代わってジブリの海外事業部トップとなったジェフ・ウェクスラーから、謎めいたメールをもらった。"新しいチャンス"について電話で話せないかというのだ。

◆ コクリコ坂から

　ジェフは、新作「コクリコ坂から」の配給をやってみないかと打診してきた。これまでGKIDSは、スタジオジブリの劇場公開のみを行っていて、どれもライブラリー、つまり既存の作品だった。これは、ジブリの新作映画の全権利を動かして配給するチャンスだった。それまでは、「崖の上のポニョ」や「借りぐらしのアリエッティ」といった新作はいつもディズニーが公開していたので、今回もきっと彼らが配給するのだろうと思っていたのに。

　これはスタジオジブリがGKIDSに自分たちの映画を託すことを物語っている。確かにGKIDSはアカデミー賞でいくらか成功を収め、ジブリのライブラリー作品でも良い仕事をしてきた。けれども私たちは未だにごく小さな会社で、ディズニーは世界一大きなアニメーション・スタジオだ。

　かくして「コクリコ坂から」は、GKIDSのこれまでの最大のヒット作となった。その後私たちは「かぐや姫の物語」や「思い出のマーニー」のジブリ作品を公開し、さらにはディズニーが公開しなかった過去の作品「おもひでぽろぽろ」と「海がきこえる」の2本も公開した。この頃には、公開する映画も年に8〜12本くらいまで多くなり、社員数も4人から15人に増えた。スタ

■「GKIDSの作品がオスカーで2作品のノミネート」。
小さな配給会社のありえない出来事としてそれ自体がニュースになった。
〈『Hollywood Reporter』より〉

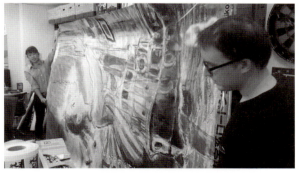

■ GKIDSが配給した初めてのジブリ作品は「コクリコ坂から」だった。

■ 2015年、第87回アカデミー賞のため来米した高畑勲監督（左写真／左）と私（左写真／中央）。
その年「かぐや姫の物語」（中央）とトム・ムーア監督の「ソング・オブ・ザ・シー 海のうた」（右）2作がノミネートされた。

ジオジブリが私たちを信じてくれたおかげで、そして私たちの成功が、より多くの海外アニメーションのアメリカ公開につながり、さらに多くのフィルムメーカーやスタジオが、GKIDSに作品を扱ってほしいと希望するようになったのだ。2016年末までには、長編アニメーション映画部門にノミネートされたGKIDSの作品は合計9本になった。

◆この映画が私に何をもたらしたか
とても語り尽くせない

私のキャリアのハイライトのひとつは、スタジオジブリの共同創設者である高畑勲の「かぐや姫の物語」の公開だ。「かぐや姫の物語」は、映画の最高傑作だと思う。誰もがこの作品を受け入れるわけではない。個人的見解だがこの作品が心に響くかどうかは、その人の死に対する考え方によると思う。自分自身の死を受け入れることができない人にとって、この作品は圧倒的な傑作だ。

GKIDSにとって幸運なことに、多くの批評家が"心に響く人"の枠に入ったようだった。

「かぐや姫の物語」の北米プレミア上映はトロント国際映画祭のガラ・セクションで、会場は1500席あるゴージャスなウィンターガーデンだった。私がこの作品を見るのはこの日で3回目で、私の真後ろには若いカップルがいた。たぶん22歳くらいだろうか、2人の会話や仕草から推定して初めてか2回目のデートらしい。映画のラスト、かぐや姫が最後に地球をもう一度見ようと振り返ったシーンで、男性の方が突然泣き出した。我慢できずにおいおいと泣いているのだ。泣き止むことができず、涙があとからあとから溢れてきて、辛そうにしゃくり上げている。まだ大して親しくもない間柄なのに、女性の方は彼のことを懸命に慰めようとしていた。それは胸に刺さる光景だった。

劇場から出ると、私はTwitterでプレスの反応をチェックした。最初に目にしたのは「この映画が私に何をもたらしたか、とても語り尽くせない」というものだった。プレスはどれも皆「圧倒された」「詳細を書く前に気持ちを落ち着かせる必要があるが、この作品は最高傑作だ」「大泣きしてマスカラまみれになった顔で、トロントの街をふらふら歩き回っている」といったものばかりだった。

「かぐや姫の物語」を観客に紹介し、プレスの反応を読むのは、公開の間ずっと大きな楽しみだった。なんとこの作品はロッテン・トマト*で現在100パーセント、つまり否定的なレビューが1つもないのだ。

*……映画評論レビューサイト。
英語圏の映画レビューサイトとして最も有名なものとして知られている
https://www.rottentomatoes.com/

◆奇跡が起きる

この年のアカデミー賞は、私をパニックに陥らせた。GKIDSには「かぐや姫の物語」に加え、トム・ムーアの2作目「ソング・オブ・ザ・シー 海のうた」があったからだ。トムの第1作目「ブレンダンとケルズの秘密」はGKIDSの記念すべき配給第1作だし、彼が設立したアイルランドのアニメーション・スタジオ「カートゥーン・サルーン」は家族のようなものだ。"賞レース"という見地に立てば、GKIDSという会社が扱う作品はきっと1作しかノミネートされない。どちらがノミネートされるのだろうか？ノミネートされた監督のことをどれだけ喜んだとしても、されなかった監督を思えば私は耐えられないほどがっくり来る。悩み

すぎたあげく、私は眠ることができなくなった。

しかし幸運なことに、奇跡が起きた。賞レースのトップを走っていると言われ、批評家にも好評で興行収入的にもスマッシュヒットしていた「LEGO®ムービー」が、どういうわけかノミネートされなかったのだ。結果、「かぐや姫の物語」と「ソング・オブ・ザ・シー 海のうた」は、両方ともノミネートされた（さらに翌年GKIDSは、ジブリの「思い出のマーニー」とアレ・アヴレウの「父を探して」（セリフなしのブラジル映画で予算は40万ドル）で、またもや2作アカデミー長編アニメーション部門にノミネートされた）。

4 | 第2成長期 2017〜2020

◆大成功の年

2017年はGKIDSにとって大成功の年だった。思い返しても、たった1年であれだけ多くのことを達成できたとは信じ難い。その年、私たちは最初のジブリ・フェストを立ち上げた。スタジオジブリの作品を月替わりで、アメリカ各地の800館以上の劇場で上映するというものだ。ハリウッドで年に一度開かれるアニメーション映画祭、アニメーション・イズ・フィルム・フェスティバルの第1回を立ち上げもした。初めてGKIDSが（アンジェリーナ・ジョリーと共に）エグゼクティブプロデューサーを務めた「ブレッドウィナー」も公開され、GKIDS10本目となるアカデミー賞ノミネート作となった。

しかし2017年でなにより最も大きな出来事といえば、スタジオジブリの全ライブラリー作品をホームビデオで再リリースしたことだろう。「コクリコ坂から」の時と同様、この出来事はジブリ海外事業部のトップ、ジェフ・ウェクスラーからのEメールで始まった。

「ジブリのライブラリー作品のホームビデオ権獲得に興味はありますか?」

再び、答えはただ1つだった。GKIDSは光栄にもその権利を得ることになった。

◆ジブリホームビデオ

18作品のDVDとブルーレイを6か月後に販売したのは、一大事業だった。その頃GKIDSはユニバーサル・ホームビデオと手を組んでいて、それまでGKIDSが扱っていたジブリの旧作は、全て彼らが取り扱っていた。しかし様々な理由からユニ

バーサルとはライブラリー作品の契約に合意ができず、土壇場になって、自分たちで作品を販売することを決意したからだ。GKIDSは全ての作品を再オーサリングし、新しいジャケットデザインを作り、入手や制作が可能なものはできる限り新たなボーナス映像として盛り込んだ。そうして第1弾の販売は、2017年の年末ショッピング・シーズンに、ぎりぎりで間に合わせることができた。

その結果は素晴らしいものになった。GKIDSやジブリの期待を遥かに超え、最初の年は、これまでのディズニーでの年間売り上げの倍にまでなった。ジブリ・フェストのファンの熱狂ぶりとメディアの注目が、新しいパッケージの魅力と相まってこの結果につながったのだと思う。さらに、各ジブリ作品はGKIDS社内でも注目を集め、全面的に支持されていた。これは大きな配給会社ではできないことだ。GKIDSで働いている誰もがジブリの大ファンであり、皆が作品のリリースに全身全霊を注いだのだ。

その後の3年間、GKIDSはさらなる成長を続けた。ヨーロッパ作品の公開も続けてはいたが、"アニメ"と呼ばれる日本のアニメーションの観客が爆発的に増えたことで、日本の作品からの収益がますます増えることとなったのだ。ジブリの新作に加え、GKIDSによる大規模公開作品にはスタジオポノックの「メアリと魔女の花」と、トリガーが制作した「プロメア」があった。さらに細田守の「未来のミライ」も公開し、これはゴールデングローブ賞に初めてノミネートされた"アニメ"作品であり、ジブリ以外では初めてアカデミー賞長編アニメーション部門でノミネートを受けた"アニメ"でもあった。そして2020年1月にGKIDSは新海誠の「天気の子」を公開、800万ドル近くの興行収入を上げたが、コロナにより全米の映画館が閉館したことで公開は終了した。

◆デジタル化するジブリ作品

2019年1月、私はスタジオジブリの星野康二会長から驚くべき連絡を受けた。スタジオジブリがデジタル・プラットフォームで自分たちの作品を公開することを検討している、というのだ。この問題の扱い方について私たちの意見を聞きたいという。

GKIDSでは2011年から、ジブリとデジタル利用について意見を交わしてきた。映画ファンはますますNETFLIXやAmazonのような配信サービス（またはビットトレントを使った違法ダウンロード）を利用する流れになり、ほとんどの大学生はDVDプレイヤーを持ってすらいない。しかし、ジブリはこれ

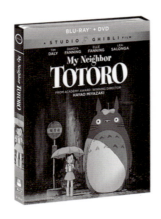

■ GKIDSが刷新した、北米版ブルーレイ。ジャケットデザインだけでなく、特典映像にもこだわった。

まで断固としてその検討を拒み続けてきた。私たちは定期的に表やデータを見せてデジタル化について穏やかに議論をしたが、ジブリの答えはつねに礼儀正しく「ノー」だった。だから私たちは、この話は2～3年に一度以上は打診すべきでないと思っていたのだ。

しかしついに、ジブリからデジタル・プラットフォームでの公開を広めてほしいとGKIDSに依頼があった。スタジオジブリのために配信のセールスを受け持つのは、間違いなくキャリアの中でもハイライトであり、このうえなくやりがいのある仕事だ。

ジブリ作品はこれまでデジタル公開を全くしてこなかったので、積もり積もった強い欲求がある。DVD再販売の成功（ディズニーを上回った！）と年々発展するジブリ・フェストからも、観客の強い欲求が表れていた。スタジオジブリは既に伝説になるほど有名だし、宮﨑駿は史上最高のアニメーション作家だと考えられている。だからジブリ作品を手に入れた配信サービスは、どこであれ大きな戦略的メリットがある。さらに競争が激しい状況も理想的だった。ちょうどその頃、Amazon、NETFLIX、Huluといったすでに確立したサービスに加え、Apple TV+、Disney+、HBO Max等の新しい配信サービスが立ち上がろうとしていたのだ。どこも一級のコンテンツを探していた。つまり絶好のタイミングだったのだ。

私は自分が経験豊富なネゴシエイターだと自負してはいるが、ここまで大きな交渉はしたことがない。言いよどまないように、巨額の数字を何度も声に出して練習しなければならなかった。

交渉にはほぼ1年かかり、最終的にアメリカではHBO Max（現Max）と、日本と中国を除くその他の国ではNETFLIXと、ストリーミング配信の契約を結んだ。北米では、GKIDSはiTunes、Amazonプライム、その他のビデオオンデマンドでの販売を立ち上げ、それはストリーミング配信より6か月先行して行われた。各作品のデジタル・プラットフォームでのデビューは、ジブリにとってもGKIDSにとっても大きな変化だった。

予想できなかったのはコロナの流行だった。その結果人々は、家に籠って映画を見るくらいしかできなくなってしまったのだ。ジブリの映画は、デジタル・プラットフォームで予想もしなかったほど多く視聴され、まったく新しい観客がスタジオジブリと出会うこととなった。

5 ｜ 君たちはどう生きるか

GKIDSのデイヴ・ジェスデッドが「君たちはどう生きるか」の成功について書いているので、映画のほとんどの話は彼に任せようと思う。ただこのトピックについては、いくつか話しておきたいことがある。

まず初めに、そして最も大事なのは、GKIDSはスタジオジブリが私たちを信頼してくれたことに、心の底から感謝している、ということだ。会社の誰もがそう感じている。この作品に関わることができて、本当に光栄に思っている。

2番目は、この作品の位置付けについて私がスタッフに送ったメモのことだ。箇条書きに挙げた中に、私が宮﨑駿についてどんな風に考えているかを書き留めた。宮﨑を他のアニメーション映画監督と較べないでほしいのだ、と。マーティン・スコセッシやスタンリー・キューブリック、黒澤明のような素晴らしい映画監督さえ、比較したくなかった。もし宮﨑と誰かを比較する必要があるとしたら、それはアルバート・アインシュタイン、マイケル・ジョーダン、フィンセント・ファン・ゴッホ、あるいはモーツァルトといった人たちだ。彼らは100年にひとりという逸材で、自分たちが関わっていた世界に変革をもたらした。2週間後、トロント映画祭のプレミア上映でギレルモ・デル・トロが「君たちはどう生きるか」のイントロダクションを務めたのだが、私のメモを持っていたわけではないのに、彼は観客に向

かってこう語りかけた。「モーツァルトがまだ作曲している時代に生きていることを、皆さん幸せに思うべきだ」。彼がそんな風に感じたことを知って、本当に嬉しかった。観客の多くも同じように感じたと信じている。

3番目は、最初の予告編を作る時のプロセスについてだ。GKIDS創立の頃はデイヴと私は自分たちで予告編を編集していたが、私はその後数年間、予告編作りに関わっていなかった。けれども、「君たちはどう生きるか」で再び関わろうと決心した。なにしろ日本では宣伝をしなかったので、私たちの作るティーザー予告編が世界中のほとんどの人にとって初めて目にするフッテージ映像になるのだ。

編集チームが最初に送ってきたカットは、とにかく納得できなかった。私が求めたのは、強烈で心を奪われるもの、オンライン上で何百万回と再生されるが、しかしストーリーは全く分からないようなものだ。見た人に「何だこりゃ、これは絶対見なきゃ!!」と言わせたかった。多くの試行錯誤の末ようやくできあがった予告編は、私自身とても気に入る出来になった。30回見てもまだわくわくするくらいだ。早速ジブリに送ったが「やりすぎでホラー映画のようだから、トーンダウンできないか」という返事が来た。そこでもう少し穏やかなバージョン、溶ける母親のシーンを省き、よりマイルドなシーンを加えたものを作ってはみたが、しかし、それはもう同じものではない。私はあの心を奪うほどの強烈さが欲しかったのだ。あきらめきれず、私たちはこちらの思いの丈をジブリに伝えた。結果、なんと最終的に鈴木さん（鈴木敏夫プロデューサー）が、最初のティーザー予告編の使用を認めてくれたのだ。溶ける母親のシーンも復活だ。それは大きな勝利のように感じた。私はこのティーザー予告編をとても誇りに思っていたのだから。

そして4番目、最後に言いたいのは、GKIDSの配給部門バイスプレジデントのチャンス・ハスキーが果たした役割についてだ。チャンスは私とデイヴに続き、3番目にGKIDSに加わった人物だ。2023年3月、GKIDSの小さなチームはスタジオジブリまで出かけて、そこで初めて「君たちはどう生きるか」の完成品を見た。試写のあと、チャンスはしばらくの間話すことができなかった。あまりに深く感じ入っていたのだ。眼の前で彼が受けた衝撃を見て、チャンスの意見や考えを特に考慮したいと思うようになった。

私は初め、「君たちはどう生きるか」を1つか2つの大きな映画祭だけで上映して、それから予告編や宣伝を通じて盛り上げていこうと考えていた。そうすればごく限られた人数だけが作品を見るようコントロールできるからだ。「君たちはどう生きるか」は複雑な映画ゆえに、公開前にソーシャルメディアで1つか

2つの否定的なレビューが出たら、それがマイナスのインパクトを与えてしまうのではと懸念していた。しかしチャンスは違った。観客や批評家がこの作品を理解できると信じるべきだと主張したのだ。アニメーションを見ない層からの支持は必要で、それを強化するには数か月かかるだろう、とも。最終的に、私はチャンス率いる配給チームを信じることにした。そして多くの映画祭や流行を生み出すイベントに参加し、拡大公開の約3週間前にニューヨークとロサンゼルスで試写会を開いた。

結果は報われた。「君たちはどう生きるか」は、全米初登場1位となった。

訳／森吉治予
（GKIDS創設者兼CEO　Eric Beckman）

エリック・ベックマン ｜ Eric Beckman

米国カリフォルニア州、オークランド生まれ。ニューヨークに拠点を持つGKIDSの創設者兼CEO、アニメーションのインディペンデント・プロデューサー。アニメーション映画の配給も手掛ける。また子どもとティーンエイジャー向けの最大級の映画祭であるニューヨーク国際子ども映画祭の共同創設者でもある。GKIDSとしては2010年からこれまでにアカデミー賞長編アニメーション映画部門で受賞1回、ノミネート13回、ゴールデングローブ賞のノミネート6回。2017年にロサンゼルスでアニメーション・イズ・フィルム・フェスティバル（AIF）を立ち上げ、アヌシー映画祭およびバラエティ誌とパートナーシップを組んでいる。映画に関わる前は、全米トップ音楽アーティストの海外コンサートツアーやフェスティバルをプロデュースした。手がけたアーティストは、エルトン・ジョン、スティーヴィー・ワンダー、バックストリート・ボーイズ、ビヨンセ、スヌープ・ドッグ、メアリー・J.ブライジ、LLクールJ等多数。子ども時代のほとんどをニューヨークで過ごし、バンクーバー、ロンドン、コス島（ギリシャ）、ヒロ（ハワイ）にも住んだ経験がある。アニメーションの次は、レストランを開くのが夢。

スタジオジブリとは？

スタジオジブリとは
どのようなアニメーションスタジオなのか、
その歴史と出来事を振り返る。

スタジオジブリの歴史

ジブリのスタートとその前史

　スタジオジブリは、1984年に公開された宮﨑駿監督作品『風の谷のナウシカ』の興行的成功を機に、『天空の城ラピュタ』制作時の1985年に、『ナウシカ』を製作した出版社・徳間書店が中心となり設立したアニメーションスタジオである。以後、宮﨑駿・高畑勲両監督の劇場用アニメーション映画を中心に制作してきた。

　ちなみに「ジブリ」とはサハラ砂漠に吹く熱風のこと。第2次世界大戦中、イタリアの軍用偵察機が名前に使用していたが、飛行機好きの宮﨑監督がこのことを知っており、スタジオ名とした。「日本のアニメーション界に旋風を巻き起こそう」という意図があったと言われている。

　高畑監督と宮﨑監督が出会ったのは今から50年以上も前のことである。当時2人が所属していた東映動画（現・東映アニメーション）は、劇場用長編アニメーションを作っていた。高畑監督の初監督作『太陽の王子 ホルスの大冒険』(1968)等、2人は何作

かの長編作品に携わり大きな成果を上げたが、この時代、実写映画と同じくアニメーションの分野も、テレビに押されて劇場用長編制作は次第に縮小してゆき、2人はテレビの仕事へと移らざるを得なかった。会社を替わった2人は、「アルプスの少女ハイジ」（1974）、「母をたずねて三千里」（1976）、「未来少年コナン」（1978）といった傑作テレビシリーズを生み出す。しかし、それらの作品を制作する中で、彼らは、予算・スケジュール等、テレビという媒体が持つ制約の大きさを痛感し、それがジブリ設立への原動力になっていった。予算とスケジュールをかけて一作一作に全精力を注ぎ、監督中心主義で劇場用長編を制作して、自分たちの目指すリアルでハイクオリティなアニメーションを実現する。それには自分たちの拠点が必要だ。こうしてジブリは、その拠点として設立された。その歴史は、この姿勢を保持しながら、商業的成功とスタジオ経営の両立という困難な課題を、何とかこなしてきた過程だと言えるだろう。

設立当初、関係者でジブリがここまで続くと考えた者はいなかった。1本成功したら次をやる。失敗したらそれで終わり。当初はこういう考え方であった。そのためリスク軽減のために社員の雇用はせず、作品ごとに70人ほどのスタッフを集め、完成すると解散するというスタイルを採用した。場所は東京・吉祥寺の貸しビルのワンフロアー。この方針を打ち出したのは、実は高畑監督だった。彼は『風の谷のナウシカ』をプロデュースしたが、そのとき見せた実務能力が、ジブリのスタート時にも大いに発揮されたわけである。そして後にプロデューサーとしてスタジオジブリの責任者の1人となる鈴木敏夫も、最初からジブリに関わっていた。徳間書店の発行するアニメーション専門誌「アニメージュ」の編集部員として1970年代末に高畑・宮﨑両監督と出会った鈴木は、2人と親交を深め、作品制作について語り合うようになる。鈴木は「アニメージュ」の副編集長（後に編集長）をしながら、『風の谷のナウシカ』映画化とスタジオジブリ立ち上げに深く関わり、その頃すでにプロデューサー的な仕事も担当するようになっていた。

スタジオジブリの初作品『天空の城ラピュタ』は『風の谷のナウシカ』同様に高畑勲プロデュース・宮﨑駿監督で制作され、1986年に公開されて高い評価を得た。

日本映画界が注目したジブリ

次にスタジオジブリが制作したのが宮﨑駿監督の『となりのトトロ』と高畑勲監督の『火垂るの墓』である。この2本は同時に制作され、1988年4月に2本立てで公開された。制作現場は、長編2本の同時制作で大変な状態に陥ったが、今やらなければこの両作品を作るチャンスは二度と巡ってこない、そういう判断に立ち、困難極まるこのプロジェクトを推し進めた。

いい作品を作る、これがジブリの目的であり、会社の維持・発展は二の次である。ここが普通の会社とは異なる点であり、『となりのトトロ』と『火垂るの墓』の2本立てプロジェクトも、この方針があってはじめて実現した企画だった。

『となりのトトロ』と『火垂るの墓』は、公開時期が夏ではなかったこともあり、封切りの興行成績はいまひとつだった。しかし、作品内容に対しては各方面から極めて高い評価を受けた。『となりのトトロ』は、実写を含めたこの年の日本国内の映画賞を総ナメにし、『火垂るの墓』も文芸映画として大絶賛された。この2本によって、ジブリは日本映画界にその名を広く知られるようになる。

ジブリ作品で興行的に最初に大成功したのが宮﨑監督の1989年の作品『魔女の宅急便』だった。264万人を動員し、この年の邦画でNo.1のヒット。配給収入も観客動員も文字通りそれまでとはケタ違いである。作品自体の力ももちろんあっただろうが、この作品から日本テレビが製作委員会に加わり、本格的に宣伝に力を入れたことが大きく作用しており、以後この好循環はずっと続いていく。

方針転換と新スタジオ建設

『魔女の宅急便』完成後、ジブリは高畑監督の『おもひでぽろぽろ』制作を開始した。並行してジブリは、1989年11月からスタッフの社員化・常勤化を進め、賃金も不安定な出来高制から固定給に切り替え、賃金倍増を目指す一方、動画研修生の制度を発足させ、毎年定期的な新人採用を開始した。これからも良質なアニメーション映画を作り続けていくために、宮﨑監督の提案を受けて、より継続性のある制作体制、会社組織へと方針の転換を行ったのだ。同じ頃、それまでも実質的にプロデュース業務を担っていた鈴木敏夫が、徳間書店から異動しジブリ専従になり、『おもひでぽろぽろ』以降、ほとんどすべての長編作品のプロデューサーを務めるようになる。

1991年公開の『おもひでぽろぽろ』もこの年の邦画No.1になった。そして、宮﨑監督の掲げた2大目標、賃金倍増と新人採用も達成できた。しかし同時に製作費の高騰も発生。アニメーションの製作費はその多くが人件費であり、賃金を倍増すれば、それは自動的に製作費も倍近くになることを意味する。もっと意識的・計画的に宣伝を行い、観客動員増を達成するしか製作費大幅アップには対応できない。『おもひでぽろぽろ』以後、ジブリは宣伝についても、鈴木敏夫を中心に、自ら方針を立て主体的に取り組

むようになった。また、社員を抱えるということは、給料を毎月支払うということである。ジブリは常に作品を作り続けるしかない状況に自らを追い込んだわけで、作り続ける宿命を負ったジブリは『おもひでぽろぽろ』とオーバーラップして宮崎監督の『紅の豚』制作に突入した。

『紅の豚』制作と並行して、宮﨑監督は新スタジオ建設にも取り組んだ。よりよい制作環境を確保することで優秀な人材が集まり、人も育っていい作品が生み出せる、という発想である。1992年夏、『紅の豚』の公開中に新スタジオが東京都小金井市に完成し、ジブリは吉祥寺から小金井に引っ越した。初めての自社ビルであり、基本設計は宮﨑監督。以後、1999年に第2スタジオ、2000年に第3スタジオ、2010年に第5スタジオを近隣に建設し、小金井市梶野町がジブリの本拠地となった。なお、『紅の豚』は邦画だけでなく、洋画も含めたこの年日本で公開されたすべての映画の中でNo.1の興行成績を収めた。この後も大半の作品がその年の邦画興行成績1位になり、作品によっては洋画も含めた全映画の国内興行成績1位になっている。

1993年、ジブリはコンピュータ制御の大型撮影台を2台導入し、念願の撮影部を発足させた。こうして、作画から美術・仕上・撮影に至るまでの全部門を持つスタジオに成長したわけだが、アニメーション制作は効率を第一に考えれば、工程ごとに分業した方が有利であり、日本のアニメーション会社の多くは分業が基本である。これもまた、何よりも作品の質を重視する姿勢の表れであり、同じ場所で緊密に連携しながら一貫して作業を進めることが作品をより良くする、という発想からであった。また、1993年には出版部、1994年には商品企画部が発足し、映画制作だけでなく、その関連事業も自社で手掛けるようになったが、これも、収益面だけでなく制作物の質を確保したいという意思の表れである。この1993年には、初のテレビ向け作品であり、高畑・宮﨑以外の監督による初作品ともなった『海がきこえる』(監督：望月智充)を制作。スタッフも若手を中心に編成、作品は一定の評価を得たが、予算とスケジュールを大きく超過し課題も残した。

『もののけ姫』『千尋』で記録を作ったジブリ

1994年の高畑監督作品『平成狸合戦ぽんぽこ』は、研修生制度開始以降に採用したジブリ育ちの若いアニメーターたちが作画の中心を担い、大いに力を発揮した。また、同作でジブリは初めてCGを導入。わずか3カットだったが、後のCG室設立につながる流れの始まりだった。1995年の『耳をすませば』では、宮﨑が製作プロデューサー・脚本・絵コンテを担当し、これまで作画

監督などを務めて高畑・宮﨑作品を支えてきた近藤喜文が初監督に挑戦。後の若手監督作品につながる新しい布陣となった。続いて制作した5年ぶりの宮﨑監督作品『もののけ姫』(1997)は、当初予算が20億円(後に増加)、足掛け3年の制作期間、CGの本格導入と内容だけでなく制作規模も破格だったが、関係者の予想を遥かに超える大ヒットとなり、翌年まで続いた興行は、観客動員数1420万人、興行収入193億円で『E.T.』を抜いて、それまで日本で公開された邦画・洋画すべての映画の記録を塗り替えた。『もののけ姫』は単なる映画の枠を超えて社会現象になり、多くのメディアで語られ、世間でも大いに話題になり、以後、スタジオジブリは日本国内で広く認知されることになる。また、『もののけ姫』は全米で1999年、フランスでは翌2000年にディズニーの系列会社の配給で公開され高い評価を受け、世界の様々な国で上映されて、ジブリ作品の本格的海外展開の先駆けともなった。

『もののけ姫』制作終了後、ジブリは仕上・撮影部門の全面的デジタル化に踏み切り、1999年公開の高畑監督作品『ホーホケキョとなりの山田くん』は、セルを一切使わないジブリ初のフルデジタル作品となった。

2001年7月、『千と千尋の神隠し』公開。『もののけ姫』の記録をすべて塗り替え、約1年にわたる上映で観客動員数2380万人、興行収入308億円と、『タイタニック』の興収記録も超えて、邦画・洋画を問わず日本における映画興行の最高記録を達成(当時)。映像ソフトも出荷が550万本を超えた。海外からの評価も高く、2002年の第52回ベルリン国際映画祭ではアニメーションとしては史上初の金熊賞を受賞、翌年の第75回アカデミー賞では長編アニメーション映画部門のオスカーを受賞した。興行面でもフランス、韓国、台湾、香港等で大ヒットを記録し、海外での宮﨑駿、スタジオジブリの認知を確かなものにした。

三鷹の森ジブリ美術館の誕生、さらなる広がり

『千と千尋の神隠し』制作と並行して宮﨑監督は美術館の創造にも取り組み、2001年10月、三鷹の森ジブリ美術館が開館した。『紅の豚』の時と同様、宮﨑監督は『千と千尋の神隠し』と「美術館」の2つの作品を同時に作り上げたのである。とはいえ、美術館の実際の建築と開館はさすがに個人技では不可能であり、宮﨑監督が提案した基本プランを形にするために集まった、宮崎吾朗初代館長をはじめとする多くのスタッフの努力により完成した。

2001年の『千と千尋の神隠し』公開と三鷹の森ジブリ美術館のオープンで、今に続くスタジオジブリの在り方はほぼ固まったと言っていいであろう。『千と千尋の神隠し』の翌年、ジブリは『耳を

すませば』以来久々の若手作品として、森田宏幸監督作品『猫の恩返し』と百瀬義行監督作品『ギブリーズ episode2』を２本立てで公開した。また、2003年にはイベント事業室（現・事業開発部）が発足、各種の展覧会事業を手掛けるようにもなり、展覧会はジブリ作品の新しい伝達媒体として定着していく。2004年11月、宮﨑駿監督作『ハウルの動く城』が公開。当初は2004年夏公開を目指していたが制作が遅れ、公開が４ヵ月ずれたため初の正月興行となった。同作では初の試みとして、日本公開より前に第61回ベネチア国際映画祭のコンペ部門に出品され、オゼッラ賞を受賞。世界中で上映され、ジブリの存在は海外でも定着していった。

2005年、ジブリは徳間書店から完全に独立したが、活動内容はそれ以前と特に変わっていない。2006年には『ゲド戦記』を公開。宮崎吾朗がジブリ美術館館長を辞し初めて監督を務めた。2008年の宮﨑駿監督作『崖の上のポニョ』は、同名の主題歌が大ヒット。また、映画の内容と同期するかのように、ジブリでは社内保育園も同年にスタートしている。

現在、そして未来へ

『崖の上のポニョ』公開後、宮崎駿監督はスタジオの今後の計画を立案、若手監督で３年間に２本制作することを社内で発表した。その２本の後には自身の次回作を２年かけて作ることが意識されていたので、実質的には５ヵ年計画とも言えるものだった。この計画に沿って、2010年には米林宏昌の初監督作品『借りぐらしのアリエッティ』を公開。そして2011年には、宮崎吾朗監督の第２作『コクリコ坂から』が公開された。どちらの作品も企画と共同脚本を宮﨑駿監督が務めている。そして計画通りに2013年夏には宮﨑駿監督作品『風立ちぬ』が完成、公開された。自作漫画を原作とするのは『風の谷のナウシカ』以来であり、初めて実在の人物をモデルにし実際の戦争を描いた。

一方、高畑勲監督は2005年頃から『竹取物語』の企画に着手。紆余曲折はあったものの、『かぐや姫の物語』として高畑監督次回作に正式決定、久々の長編２作同時進行となった。JR東小金井駅南口近くの物件を借りて制作は進み、2012年初めにはビル１棟を借り上げて本作限定で第７スタジオを設立。2013年11月に同作は封切られ、『火垂るの墓』『となりのトトロ』以来25年ぶりに高畑・宮﨑両監督の作品が同じ年に公開されて、スタジオジブリの存在を改めて世界に印象付けた。2014年には米林宏昌監督の第２作となる『思い出のマーニー』を公開。前作『借りぐらしのアリエッティ』同様に、イギリスの児童文学を、舞台を日本に置き換えてアニメーション化した。2016年には、高畑勲監督がアーティスティック・プロデューサーを務めた、マイケル・デュドク・ドゥ・ヴィット監督の『レッドタートル ある島の物語』をフランスと共同製作。そして2017年には宮﨑駿監督の次回作『君たちはどう生きるか』の制作を本格的に開始。『思い出のマーニー』完成後、長編制作停止のため一旦解散した制作部門が再始動した。2018年、高畑勲監督逝去。ジブリ美術館でお別れの会が催された。

2020年末、宮崎吾朗監督の新作長編でありジブリ初の全編３DCG作品『アーヤと魔女』がNHK総合テレビで放送され、翌年８月に劇場公開。そして2022年11月１日、愛知県長久手市の愛・地球博記念公園内に、「ジブリの大倉庫」「青春の丘」「どんどこ森」の三つのエリアが開園した。ジブリパークは愛知県、スタジオジブリ、中日新聞社の三者による共同事業であり、いわゆるテーマパークではなく、スタジオジブリ作品の世界を表現した公園だ。基本構想・コンセプト段階から、ジブリパーク監督である宮崎吾朗の考えが発揮されており、2023年11月に「もののけの里」、2024年３月に「魔女の谷」が開園し、５エリアが無事完成した。

2023年７月、足掛け７年の制作期間を経て『君たちはどう生きるか』がついに公開された。日本では宣伝を一切しないという異例のスタイルが取られたが、多くの観客を集め、さらに世界中でも大ヒット。作品の評価も高く、第96回アカデミー賞を長編アニメーション映画部門で受賞。２つ目のオスカーを宮﨑駿監督にもたらした。

2023年10月、日本テレビがスタジオジブリの株式の一部を取得し、ジブリは子会社となった。今後のジブリを考えると、長年の付き合いがあり、ジブリのことをよく分かっている日本テレビに経営のサポートを受けるのが最善であろうという考えからこの形となったが、ジブリがやってきた様々な仕事は、ジブリの主体性を保持したままその後も進んでおり、制作面は何も変わっていない。

2024年５月、約40年にわたるその活動が評価され、スタジオジブリは第77回カンヌ国際映画祭で名誉パルムドールを授与された。

ジブリの活動は今でも少しずつ広がりながら続いている。良質な作品を作る、この方針を常に基本に据えながら。

文責：スタジオジブリ

スタジオジブリ年表

1984.3.11	『風の谷のナウシカ』公開
1985.6.	東京都武蔵野市吉祥寺に「株式会社スタジオジブリ」として スタジオ開き
1986.8.2	『天空の城ラピュタ』公開
1987.4.	長編2本同時制作のため第2スタジオを設ける
1988.4.16	『となりのトトロ』『火垂るの墓』2本立てで公開
1988.4.	第2スタジオ、役割を終え撤収
1989.7.29	『魔女の宅急便』公開
1989.11.	スタッフを社員化・常勤化。 また、動画研修生の制度を発足させ、定期的な新人採用を開始
1991.7.20	『おもひでぽろぽろ』公開
1992.7.18	『紅の豚』公開
1992.8.	東京都小金井市に新社屋が完成・移転（現在の第1スタジオ）
1992.12.	日本テレビ開局40年記念スポット 「なんだろう」（デザイン原案・演出：宮崎駿）放映 日本テレビ開局40年記念スポット 「そらいろのたね」（監督：宮崎駿）放映
1993.5.5	『海がきこえる』放映
1993.7.	コンピュータ制御の大型撮影台2台を導入。 4月に発足の撮影部、8月より本番撮影開始
1993.8.	スタジオジブリ出版部が編集した最初の本 「何が映画か「七人の侍」と「まあだだよ」をめぐって」 （黒澤明・宮崎駿著）刊行
1994.4.	スタジオジブリ商品企画部が発足。 キャラクター商品の企画開発を社内に移管
1994.7.16	『平成狸合戦ぽんぽこ』公開
1995.4.	アニメーション演出講座「東小金井村塾」（塾頭：高畑勲）開講
1995.6.	CG室を開設
1995.7.15	『耳をすませば』公開。『On Your Mark』併映
1996.7.	親会社の徳間書店が映画・ビデオ事業でディズニーと業務提携
1996.8.	「ジブリがいっぱい スタジオジブリ原画展」 （於三越美術館・新宿）開催
1996.10.	徳間書店、海外担当部門として徳間インターナショナルを設立。 後年、スタジオジブリの海外事業部となる
1997.2.	前年より始めたホームページを一新、 『もののけ姫』制作日誌を開始
1997.4.	「金曜ロードショー オープニング」（原作：宮崎駿／演出：近藤喜文） 放映開始
1997.6.	株式会社徳間書店と合併し、 「株式会社徳間書店／スタジオジブリ・カンパニー」に改組
1997.7.12	『もののけ姫』公開
1997.10.	『もののけ姫』が『E.T.』の配給収入を抜き、日本記録を更新
1998.6.26	『「もののけ姫」はこうして生まれた。』のVHSが発売される （後にDVDでも発売）
1998.9.	アニメーション演出講座「東小金井村塾II」 （塾頭：宮崎駿）開講
1998.10.	三鷹の森ジブリ美術館の準備会社 「株式会社ムゼオ・ダルテ・ジブリ」設立
1998.11.	高畑勲監督が紫綬褒章を受章
1999.4.	スタジオジブリ第2スタジオ完成
1999.7.	『ホーホケキョ となりの山田くん』公開記念 「ジブリがいっぱい スタジオジブリ原画展」（於日本橋高島屋）開催 （同展は3月の高松展より開始）
1999.7.17	『ホーホケキョ となりの山田くん』公開
1999.10.	「株式会社徳間書店スタジオジブリ事業本部」に改称
2000.3.	スタジオジブリ第3スタジオ完成
2000.12.7	スタジオジブリの別ブランド「スタジオカジノ」 初作品『式日』（監督：庵野秀明）、東京都写真美術館にて公開
2001.6.	「宮崎駿 漫画映画の系譜 1963-2001」 （於東京都写真美術館）開催
2001.7.20	『千と千尋の神隠し』公開
2001.10.1	三鷹の森ジブリ美術館開館 ジブリ美術館オリジナル短編『くじらとり』（監督：宮崎駿）公開
2001.11.	『千と千尋の神隠し』が『タイタニック』の興行収入を抜き、 日本記録を更新
2002.1.3	ジブリ美術館オリジナル短編『コロの大さんぽ』 （監督：宮崎駿）公開
2002.2.	『千と千尋の神隠し』が第52回ベルリン国際映画祭で 金熊賞を受賞
2002.7.20	『猫の恩返し』公開。 『ギブリーズ episode2』併映
2002.10.1	ジブリ美術館オリジナル短編『めいとこねこバス』 （監督：宮崎駿）公開
2003.1.	ジブリ出版部編集の月刊小冊子「熱風」発刊
2003.3.	『千と千尋の神隠し』が米国で第75回アカデミー賞を 長編アニメーション映画部門で受賞
2003.6.	「ジブリがいっぱい スタジオジブリ立体造型物展」 （於東京都現代美術館）開催。 この月、イベント事業室（現・事業開発部）が発足
2003.8.2	ジブリ初の洋画アニメーション提供作品『キリクと魔女』 （監督：ミッシェル・オスロ）公開
2004.3.6	『イノセンス』（監督：押井守／制作：プロダクションI.G）に 製作協力
2004.9.	『ハウルの動く城』が第61回ベネチア国際映画祭で オゼッラ賞を受賞
2004.11.20	『ハウルの動く城』公開
2005.3.	「サツキとメイの家」（監修：宮崎駿／設計統括：宮崎吾朗）で 日本国際博覧会「愛・地球博」に参加
2005.4.	株式会社徳間書店より独立し、 再び株式会社スタジオジブリとなる 「ハウルの動く城 大サーカス展」（於東京都現代美術館）開催
2005.9.	宮崎駿監督が第62回ベネチア国際映画祭で 栄誉金獅子賞を受賞
2005.11.16	これまで制作した短編やCMなどをまとめた DVD「ジブリがいっぱい SPECIAL ショートショート」が 発売される
2006.1.3	ジブリ美術館オリジナル短編『やどさがし』『星をかった日』 『水グモもんもん』（監督：宮崎駿）公開
2006.7.7	「種山ヶ原の夜」（演出：男鹿和雄）のDVDが発売される
2006.7.29	『ゲド戦記』公開
2006.12.	「宮崎駿デザインの日テレ大時計」完成・公開 （於汐留日本テレビ社屋）

2007.7.4	「イバラード時間」(監督:井上直久)の ブルーレイディスク/DVDが発売される
2007.7.	「ジブリの絵職人 男鹿和雄展」(於東京都現代美術館)で 企画制作協力を担当
2007.10.	「鈴木敏夫のジブリ汗まみれ」 (Tokyo FMほか全国ネット)放送開始
2008.4.	社内保育園「3匹の熊の家」を開園 ジブリ美術館スタッフの社員化を実施
2008.7.19	『崖の上のポニョ』公開
2008.7.	「スタジオジブリ・レイアウト展」(於東京都現代美術館)で 企画制作協力を担当
2008.10.	「堀田善衞展 スタジオジブリが描く乱世。」 (於県立神奈川近代文学館)に主催として参加
2009.4.	新人育成のための期間限定プロジェクト「西ジブリ」が 愛知県豊田市のトヨタ自動車本社工場内でスタート
2009.12.8	「ポニョはこうして生まれた。〜宮崎駿の思考過程〜」の ブルーレイディスク/DVDが発売される
2010.1.3	ジブリ美術館オリジナル短編『ちゅうずもう』 (監督:山下明彦)公開
2010.6.	JR東小金井駅南口近くに『かぐや姫の物語』制作用の部屋を借り、 スタッフが引っ越し スタジオジブリ第5スタジオ完成
2010.7.17	『借りぐらしのアリエッティ』公開
2010.7.	「借りぐらしのアリエッティ×種田陽平展」 (於東京都現代美術館)で企画制作協力を担当
2010.8.	「西ジブリ」撤収。スタッフは小金井に異動
2010.11.20	ジブリ美術館オリジナル短編『パン種とタマゴ姫』 (監督:宮崎駿)公開
2011.6.4	ジブリ美術館オリジナル短編『たからさがし』 (演出アニメーター:稲村武志)公開
2011.7.16	『コクリコ坂から』公開
2012.2.	第7スタジオ稼働開始。『かぐや姫の物語』スタッフが引っ越し
2012.7.	「館長庵野秀明 特撮博物館 ミニチュアで見る昭和平成の技」 (於東京都現代美術館)で企画制作協力を担当。 特撮短編映画『巨神兵東京に現わる』(企画・脚本:庵野秀明/ 監督:樋口真嗣)を製作、同展で上映
2012.11.	宮崎駿監督が文化功労者に選ばれる
2013.3.	「ジブリがいっぱい スタジオジブリ立体造型物展」 (於ラグーナ蒲郡 ラグナシア)で企画監修を担当
2013.7.20	『風立ちぬ』公開
2013.11.	スタジオジブリが協力した「夢と狂気の王国」 (製作:ドワンゴ/監督:砂田麻美)公開
2013.11.23	『かぐや姫の物語』公開
2014.1.	第7スタジオ、役割を終え撤収
2014.6.	高畑勲監督がアヌシー国際アニメーション映画祭で名誉功労賞 (Cristal d'honneur)を受賞
2014.7.	「近藤喜文展」(於新潟県立万代島美術館)で 企画制作協力を担当 「ジブリの立体建造物展」(於江戸東京たてもの園)開催
2014.7.19	『思い出のマーニー』公開
2014.7.	「思い出のマーニー×種田陽平展」(於江戸東京博物館)開催
2014.11.	宮崎駿監督が米国アカデミー賞名誉賞を受賞
2014.12.3	「高畑勲、『かぐや姫の物語』をつくる。 〜ジブリ第7スタジオ、933日の伝説〜」の ブルーレイディスク/DVDが発売される
2015.4.	高畑勲監督がフランス芸術文化勲章オフィシエを受章
2015.9.	「ジブリの大博覧会 〜ナウシカからマーニーまで〜」 (於愛知県 愛・地球博記念公園)で企画制作協力を担当
2016.5.	スタジオジブリのLINE公式アカウントが開設される
2016.7.	「ジブリの大博覧会 〜ナウシカから最新作『レッドタートル』まで〜」 (於六本木ヒルズ展望台 東京シティビュー)で 企画制作協力を担当
2016.9.17	『レッドタートル ある島の物語』公開
2017.8.	「スタジオジブリ 鈴木敏夫 言葉の魔法展」 (於広島県 筆の里工房)で企画協力を担当
2018.3.21	ジブリ美術館オリジナル短編『毛虫のボロ』(監督:宮崎駿)公開
2018.4.5	高畑勲監督逝去(享年82)
2019.4.	「鈴木敏夫とジブリ展」(於神田明神 文化交流館 神田明神ホール) で特別協力を担当
2019.5.	愛知県、スタジオジブリ、中日新聞社がジブリパークの 基本合意書を締結
2019.7.	「高畑勲展―日本のアニメーションに遺したもの」 (於東京国立近代美術館)で企画協力を担当
2019.7.17	「ジブリがいっぱい SPECIAL ショートショート1992-2016」の ブルーレイディスク/DVDが発売される
2019.11.	ジブリパークの運営会社として株式会社ジブリパークを中日新聞 社とスタジオジブリが共同で設立
2019.12.	新作歌舞伎「風の谷のナウシカ」(於新橋演舞場)が上演される
2020.12.30	スタジオジブリ初の全編3DCG長編『アーヤと魔女』NHK総合 で放送、2021年8月27日劇場公開
2021.4.	「アニメージュとジブリ展」(於松屋銀座8階イベントスクエア)で 企画協力を担当
2021.9.	「HAYAO MIYAZAKI」展、米国アカデミー映画博物館の オープニング記念企画として開催
2022.3.	舞台「千と千尋の神隠し」(於帝国劇場)が上演開始
2022.7.	「ジブリパークとジブリ展」(於長野県立美術館)で 企画制作協力を担当
2022.10.	舞台「となりのトトロ」(於ロンドン・バービカン劇場)が上演開始
2022.11.1	ジブリパーク「ジブリの大倉庫」「青春の丘」「どんどこ森」開園
2023.6.	「金曜ロードショーとジブリ展」(於東京・天王洲 寺田倉庫B&C HALL／E HALL)で特別協力を担当
2023.7.14	『君たちはどう生きるか』公開
2023.9.6	「ジブリパークができるまで。[第1期]」ブルーレイディスク/ DVDが発売される
2023.9.	日本テレビによる株式一部取得、子会社化を発表。10月に実施
2023.11.1	ジブリパーク「もののけの里」開園
2024.3.	『君たちはどう生きるか』が米国で 第96回アカデミー賞を長編アニメーション映画部門で受賞
2024.3.16	ジブリパーク「魔女の谷」開園
2024.5.	スタジオジブリが第77回カンヌ国際映画祭で名誉パルムドール を受賞

※2024年8月現在

リアルで体験するジブリの世界

ジブリパーク

ジブリパークは、愛知県長久手市の広大な愛・地球博記念公園（モリコロパーク）の中にある、「スタジオジブリ作品の世界を表現した公園施設」だ。5つのエリアが点在しており、ゆっくりとさんぽをしながら、いろいろな楽しみ方ができるようになっている。ジブリパークの「監督」を務めるのは、アニメーション監督の宮崎吾朗。コンセプトづくりから携わり、ジブリ作品を彷彿とさせる空間を生み出している。

■「ジブリの大倉庫」の中央階段

ジブリの大倉庫

かつては温水プールだった建物が、一歩中に入ると、企画展示室のほか、「子どもの街」や「ネコバスルーム」、湯婆婆が仕事をする「にせの館長室」、アリエッティの気分が味わえる「小人の庭」など、ジブリ作品の世界を体験できる驚きの空間に。

■左／子どもの遊び場「ネコバスルーム」　■上／短編アニメーション作品が見られる「映像展示室オリヲン座」

主な関連作品　◆天空の城ラピュタ→ P.36　◆紅の豚→ P.58　◆千と千尋の神隠し→ P.88　◆ギブリーズ episode2 → P.98
　　　　　　　　◆借りぐらしのアリエッティ→ P.114　◆コクリコ坂から→ P.118　◆風立ちぬ→ P.124　◆君たちはどう生きるか→ P.6

青春の丘

『耳をすませば』の舞台の一つである「地球屋」や「ロータリー広場」、『猫の恩返し』に登場する「猫の事務所」が並ぶ。地球屋の2階はアンティークショップ、1階はバイオリン工房となっており、本物の楽器や工具が置かれている。

■左／「地球屋」は丘の斜面に建てられていて、眺めがいい　■上／すべてが"猫サイズ"でつくられている「猫の事務所」

主な関連作品　◆耳をすませば→ P.72　◆猫の恩返し→ P.94

どんどこ森

昭和初期の建築様式でつくられた「サツキとメイの家」がある、森に囲まれた自然豊かなエリア。トトロの姿をした遊具「どんどこ堂」は、土壁や爪などに左官や刀鍛冶職人の技を感じることができる。

■左／裏庭に手押しポンプ式の井戸がある「サツキとメイの家」　■上／小学生以下の子どもは「どんどこ堂」の中に入ることができる

主な関連作品　◆となりのトトロ→ P.40

もののけの里

『もののけ姫』の舞台の一つ、エミシの村などをイメージした風景が広がる。隣接する里山体験ができる施設「あいちサトラボ」と調和するように計画され、「タタラ場」をモチーフにした建物は体験学習施設になっている。エリア内の休憩処には、当エリア限定グッズも。

■左／里山の風景を眺めながら、くつろいですごすことができる　■上／広場には、タタリ神や乙事主のオブジェが鎮座する

主な関連作品　◆もののけ姫→ P.76

魔女の谷

魔女と魔法にまつわる作品をイメージしたエリア。入場ゲートをくぐり回廊を抜けると、アーヤが引き取られる「魔女の家」や、キキが暮らす「グーチョキパン屋」、ソフィーが勤める「ハッター帽子店」などが立ち並ぶ。ジブリ作品をモチーフに装飾した「メリーゴーランド」や「フライングマシン」、レストラン、ショップも。

■左／エリアの最奥にそびえる「ハウルの城」　■上／「オキノ邸」は、『魔女の宅急便』のキキが魔女修業に旅立つ前に暮らしていた家

主な関連作品　◆魔女の宅急便→ P.50　◆ハウルの動く城→ P.100　◆アーヤと魔女→ P.140

施設情報　チケットは予約制です。

開園日時間

平日　10時〜17時　／　土日休　9時〜17時
休園日　火曜日（火曜日が祝日の場合は翌平日）
年末年始およびメンテナンス休園日

※開園日やチケットに関する詳細は公式ウェブサイトをご確認ください。
※記載の情報は2024年8月時点のものです。

三鷹の森ジブリ美術館

三鷹の森ジブリ美術館は、『迷子になろうよ、いっしょに。』をキャッチコピーにつくられた東京都三鷹市にある美術館。宮﨑駿が映画を作るのと同じようにイメージボードを描き、構想した「理想の美術館」を、宮崎吾朗が具体的なプランに落とし込み、建築の責任者として実現に導いた。2001年の開館以来、国内のみならず、世界中から多くの観客が訪れている。

施設情報

チケットは予約制です。

開館時間　10時〜18時
休 館 日　火曜日
　　　　　ほか、展示替え休館、メンテナンス休館、
　　　　　冬季休館などの長期休館があります。

※開館時間やチケット購入方法などの詳細は、公式ウェブサイトをご確認ください。

■屋上庭園にたたずむロボット兵　　■映像展示室「土星座」では、ジブリの短編作品が見られる

パークと美術館でしか見られない 短編アニメーション

ジブリパークと三鷹の森ジブリ美術館には、それぞれ「オリヲン座」「土星座」と名付けられた映像展示室があります。そこでしか見られない短編アニメーションをご紹介します。

◆ジイとバアはすもうで負けてばかりのねずみたちにごちそうを用意します。果たして勝負の行方は……。
◆企画・脚本：宮﨑駿
　絵コンテ・監督：山下明彦
　約13分

◆中川李枝子（作）と大村百合子（絵）による児童文学『いやいやえん』（福音館書店刊）の中の一篇をアニメーション化した作品。
◆脚本・監督：宮﨑駿
　約16分

◆音楽や効果音、セリフをすべて人の声で表現しました。また、音は動く文字となって画面の中に現れます。
◆原作・脚本・監督：宮﨑駿
　約12分

◆恐ろしいバーバヤーガに召し使いにされたタマゴ姫。ある夜、こねていたパン種がいのちを宿し、ふたりは逃げ出すことに。
◆原作・脚本・監督：宮﨑駿
　約12分

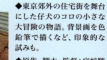
◆東京郊外の住宅街を舞台にした仔犬のコロの小さな大冒険の物語。背景画を色鉛筆で描くなど、印象的な試みも。
◆原作・脚本・監督：宮﨑駿
　約15分

◆画家・井上直久の『イバラード』を原作とした短編映画。星の種を育てる少年ノナと、美しくミステリアスな女性ニーニャの物語。
◆脚本・監督：宮﨑駿
　約16分

◆中川李枝子（さく）と大村百合子（え）による児童文学『たからさがし』（福音館書店刊）を、短編アニメーション映画にしました。
◆企画・構成：宮﨑駿
　約9分

◆メイとコネコバスは友だちになり、一緒に森へと出かけることに。いろんなネコバスが集まる夜の森でメイが出会ったのは……。
◆原作・脚本・監督：宮﨑駿
　約14分

◆水中に生息する水グモを主人公にした短編作品。アメンボのお嬢さんに一目惚れした水グモのもんもん。その恋の行方は……。
◆原作・脚本・監督：宮﨑駿
　約15分

◆生まれたばかりの毛虫のボロは、ボロギクの根元に降り立ち、毛虫の先輩や外敵が行き来する世界へと踏みだします。
◆原作・脚本・監督：宮﨑駿
　約14分

※記載の情報は2024年8月時点のものです。

1984　　1986　　1988　　1988　　1989

1991　　1992　　1993　　1994　　1995

1995　　1997　　1999　　2001　　2002

スタジオジブリ 全作品

All the Studio Ghibli Animated Films

2002　　　　　　　　　　　　　　　　　　　　2004

2006　　2008　　2010　　2011　　2013

2013　　2014　　2016　　2020

スタジオジブリ誕生の
きっかけとなった
宮崎駿監督の
壮大なSFアニメーション

風の谷のナウシカ　　1984年

テレビアニメーション「未来少年コナン」(1978年)、劇場アニメーションの初監督作『ルパン三世 カリオストロの城』(1979年)などで注目された宮崎駿監督の長編作品である。核戦争のような災厄で産業文明が崩壊した1000年後を舞台に、世界の再生をめぐる少女ナウシカの戦いを描く。ナウシカが飛行メカを操って自在に空を飛ぶアクションの面白さに加えて、人類と地球の未来に対する希望をこめた物語が感動を呼ぶ。次々に登場する不思議な生きものやメカ、個性豊かなサブキャラクターといった宮崎作品に欠かせない設定の数々も見どころだ。

原作は宮崎監督自身が徳間書店のアニメーション誌「アニメージュ」に連載したコミックで、第2巻までを中心に映像化したため、映画はオリジナルの結末になっている。東映動画(現・東映アニメーション)以来の先輩で仕事仲間の高畑勲がプロデューサーを務め、音楽に久石譲を起用して、以後のジブリ作品のサウンドイメージを決定づけた。ほかにも「機動戦士ガンダム」の中村光毅(美術監督)、「銀河鉄道999」の小松原一男(作画監督)、のちに「新世紀エヴァンゲリオン」を生む庵野秀明(原画)といったアニメーション界を代表するスタッフが多数参加している。なお実際の映画作りは、海外との合作で実績のあった会社トップクラフトで行われた。厳密にはジブリ作品ではないが、この映画のヒットが後押ししてスタジオジブリが設立された。ジブリの出発点となった作品だ。

公開日：1984年3月11日
上映時間：約116分
© 1984 Hayao Miyazaki/Studio Ghibli, H

原作・脚本・監督 …… 宮崎　駿
プロデューサー …… 高畑　勲
音　　　　楽 …… 久石　譲
作　画　監　督 …… 小松原一男
美　術　監　督 …… 中村　光毅
色　　指　　定 …… 保田道世
制　　　　作 …… トップクラフト
製　　　　作 …… 徳間書店　博報堂

ナウシカ …… 島本須美
ユパ・ミラルダ …… 納谷悟朗
アスベル …… 松田洋治
ミ　ト …… 永井一郎
クシャナ …… 榊原良子
クロトワ …… 家弓家正
ジ　ル …… 辻村真人
大　バ　バ …… 京田尚子

ストーリー

"火の7日間"と呼ばれる大戦争で人類が築きあげた文明が燃え尽きてから1000年。地球には瘴気(しょうき)を出す菌類の森、腐海(ふかい)が広がっていた。腐海には巨大な蟲(むし)たちが棲みつき、人間は腐海や蟲に怯えながら暮らしていた。

風の谷は、腐海のほとりの小さな国。族長の娘ナウシカは、谷の人々とともに平和に暮らしていたが、ペジテ市の地下に眠っていた巨神兵という怪物が掘り起こされたことから、ペジテと大国トルメキアの争いに巻きこまれていく。争いのなか、腐海は人間が汚した地球を浄化し、蟲たちは腐海の森を守っているという真実をつきとめたナウシカは、巨神兵で腐海を焼き払おうとする人たちから腐海と蟲を守るため、たった1人で立ち上がる。

原作本紹介 ◆原作：宮崎 駿 『風の谷のナウシカ』(徳間書店刊) 全7巻
「アニメージュ」1982年2月号～1994年3月号掲載のSFファンタジー漫画。「漫画でしか描けないもの」に強くこだわった宮崎駿が映画公開後も10年間にわたり描き続け、映画版をはるかに超える壮大な世界観を築き上げた傑作だ。

キャラクター

ナウシカ
風の谷の族長ジルの娘。才能ある"風使い"で、グライダーのようなメーヴェを操って空を駆ける。人々が忌み嫌う蟲たちと心を通わせる不思議な力の持ち主。

アスベル
工房都市ペジテの王族の少年。腐海で蟲たちに襲われたところをナウシカに助けられる。ナウシカとともに腐海の秘密を知り、ナウシカに協力する。

クシャナ
トルメキア王国の国王・ヴ王第4皇女。風の谷を占領し、ペジテから奪った巨神兵で腐海や蟲たちを焼き払おうとする。蟲に襲われて左手を失っている。

ユパ・ミラルダ
ジルの親友で、ナウシカの師。腐海一の剣士として知られ、腐海の謎を解くため旅を続けている。

大ババ
100歳を超えるといわれる風の谷の老女。目は見えないが、薬草で薬を作り、風の谷の伝説を今に伝える。大気を読み、王蟲の心を感じることもできる。

クロトワ
トルメキア軍の参謀、クシャナの副官。平民出身で野心を秘めているが、表向きは野心を見せず、クシャナに仕えている。

ジル
風の谷の族長で、ナウシカの父。優れた風使いだったが、腐海の瘴気に身体を冒されて床に臥せている。風の谷にやってきたトルメキア軍に殺される。

王蟲
14の眼と多くの節足を持つ蟲たちの王。腐海の主といわれ、人間が腐海を焼き払おうとするたびに王蟲の群れが押し寄せ、国や町が滅びていった。

巨神兵
巨大産業文明が生み出した最終兵器。"火の7日間"で世界を焼き尽くし、すべて化石になったといわれていたが、ペジテ市で1体だけ発見された。

城オジ5人衆
（ムズ、ミト、ギックリ、ゴル、ニガ）
"城オジ"と呼ばれる老人たち。腐海の瘴気で年とともに手足の自由が利かなくなり、城づとめをしている。リーダー格はミト。

キャラクター相関図

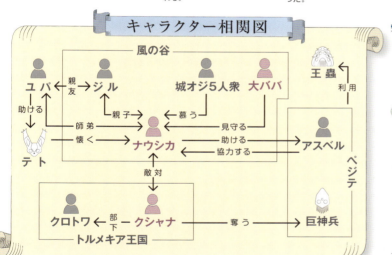

注目ポイント

〈腐海〉という名前は、クリミア半島にある干潟からきている。"シュワージュ（腐った海）"と呼ばれる干潟のことを本で読んだことがあった宮崎監督は、〈腐海の森〉を描いた後、この名前を借りることに決めた。

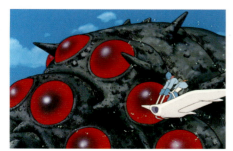

■ ナウシカは怒りに我を忘れた王蟲を蟲笛で鎮めることができる。

■ 人質としてクシャナらとペジテに向かう途中、奇襲を受けたナウシカは、クシャナをガンシップに同乗させ、炎上するバカガラスから脱出する。

■ 風の谷へ王蟲の大群が押し寄せると、クシャナは巨神兵に焼き払うように命じる。

ポスター

『風の谷のナウシカ』のポスターの絵柄は全部で4種類ある。全てポスター用に描き下ろされている。

■ 第1弾ポスター。デザイナーのラフを元に宮崎駿監督が原画を描いた。ビジュアルの周りが濃い緑のタイプもある。

■ プラモデルのボックスアートで著名な高荷義之が描いた第2弾ポスター。

新聞広告

ナウシカに焦点を絞った形の広告が、同時上映の『名探偵ホームズ』とともに、各紙に掲載された。

■ 『風の谷のナウシカ』の広告は、公開約2ヵ月前の1984年1月18日の東京タイムズ（全5段）からはじまった。

■ 1月26日に読売新聞に掲載された広告。この広告から第3弾ポスターのビジュアルが使われるようになった。

■ 2月16日に読売新聞に掲載された全15段広告。この下の部分には、他社の広告があった。

木々を愛で
虫と語り
風をまねく鳥の人…

■劇場用ポスターを意識して宮崎駿監督が原画を描き、プレゼント用に使われたこのポスターが、後年メインポスター的に扱われるようになった。

■公開後に大映が二次配給した際のポスター。ビジュアルは、封切り時に高荷義之が描き下ろした第3弾ポスターのものが使われた。

■韓国版ポスター。

制作秘話

巨神兵の原画は「エヴァンゲリオン」シリーズで知られる庵野秀明が担当した。当時学生だった彼が自分の絵を持ち込んだのがきっかけとなっている。彼の絵を見た宮崎監督はすぐに彼を採用し、いきなり巨神兵のシーンの原画を全て任せた。この時、2人の師弟関係は始まった。

■3月6日、読売新聞に掲載された広告では、三角形のデザインの上に第3弾ポスターの空を飛ぶナウシカの絵を切り抜いたものを載せ、ナウシカの存在感をアピールした。

■公開5日後の3月16日、東京タイムズに5段1/2で掲載されたのは、横浜地区のみのローカル広告だ。この後も横浜地区のみの広告はいくつか作られた。

■3月17日、全5段のスポーツニッポンの広告では、映画を観た人のコメントとして、一般の人と映画評論家の宇田川幸洋さんの評を掲載している。

いよいよ始動した
スタジオジブリの第1作。
大空を翔（か）ける
一大冒険アクション

天空の城ラピュタ　　1986年

　『風の谷のナウシカ』に続いて宮崎駿が監督した長編アニメーションで、スタジオジブリの第1作にあたる。大人から小学生の子供までが楽しめるようにと作られた、波瀾万丈の冒険活劇だ。ストーリーはジョナサン・スウィフトの空想物語「ガリヴァー旅行記」をヒントにして、空に浮かぶ伝説の宝島ラピュタをめぐって展開する。主人公はラピュタに憧れる少年パズーと、ラピュタ王家の血を引く少女シータで、これに肝っ玉母さんのドーラが率いる空中海賊や、ラピュタのテクノロジーを狙う悪役ムスカらがからむ。19世紀を思わせる古風な架空世界を舞台に、羽ばたきながら飛ぶ昆虫型のフラップターや巨大飛行戦艦ゴリアテといったユニークなメカも登場して、ワクワクするようなアクションの見せ場の連続だ。その一方、廃墟（はいきょ）となったラピュタの庭園を守るロボット兵の姿には、滅びていく文明の悲しさが漂う。冒険アニメーションに独特の深みと奥行きを作りだした、宮崎監督の世界観にも注目だ。『風の谷のナウシカ』と同じく、優れたアニメーション作品に贈られる毎日映画コンクール大藤信郎賞を受賞したほか、各映画雑誌のベストテンでも上位にランクインした。現在でもテレビで放送されるたびにSNSで話題になる人気作である。

　なお、登場人物の声にいわゆる声優だけでなく、初井言榮（ドーラ）や寺田農（ムスカ）のようなドラマ・舞台で活躍しているベテラン俳優を起用するジブリのキャスティングは、この作品から始まっている。

公開日：1986年8月2日
上映時間：約124分
© 1986 Hayao Miyazaki/Studio Ghibli

原作・脚本・監督……宮崎駿
プロデューサー……高畑勲
音楽……久石譲
作画監督……丹内司郎
美術……野崎俊二三世
色指定……保田道代
挿入歌……「君をのせて」
　　　　　（歌：井上あずみ）
制作……スタジオジブリ
製作……徳間書店

パズー……田中真弓
シータ……横沢啓子
ドーラ……初井言榮
ムスカ……寺田農
ポムじいさん……常田富士男
モウロ将軍……永井一郎
親方……糸博
おかみ……鷲尾真知子

ストーリー

　その昔、ラピュタの人々は、飛行石という空に浮かぶ石の巨大な結晶を作って大きな島を空に浮かべ、優れた科学力で地上の国々を支配していたという。それから700年以上が過ぎ、今やラピュタは、伝説として語り継がれている。

　鉱山で働く貧しい少年パズーの夢は、冒険家だった亡き父の想いを継ぎ、いつかラピュタを見つけること。そんなパズーの前に、ある晩、空から少女が落ちてきた。ペンダントの飛行石に守られながら、ゆっくりと。パズーが受けとめたその少女こそ、ラピュタ王国の継承者シータだった。パズーは、飛行石とラピュタの財宝を狙う政府調査機関や、空中海賊たちからシータを守りながら、シータとともにラピュタを目指す。

キャラクター

パズー
鉱山の見習い機械工として働く、素直で明るい少年。早くに両親を亡くし、1人で暮らしていたが、シータに出会い、ラピュタを探す冒険の旅に出る。

シータ
本当の名前は、リュシータ・トエル・ウル・ラピュタ。ラピュタ王国の正統な継承者リュシータ王女で、母から受け継いだ飛行石のペンダントを持つ。

ドーラ
飛行船タイガーモス号の船長で、空中海賊の女ボス。3人の息子を含む総勢10人のドーラ家を率いてラピュタの財宝を狙う。

ドーラの息子たち（アンリ、シャルル、ルイ）
力は強いが、ドーラを「ママ」と慕うマザコンの息子たち。いずれもフランス国王の名がつけられていて、シータのファンでもある。

ムスカ
シータをさらった政府調査機関の男。実はラピュタ王家の一族で、ロムスカ・パロ・ウル・ラピュタという名を持ち、ラピュタの復活を企んでいる。

モトロ
ドーラ家の一員で、タイガーモス号の機関室で働く老技師。

ポムじいさん
パズーの知り合いで、鉱山のことを知り尽くしている鉱山師の老人。

モウロ将軍
ラピュタ探索の指揮官を務める軍人。ムスカとともに巨大飛行戦艦ゴリアテでラピュタを目指すが、ムスカには反感を抱いている。

親方（ダッフィ）
スラッグ渓谷で働く鉱山夫で、パズーの親方。仕事には厳しいが、両親のいないパズーを可愛がっている。

ロボット兵
ラピュタ人が作った半有機体ロボット。飛行石に反応し、ラピュタ人にのみ忠誠を誓う。戦闘用のロボット兵のほか、庭園の世話をする園丁用ロボットもいる。

キャラクター相関図

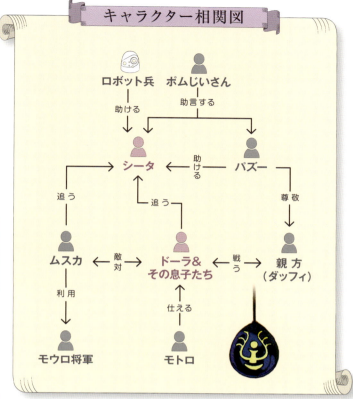

■ 空から降ってきたシータをパズーが助けたことで、2人の冒険ははじまった。

■「おばさん、僕を仲間に入れてくれないか。シータを助けたいんだ」と言うパズーを、ドーラは連れていく。

■ ムスカに捕らわれていたシータをパズーはドーラとともに助け出す。

■ パズーとシータは、巨大な低気圧の渦「竜の巣」に飲み込まれて、ラピュタの庭園にたどり着く。

注目ポイント

海賊で母でもあるドーラのモデルは、宮崎監督のお母さん。病気がちで、宮崎監督が6歳から15歳まで病床にあったが、その精神的迫力はドーラに通じるものがあったとか。「男ばかりの兄弟4人そろってもおふくろには太刀打ちできなかった」と言う。

ポスター

日本版はパズーとシータをメインに、海外版はラピュタをしっかり見せたものが作られた。

■ 第1弾は、ポスター用に描き下ろされた空飛ぶパズーとシータのビジュアルが使われた。

■ 映画冒頭のパズーとシータの出会いを「ある日、少女が空から降ってきた…」というコピーで神秘的に見せたのは第3弾ポスターだ。

新聞広告

『風の谷のナウシカ』同様、『天空の城ラピュタ』も公開約2ヵ月前より広告がうたれた。

■ 1986年6月10日、朝日新聞に掲載された全15段広告。第1弾ポスターのビジュアルを使用したが、モノクロだと美しい背景が綺麗に出ないため、以降は別の絵柄が使われた。

■ 6月25日の読売新聞に掲載された広告は、第3弾ポスターのビジュアルをメインに、劇中の印象に残る場面カットを使って構成されている。

■ 公開約1週間前の7月25日の読売新聞の広告では〝あの「ナウシカ」をしのぐ愛と感動に試写室は絶賛の嵐！〟と試写会等で映画を観た人の反応をコピーに取り入れた。

■ 宮崎駿イメージボード。

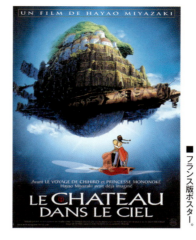
■ フランス版ポスター。

■ 韓国版ポスター。

■ イタリア版ポスター。

■ ドイツ版ポスター。

■ イタリア版の絵柄違いのポスター。

■ ノルウェー版ポスター。

■ 公開5日前の7月28日の朝日新聞の広告は、第3弾ポスターのビジュアルを使って構成された。

■ 公開前日である8月1日の朝日新聞に掲載された広告は、「舞台挨拶とプレゼント！」の告知とともに、都内各館初回が朝8時40分であることも明記した。

■ 公開から約1週間後の8月8日、読売新聞に掲載された広告では、メインコピーを使わずに新たなコピーで構成された。

制作秘話

『天空の城ラピュタ』の企画時の仮タイトルは「少年パズー・飛行石の謎」だった。"パズー"は、宮崎監督が学生時代に考えた船乗りの名前で、ヒロインの"シータ"は数学で習った〈シータ〉記号から思いついたものだ。

森に棲む不思議な生きものと子供たちの交流を描くファンタジー

となりのトトロ　　1988年

　宮崎駿監督による劇場アニメーション作品である。自然豊かな東京郊外に引っ越してきたサツキとメイの姉妹が、大人には見えない森の生きもの・トトロと出会い、不思議な体験をする物語だ。キャラクターや設定は、宮崎監督がテレビアニメーションの仕事をしていた頃、合間をみて個人的に描きためていたスケッチが元になっている。時代背景は1950年代のおわり、まだテレビが家庭に普及する以前の日本が舞台だ。そのノスタルジックな作品世界を支えているのが、夏の田園風景を中心とした美しい背景画である。特にサツキがメイを探して走り回る場面は、空や雲の色合いの変化で時間経過を示し、アニメーションの美術がもつ表現力を存分に発揮している。美術監督を務めたのはジブリ初参加の男鹿和雄で、以後のジブリ作品に欠かせないスタッフの1人となった。

　この映画は高畑勲監督の『火垂るの墓』と2本立てで公開され、毎日映画コンクール日本映画大賞・大藤信郎賞をはじめ、多くの映画賞を受賞して高い評価を受けた。ベテラン俳優の北林谷栄が声を演じたばあちゃんなど、魅力的な登場人物や生きものたちのキャラクターは今も変わらぬ人気者だ。トトロはスタジオジブリのシンボルマークになり、ススワタリは『千と千尋の神隠し』(2001年)に再登場している。また主題歌の「さんぽ」や「となりのトトロ」は幼稚園、小学校などで取り上げられ、子供たちの愛唱歌として今も親しまれている。

公開日：1988年4月16日
上映時間：約86分
© 1988 Hayao Miyazaki/Studio Ghibli

原作・脚本・監督	宮崎　駿
プロデューサー	原　徹
音　楽	久石　譲
作　画	佐藤好春
美　術	男鹿和雄
仕　上	保田道世
歌	「さんぽ」「となりのトトロ」(歌：井上あずみ)
制　作	スタジオジブリ
製　作	徳間書店

サツキ	日高のり子
メイ	坂本千夏
とうさん	糸井重里
かあさん	島本須美
ばあちゃん	北林谷栄
トトロ	高木均

ストーリー

　物語の舞台は、1950年代の東京郊外。5月の晴れた日、サツキとメイの姉妹が、とうさんと一緒に古い一軒家に引っ越してきた。入院中のかあさんを空気のきれいな場所で迎えるためだ。引っ越し早々、ススワタリを目撃した2人は、「ここはお化け屋敷!?」と、ワクワクドキドキする。

　サツキは学校へ行き、とうさんは仕事をしていたある日、1人庭で遊んでいたメイは、不思議な生きものに出会う。それは、古くから日本に棲んでいる「トトロ」だった。やがてトトロはサツキの前にも姿を見せ、ネコバスも現れて、サツキとメイとトトロたちの不思議で楽しい交流が始まった。

キャラクター

サツキ
明るく、快活な小学6年生。病気で入院中の母に代わって家事をこなし、幼い妹の面倒を見るしっかり者。母に手紙を書いて、家の様子を知らせている。

メイ
サツキの妹。元気いっぱいの4歳。聞き分けのいい姉と違い、いいだしたらきかない頑固な面がある。好奇心旺盛で、面白いものを見つけると夢中になってしまう。

とうさん（草壁タツオ）
考古学の学者。非常勤講師として東京の大学に行く。サツキもメイも、「お化け屋敷に住むのが夢だった」という、とうさんが、大好きだ。

かあさん（草壁ヤス子）
病気で入院中。一刻も早く家族のもとへ帰りたいと療養している。賢く知的な女性で、サツキとメイにとっては、そばにいるだけで安心できる存在である。

ばあちゃん
カンタの祖母で、草壁家が引っ越してきた家の管理を任されている。なにかにつけ、母親が不在のサツキとメイの世話をしてくれる。

カンタ（勘太）
草壁家の隣にある農家の子供。サツキの同級生で、サツキが引っ越してきたときから気になっているが、素直に接することができない。

ススワタリ
クリのイガのような形の黒い生きもの。暗いところが好きで、誰もいない空き家に棲みつき、家の中をススとほこりだらけにしてしまう。

ネコバス
トトロたちが乗るバスのネコ。人間には見えないが、ネコバスがそばを通ると、つむじ風が吹いたように感じる。12本の足で、空でも水の上でも走れる。

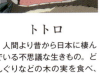

トトロ
人間より昔から日本に棲んでいる不思議な生きもの。どんぐりなどの木の実を食べ、森でのんびり暮らしている。トトロというのは、メイがつけた名前だ。

キャラクター相関図

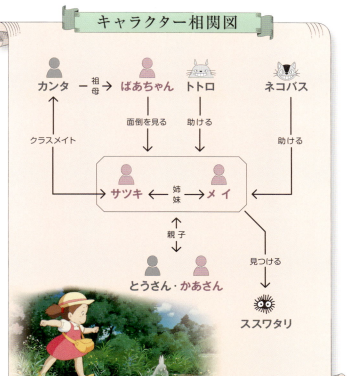

■ とうさん、サツキ、メイは1台の自転車に乗って入院している、かあさんに会いにいく。

■ 1人庭で遊んでいたメイは、不思議な生きものを見かけ追いかける。行き着いた先には……。

■ ネコバスが、かあさんのいる病院へ連れて行ってくれ、木の上から病室の様子を見守る。

■ サツキとメイはトトロと一緒に空を飛んだり、木の上で笛を吹き、楽しい時間を過ごす。

注目ポイント

トトロという名前は「所沢にいるとなりのおばけ」を短縮したもの。キャラクターの原型になっているのは、宮沢賢治の「どんぐりと山猫」のあるシーンだ。呆然と立っている山猫の足下でどんぐりがキーキー言っている場面から受けたイメージが源になっている。

41

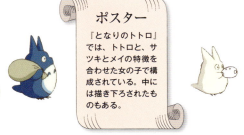

ポスター

『となりのトトロ』では、トトロと、サツキとメイの特徴を合わせた女の子で構成されている。中には描き下ろされたものもある。

■ 第2弾ポスター。トトロと、その女の子をメインに周りに場面カットをちりばめたもの。意図的に絵を逆さまに載せているところなど遊び心が感じられる。

■ 第1弾ポスター。トトロのポスターで一番よく見られるのが劇場用として描き下ろされたこちらだ。

■ 前売券の購入者特典ポスターは、描き下ろされたものだ。コマに乗って空を飛んでいるトトロだけではなく、ネコバスの中にもトトロの姿がある。

■ イタリア版ポスター。

■ フランス版30周年記念リバイバル上映ポスター。

■ フィンランド版ポスター。

■ 中国版ポスター。

■ イタリア版の絵柄違いのポスター。

■ 韓国版ポスター。

■ 韓国版の絵柄違いのポスター。

■ 韓国版の3種類目のポスター。

制作秘話

　美術を担当した男鹿和雄は、この作品のほぼ全てのシーンに、セピア色とクロームグリーンを使った。理由は、屋内のシーンにもこの2色を混ぜることで、屋外から屋内に画面が切り替わった時に"同じ世界にいる"という統一感を出すためだ。

戦火の中の兄と妹の悲劇。ジブリ作品の評価を高めた高畑勲監督の作品

火垂るの墓　　1988年

　作家・野坂昭如が自身の体験をもとに書いた直木賞受賞作の初の映像化である。1945年（昭和20年）、太平洋戦争末期の神戸を舞台に、14歳の兄・清太が4歳の妹・節子と2人で生きようとする物語だ。高畑勲監督は史料を徹底的に調べ、町を焼き尽くす焼夷弾の構造をはじめ、戦時下の状況をできるだけ正確に再現している。また、観客が自然に物語に入り込めるように、年齢が近い当時5歳の白石綾乃を節子役の声優に起用した。彼女のセリフは、アニメーションの口の動きに合わせて声を録音するのではなく、先に声の収録をして、その時の演じ手の声に合わせて口の動きを作画する手法で、他の出演者がそれを聴いて演技をする形だった。キャラクターデザインと作画監督を担当した近藤喜文ら作画スタッフも、保育園の子供たちを取材するなどして節子の動きを描く際の参考にしている。

　こうしたリアルさを追求して完成した映画は、戦争体験のある人はもちろん、その時代を知らない世代にも生々しい実感をもって受けとめられた。冒頭から観客を導くように現れる兄妹の姿は、映画独自の演出だ。2人の前にビル街が浮かび上がるラストシーンには、現在の平和が過去の戦争の上に成り立っているという高畑監督のテーマが表れている。公開は『となりのトトロ』と2本立てで、当時は大きなヒットとはならなかったが、国内だけでなく海外でも児童映画賞を獲得して、スタジオジブリの評価を高めた。

公開日：1988年4月16日
上映時間：約88分
Ⓒ野坂昭如／新潮社, 1988

原作	野坂昭如
脚本・監督	高畑　勲
プロデューサー	原　徹
音楽	間宮芳生
キャラクターデザイン 作画監督	近藤喜文
レイアウト	
作画監督補佐	百瀬義行
美術監督	山本二三
色彩設計	保田道世
挿入歌	「はにゅうの宿」(Home, Sweet Home) （歌：アメリータ・ガリ＝クルチ）
制作	スタジオジブリ
製作	新潮社
清太	辰己　努
節子	白石綾乃
母	志乃原良子
未亡人	山口朱美

ストーリー

　太平洋戦争中の1945年。清太と節子が暮らす神戸の町にB29の爆弾が降り注ぎ、町は焼け野原となった。その空襲で母を亡くした2人は、親戚のおばさん（未亡人）の家に身を寄せる。長引く戦争に、食料も乏しくなるばかり。厄介者扱いされるようになった清太と節子は、母が残した貯金で七輪や食器を買いそろえ、わずかな食料を手に入れて、ほんのささやかながらも楽しい食事をする。その後、2人は、おばさんの家を出て、池のほとりの横穴壕で暮らしはじめた。

　夜になり、池のほとりに飛んでいる蛍を捕まえて蚊帳の中に放つと、闇の中に、美しく幻想的な光が広がった。だが、そんなままごとのような暮らしは長く続くはずもなく、2人は次第に追い詰められていく。

原作本紹介　◆原作：野坂昭如『アメリカひじき・火垂るの墓』（新潮文庫刊）
野坂昭如が自らの戦争体験を題材に描き、第58回直木賞を受賞した短編小説。本作への特別な思い入れから映画化は不可能と考えていた野坂だが、ジブリ作品のイメージ画を見て「しみじみアニメ恐るべし。」とコメントしている。

キャラクター

清太（せいた）

14歳。海軍大尉の父が巡洋艦で出征中、空襲で母を失う。いつか父が帰ってくると信じ、懸命に幼い妹の面倒を見ている。

節子（せつこ）

4歳。兄と2人、横穴壕で暮らすのをよろこんでいたが、栄養もろくにとれない生活のなかで、元気をなくしていく。

母（清太・節子の母）

心臓が悪く、空襲時には清太たちよりも先に防空壕に向かっていたが、1945年6月の神戸大空襲で命を落とす。

未亡人

西宮に住む、清太と節子の遠い親戚のおばさん。母を亡くした清太と節子を預かったが、しだいに折り合いが悪くなっていく。

キャラクター相関図

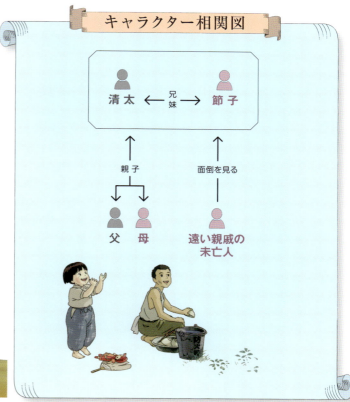

■ 映画冒頭、清太と節子が現れ、観る人を物語の中へ導いてくれる。

■ 町に空襲警報が鳴り響き、母は暑がる節子に防空頭巾を被せる。これが最後の触れ合いとなった。

■ 未亡人の家の近所でお風呂をもらう清太と節子。清太は手ぬぐいを使って節子を笑顔にする。

■ 銀行で、母の預金を下ろした帰りの電車で、清太はこのお金でなんとでもやっていけると節子に話す。

■ 節子と2人、横穴壕で暮らし始めた清太は、節子とともに蛍をたくさん捕まえ、寝床に放つ。

■ 清太は蛍の光の中で節子と横になり、以前見た観艦式のことを語り、戦地に行った父のことを思う。

■ 朝になると蛍は息絶えていた。亡くなった母のことを思いながら節子は穴を掘り、蛍のお墓を作る。

■ 1人になった清太は、節子と2人で過ごした日々を、思い出す。

注目ポイント

清太が、母と行った浜辺を回想するシーンでは、母がさしている傘の影が少し赤を感じさせる色となっている。これは、色彩設計（作品に関わる全ての色を決める）の保田道世が、高畑監督より資料として渡された、モネの画集を参考にして作った色だ。

ポスター
ポスターには糸井重里によるコピー「4歳と14歳で、生きようと思った。」が使われている。

■ 第1弾ポスターのビジュアルは、歌舞伎などで男女が連れ立って旅などをする"道行き"の場面を意識して描かれた。

■ 第2弾ポスターは、第1弾のビジュアルに、蛍をイメージした丸い光と、焼夷弾をイメージした火の球の光、場面カットをちりばめて作品の内容を表現した。

新聞広告
『火垂るの墓』の新聞広告は同時上映の『となりのトトロ』と一緒に「忘れものを、届けにきました。」のコピーとともに掲載された。

■ 1988年2月19日、聖教新聞に掲載されたもの。一般紙より1ヵ月早い時期に掲載されたこの広告には、民音鑑賞券の申し受け告知がうたれている。

■ 2月24日の聖教新聞に掲載された『火垂るの墓』の広告には、第2弾ポスターのビジュアルを使い、作品の内容を伝えている。

■ 3月25日の読売新聞に掲載された広告は、テレカ付き限定前売券の告知に大きなスペースが割かれている。

■ 前売券購入者特典ポスター。上にうっすらと見える黒いシルエットはB29。空に舞う火の粉のようなオレンジの光は、焼夷弾を表している。

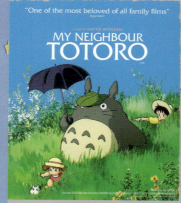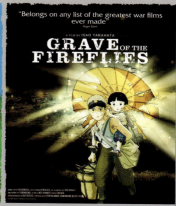

■ 25周年を記念して『となりのトトロ』と同時公開した際のイギリス版ポスター。

制作秘話

時代と日常生活をきちんと描写するため、高畑監督と制作スタッフは、焼夷弾の構造からB29の飛行ルート、ドロップ缶、蓄音機、阪急三宮駅から御影公会堂まで、あらゆる事物を調べあげ、作品のリアリティを高めた。また節子を描くために、当時4歳だったスタッフの娘をスケッチしたりした。

■ 4月8日に掲載された朝日新聞の広告では、2作品とも新たな場面カットが加わっている。

■ 公開前日の4月15日に毎日新聞に掲載された広告には、これまで2作品共通で使われていたコピー「忘れものが届きます！」が「ついに明日 日本全国に忘れものが届きます！」に変わった。

■ 公開後である4月28日、毎日新聞に掲載された広告では読売新聞の評が大きく扱われた。

ジブリが描く "街と建物"

物語の舞台としてジブリ作品に登場する街並みや建物は、それぞれ特徴があって印象的だ。映画では事前に撮影に適した土地を探して取材する、ロケーション・ハンティング(略してロケハン)が行われる。アニメーションの場合も同じで、特にジブリ作品では内容がファンタジーであっても、実際にロケハンをして設定を作ったり、背景美術の参考にしたりすることが多い。ジブリが描く物語のリアリティは、そうした丁寧な準備から生まれるのだ。

■パズーとシータが走って逃げるスラッグ渓谷。

■飛行島ラピュタ全景。

■今は住民のいない廃墟と化したラピュタの庭園。

『天空の城ラピュタ』
ラピュタはかつて栄えた機械文明が生んだ飛行島だ。今は住民のいない廃墟と化し、庭園を管理するロボットや絶滅した動物たちの世界。パズーが暮らすスラッグ渓谷は、急な崖に沿って家や精錬工場、鉄道などがある鉱山町である。

■湯婆婆が全権を握る油屋全景。

■千尋が働くことになった油屋の内部。

『千と千尋の神隠し』
千(千尋)が働く油屋と周辺の街並みは、江戸東京たてもの園などを参考に宮崎駿監督が考案した。油屋は湯婆婆が住む最上階から、ボイラー室のある最下階まで幾つもの階に分かれ、薬湯のお風呂や宴会場などの設備がある。

■女たちとタタラを踏むアシタカ。　　■砦のようなタタラ場の全景。

『もののけ姫』
エボシ御前が治める"タタラ場"は、主に砂鉄を利用した製鉄所だ。西洋の技術が輸入される以前に栄えていた。エボシ御前が女性や差別される人々を保護するために作った施設でもある。ここで鉄器や石火矢を生産して領主の勢力に対抗している。

『風の谷のナウシカ』
ナウシカの故郷・風の谷は、酸の海からの風を風車に受けて動力にしている農業国だ。人々は腐海の毒や蟲たちの侵入を防ぎながら自然とともに暮らしている。一方"火の7日間"の遺跡から物資と技術を利用する軍事国家トルメキアや、ペジテのような工房都市もある。

■魔法使いクモの城。

■アレンがテルーと出会った港町ホート・タウン。

『ゲド戦記』
闇の力に支配された魔法使いクモは、幾つもの塔を持つ巨大な城に住んでいる。夜は不気味なシルエットを見せるが、陽の光を浴びた姿は美しい。アレンがテルーと出会う港町ホート・タウンは、クロード・ロランの絵画を参考にしてデザインされた。

■キキが住むことを決めたコリコの街。時計塔近くは人も車も多い。

■泊まるところが見つからず、キキが途方に暮れる広場は街の人の憩いの場となっている。

■キキのお気に入りの場所の一つ、時計塔とその周辺。

『魔女の宅急便』

キキが魔女修行のためにやって来た街はコリコだ。スウェーデンの首都ストックホルムや、バルト海のゴトランド島にあるヴィスビーがモデル。中世ヨーロッパの雰囲気を感じさせる風景は、宮崎駿監督が他の企画のために海外へ行った時の経験が活かされている。

■マダム・ジーナが営むホテル・アドリアーノ全景。

■マダム・ジーナが1人の時間を楽しむホテルの庭園。

■マダム・ジーナとポルコが昔話をするホテルのレストラン。壁には昔の写真が飾ってある。

『紅の豚』

マダム・ジーナが経営するホテル・アドリアーノは、地中海の一角、アドリア海に浮かぶ水上ホテルだ。酒場やレストランのほか、船と水上飛行機を係留する桟橋や航空灯台を備えている。おたずね者のマンマユート団や、空賊たちの溜まり場にもなっている。

■物語の主な舞台となる高知市内の街。

■高知を代表する観光スポット"高知城"。同窓会の後、久しぶりに会った主人公たちが城を見上げる。

『海がきこえる』

主な舞台となる高知市の市内や高知城などは、ロケハンした実際の風景をもとに描かれている。特に里伽子が転校してきた拓の学校は、モデルとなった地元の高校を忠実に再現したものだ。方言のセリフとともに背景美術が地方色を支えている。

『耳をすませば』

雫が住んでいる向原周辺は、東京西部の私鉄沿線がモデル。高台にある地球屋を中心に、イタリアの山岳都市のような高低差を意識した設定になっている。雫の物語として登場する井上直久の異世界の絵とあわせて、どことなく異国情緒を感じる風景だ。

■聖司のおじいさんが経営する店、地球屋。この店で雫はバロンと出会う。

■雫が書いた物語「バロンのくれた物語」の舞台となったイバラードの風景。

■雫が学校帰りに図書館へ行く時に通る丘で、杉の宮が一望できる。

■主人公たちが通う高校の正面入り口。

『アーヤと魔女』

アーヤが暮らす町のイメージは、イギリスの片田舎。日本の観客が見てもイギリスらしさが感じられるように、通りや建物がデザインされている。美しい田園風景で知られるロンドン郊外の町・コッツウォルズでロケハンを行った。

■アーヤの家の中にあるアーヤの寝室。

■アーヤが引き取られた魔女の家。

『猫の恩返し』

ハルが相談に訪れた猫の事務所は、十字街に通じる異次元の広場にある。最初は等身大だったハルは、いつの間にかバロンたちと同じサイズになってしまう。ハルが連れ去られた猫王の城は周囲を迷路に守られ、壁は好物の魚をモチーフにしたデザインが施されている。

■十字街に通じる異次元の広場にある猫の事務所前。

■ハルが連れてこられた猫の国。奥に見えるのは猫王の城だ。

『コクリコ坂から』

海と俊が通う港南学園には、文化部の部室棟として使われている古い建物、通称カルチェラタン(パリの学生街の呼び名が由来)がある。各部室にため込まれた備品や資料が地層のように積み重なり、雑然とした内部はまさに迷宮のようだ。後に大掃除で面目を一新した。

49

> 見習い魔女キキが一人前になるために奮闘する、ジブリ最初の大ヒット作

魔女の宅急便　1989年

　数々の児童文学賞を受賞している童話作家、角野栄子の原作による劇場アニメーションである。ジブリ作品としては初めて外部の会社から持ちこまれた企画で、規模も小品だった。そのため、宮崎駿がプロデューサーと脚本を担当し、監督は新人に任せる予定だった。しかし、脚本段階でイメージがふくらみ自ら監督を務めることに。宮崎監督は、当初、物語はキキが老婦人からのプレゼントに涙ぐむシーンで終える予定だったが、鈴木敏夫プロデューサー補佐はクライマックスとなるシーンが欲しいと提案。飛行船事故からトンボを救うシーンを付け加えた。ヒロインのキキをめぐる物語も、地方から都会に出てきた普通の女の子が経験する日常を描く形になった。そこで登場する魔法、つまりほうきで空を飛ぶキキの能力は、彼女が持つ才能の一つにすぎない。それは、キキが出会う画学生・ウルスラが持つ絵の才能と同じだ。キキがウルスラと出会い、自分を見つめる展開は、同じく宮崎駿が脚本を手がけた『耳をすませば』(1995年)とも共通している。

　旅立ちを決意する冒頭から全編を通じて、13歳の見習い魔女・キキの心情が細やかに描かれて見る者を惹きつける。SFや冒険物だけではない、宮崎駿のアニメーション監督としての新たな一面が感じられる作品だ。公開にあたっては、ヤマト運輸とのタイアップやテレビ局などの協力で大規模な宣伝が行われ、264万人というアニメーションとしては空前の観客動員数を記録した。

公開日：1989年7月29日
上映時間：約102分
© 1989 Eiko Kadono/Hayao Miyazaki/Studio Ghibli, N

原作……………角野栄子
プロデューサー・脚本・監督……宮崎駿
プロデューサー補佐……鈴木敏夫
音楽……………久石譲
音楽演出………高畑勲
キャラクターデザイン……近藤勝也
作画……………大塚伸治
　　　　　　　近藤勝也
　　　　　　　近藤喜文司
美術……………大野広司
色彩設計………保田道世
挿入歌…………「ルージュの伝言」
　　　　　　　「やさしさに包まれたなら」
　　　　　　　（歌：荒井由実）
制作……………スタジオジブリ
製作……………徳間書店
　　　　　　　ヤマト運輸
　　　　　　　日本テレビ放送網

キキ／ウルスラ……高山みなみ
ジジ………………佐久間レイ
おソノさん………戸田恵子
トンボ……………山口勝平
おキノ……………三浦浩一
老婦人……………加藤治子

ストーリー

　キキは、13歳になったばかりの小さな魔女。魔女は13歳になると、修行に出なくてはならない。故郷を離れ、知らない町で1年間暮らすのだ。すばらしい満月の夜、キキは、黒猫のジジを連れて旅立った。翌朝、キキがやってきたのは、コリコというにぎやかな海辺の町だった。

　パン屋さんの空き部屋に住まわせてもらったキキは、お店を手伝いながら、自分が使えるただ一つの魔法、ほうきに乗って空を飛べる力を生かして、「お届け屋さん」を始めた。預かった品物を落としてしまったり、苦労して届けたのに喜んでもらえなかったり。

　キキはいろいろな経験をしながら、人々とのふれあいのなかで成長していく。

原作本紹介　◆原作：角野栄子『魔女の宅急便』（福音館書店刊）　**全6巻＋特別編2巻**
2018年に国際アンデルセン賞を受賞した童話作家・角野栄子の代表作。ジブリ作品のその後となるシリーズ第2巻以降では、仕事や恋、新たな出会いや別れを通じて大人の女性へと成長してゆくキキの姿が描かれている。

キャラクター

キキ
13歳の魔女。魔女といっても使える魔法は空を飛ぶことだけ。一人前の魔女になるため、コリコの町で修行を始める。魔女の黒服に、ちょっぴり不満を持っている。

ジジ
キキと同じ頃に生まれ、一緒に育てられたオスの黒猫。キキと話ができ、ともに旅に出る相棒。ちょっと皮肉屋。

トンボ
コリコの町に住む13歳の少年。空を飛ぶことに憧れていて、ほうきに乗って飛んでいるキキに興味を抱き、友だちになる。

コキリ
キキの母、37歳。空を飛ぶほかにも、町の人たちのために薬の調合をしている正真正銘の魔女。

オキノ
キキの父、40歳。魔女や妖精の研究をしている民俗学者で、魔女であるコキリと結婚した。大の子煩悩。

おソノさん
コリコの町の「グーチョキパン店」のおかみさん。妊娠中の26歳。面倒見がよく、キキを気に入って空き部屋を提供してくれる。

パン屋の亭主
おソノさんの夫、30歳。無口なパン職人で、毎朝早くからパンを焼いている。

ウルスラ
18歳の画学生。森の小屋で絵を描きながら暮らしている。飾らない人柄で、キキのよき相談相手になる。

老婦人
青い屋根のお屋敷に住んでいる、優しく上品な老婦人。キキにお届け物を頼んで仲良くなる。

バーサ
長年、老婦人に仕えているお手伝いさん。

キャラクター相関図

オキノ・コキリ — 親子 → キキ
トンボ — 興味を持つ → キキ
老婦人 ← 仕える — バーサ
老婦人 — 気にかける → キキ
キキ ← 相棒 → ジジ
ウルスラ — 応援する → キキ
おソノさん — 協力する → キキ
おソノさん ← 夫婦 → パン屋の亭主

■ 13歳になった魔女のキキは、故郷を離れ、1年間の修行に出ることに……。

■ 海辺の町コリコで出会ったのは同じ年のトンボ。2人で自転車に乗って出かける。

■ お届け屋さんを始めたキキだが、配達中に嵐に見舞われる。

■ 町に停まっていた飛行船が突風で空へ。トンボが危機に！ キキは助けに向かうが……。

注目ポイント

ウルスラが描いている絵には、元になった絵がある。八戸市立湊中学校養護学級の生徒たちが共同で制作した版画「虹の上をとぶ船」だ。この版画にはキキをモデルにしたという少女は描かれていない。

■ 第2弾ポスター。キャッチコピーの「おちこんだりもしたけれど、私はげんきです。」が「おちこむこともあるけれど、私はこの町がすきです。」になっている。

ポスター
『魔女の宅急便』のポスターはヒロインのキキを描いた2パターンが作られた。

■ パン屋の店番をしているキキを描いた第1弾ポスター。映画の一場面をイメージしたもので、ガラスの映り込みで奥行きや立体感を表現している。

■ 公開の約3ヵ月前、前売券の発売前日である1989年4月28日、読売新聞に第1弾広告が掲載された。

新聞広告
ポスターの絵柄を使い、作品タイトルを大きくして目立たせている。

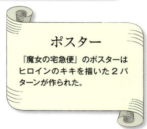

■ 読売新聞に掲載された、6月22日の広告では第2弾ポスターがメインビジュアルに使われ、絵柄に合わせた宣伝コピーが添えられている。

■ 6月29日の朝日新聞に掲載されたのは、試写会の招待や関連本、音楽集の発売予告などが入ったタイアップ広告。サントラ盤はCD以外にカセット、アナログのLPレコードでも発売された。

■ 韓国版ポスター。

(ノルウェー版ポスター。)

■ イタリア版ポスター。

■ フィンランド版ポスター。

■ フランス版ポスター。

制作秘話

この作品に登場する女性キャラクターは、"各年代を代表する女性"が描かれ、それは全て成長したキキの姿を表しているように見える。キキとウルスラの声を高山みなみが演じた理由もここにある。キキは、ウルスラ、おソノさん、そして、お母さんであるコキリとなり、最後は老婦人へと年を重ねていくようだ。

■ 公開の1ヵ月ほど前からメインビジュアルを第1弾ポスターに戻し、作品イメージを定着させていく方針が取られた。7月21日の読売新聞では、それを反映した内容となっている。

■ 8月18日の読売新聞に掲載された3パターン目の広告ビジュアルは、映画の一場面からキキとジジを切り抜いたものだ。ユーミンの挿入歌「やさしさに包まれたなら」にちなんで、やさしいというキーワードが使われている。

■ 公開1週間前、7月22日の東京タイムズでは横長のスペースを利用して、メインキャラクターの切り抜きと物語紹介を組み合わせた広告が掲載された。

■ 9月1日の毎日新聞など、この夏、230万人の方がやさしい夢に感動、観客動員数を入れて大ヒットを強調している。後期の広告はロングラン上映や

2つの異なるアニメーション表現を組み合わせて描いた自分探しの物語

おもひでぽろぽろ　1991年

作者の実体験をもとに1966年（昭和41年）、小学5年生の頃の思い出を綴った少女コミック（原作・岡本螢、画・刀根夕子）を高畑勲監督がオリジナルの要素を加えてアニメーション化した作品。OLとして働く27歳のヒロインが農業体験をするために山形の親戚の農家を訪れ、子供の頃のエピソードを思い返す一方、地元の青年と出会って自分の生き方を見つめ直す。大人の女性を主人公にした物語で、昭和から平成になり、変化してきた家族のかたち、女性の生き方と恋愛・結婚観、農村の後継者問題といった社会状況も反映されている。現在（1982年）を描いた"山形編"は頬骨や笑顔のシワまで描き込んだ写実的なキャラクターとロケハンに基づく緻密な背景、少女時代（1966年）の"思い出編"は漫画特有の余白を生かした原作同様の絵柄と、テイストの違うアニメーション表現を組み合わせた点も大きな特徴だ。

思い出編ではノスタルジックな時代の気分を表現するため、人形劇の「ひょっこりひょうたん島」や「NHKのど自慢」といった当時のテレビ番組の資料を集め、アニメーションの形で忠実に再現している。またキャラクターのモデルとして今井美樹、柳葉敏郎というトレンディ・ドラマで活躍していた人気俳優の名前が挙がり、声を担当してもらうことになった。録音は高畑作品では通例のプレスコで、その際に撮影された2人の表情や演技のビデオが作画の参考にされた。

公開日：1991年7月20日
上映時間：約119分
© 1991 Hotaru Okamoto, Yuko Tone／Isao Takahata／Studio Ghibli, NH

原　　作 …… 岡本　　螢
　　　　　　　刀根　夕子
脚本・監督 …… 高畑　　勲
製作プロデューサー …… 宮崎　　駿
プロデューサー …… 鈴木　敏夫
音　　楽 …… 星　　勝
キャラクターデザイン …… 近藤　喜文
場面設計・絵コンテ …… 百瀬　義行
作画監督 …… 近藤　勝也
　　　　　　　佐藤　好春
美術監督 …… 男鹿　和雄
キャラクター色彩設計 …… 保田　道世
主題歌 …… 「愛は花、
　　　　　　　君はその種子」
　　　　　　　（「THE ROSE」より）
　　　　　　　（唄：都はるみ）
制　　作 …… スタジオジブリ
製　　作 …… 徳間書店
　　　　　　　日本テレビ放送網
　　　　　　　博報堂

タエ子 …… 今井　美樹
トシオ …… 柳葉　敏郎
タエ子(小5) …… 本名　陽子
お母さん …… 寺田　路恵
お父さん …… 伊藤　正博
おばあちゃん …… 北川　智絵
ナナ子 …… 山下　容莉枝
ヤエ子 …… 三野輪有紀

ストーリー

1982年、夏。27歳の岡島タエ子は、東京の会社でOLをしながらも、自分の生き方に疑問を感じていた。そんななか、タエ子は休暇をとって、姉の夫の実家がある山形へ出かけた。東京生まれの東京育ち、子供の頃から田舎に憧れていたタエ子は、姉の結婚で、ようやく田舎ができたのだ。

山形への旅で、タエ子はなぜか、小学5年生の頃をしきりに思い出す。初めて食べたパイナップル、父に叱られたこと、淡い初恋……。タエ子が山形駅に着くと、トシオが迎えに来ていた。タエ子は紅花摘みや田んぼの草とりなどを手伝い、田舎の生活を楽しみながら、山形の自然と、そこに生きる人たちに触れ、本当の自分を見出そうとする。

原作本紹介　🔶 原作：岡本螢　作・刀根夕子　画　『おもひでぽろぽろ』（青林堂刊）
「週刊明星」1987年3月19日号〜1987年9月10日号連載の漫画。
映画オリジナルである27歳のタエ子は登場せず、タエ子の小学5年生当時の思い出エピソードが綴られる。

キャラクター

岡島タエ子
都内の一流企業に勤めるOL。27歳、独身。去年に続き、義兄ミツオの実家である山形の農家へ休暇を過ごしに出かける。

キャラクター相関図

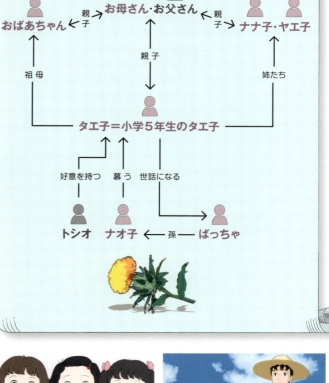

トシオ
タエ子が山形で出会った25歳の農業青年。ミツオの又いとこ。会社勤めを辞めて有機農業の道へと転身したばかりで、意欲にあふれている。

小学5年生のタエ子
開新第三小学校の5年生、10歳。3人姉妹の末っ子で、少しわがままなところがある。作文が得意で、算数が苦手。

お母さん
42歳の専業主婦。夫を立てて岡島家を切り盛りしている。

お父さん
サラリーマン、43歳。少々頑固だが、タエ子には甘い。

おばあちゃん
いつもは物静かだが、たまに鋭い一言で家族をドキッとさせる。

ナナ子
岡島家の長女、18歳。美大の1年生で、ビートルズのファン。のちに山形出身のミツオと結婚する。

ヤエ子
岡島家の次女、16歳。高校2年生の秀才で、宝塚のファン。タエ子とよくぶつかる。

ナオ子
中学1年生の13歳。ナナ子の夫であるミツオの兄（本家の主）の娘。タエ子を慕っている。

ばっちゃ
ナオ子の祖母。タエ子をトシオの嫁にと望んでいる。

■ 27歳のタエ子は姉の夫の実家がある山形に向かう途中、小学5年生の頃を思い出す。

■ タエ子は山形で、姉の夫の又いとこのトシオと親しくなっていく。

■ ばっちゃに、トシオの嫁にならないかと言われたが、答えを出せずに東京へ帰る電車に乗るタエ子。

■ 小学5年生の自分に背中を押されるように、タエ子はもう一度山形へ戻ることにした。

注目ポイント

高畑監督は映画に、有機農業と絵になる作物を組み合わせて登場させることを考えた。紅花に興味を持ち、資料を読破し、スタッフに米沢市在住の紅花の権威、鈴木孝男さんに取材をしてもらった。1990年7月には、紅花の花のシーズンに合わせて作画・美術スタッフとともに高畑監督も花摘みなどを体験している。

■第1弾ポスター。大人と子供の2人のタエ子が手をつないでいる。

■第2弾ポスター。こちらはタエ子の「旅にでる。」をイメージして描かれている。

■北米版ポスター。

ポスター

『おもひでぽろぽろ』では2種類のポスターが作られ、どちらも「私はワタシと旅にでる。」のキャッチコピーが印象に残る。

制作秘話

この作品では、高畑監督の「このシーンにはこの曲を使いたい」という強い意向から、かなりの数の楽曲が原曲のまま使われた。"思い出編"で流れる「東京ブルース」などの当時の流行歌から、"山形編"で流れるブルガリア国立女声合唱団の楽曲などに至るまで多岐にわたる。

■ 1991年4月25日の読売新聞に掲載された第1弾広告（5段1/2）は公開約3ヵ月前、前売券の発売前々日のものだ。

■ 6月14日朝日新聞の5段1/2広告では、メインビジュアルの周囲に少女時代のタエ子が登場する場面がちりばめられている。

■ 公開約2週間前、7月5日の毎日新聞の広告には公開を記念したプレゼントの告知が入っていた。

■ 7月12日の朝日新聞に掲載された広告では、試写会の反応がコピーに使われた。

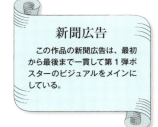

新聞広告
この作品の新聞広告は、最初から最後まで一貫して第1弾ポスターのビジュアルをメインにしている。

■ 公開前日、7月19日の朝日新聞から、山田太一、ウッチャンナンチャンなど著名人のコメントが入るようになった。

■ 公開前日の7月19日東京新聞の全5段広告（カラー）では、「この夏、最高の人気です。」と期待度が高まるコピーで見せた。

■ 8月2日読売新聞の広告からビジュアルをシンプルなものに統一している。

■ 8月9日朝日新聞の広告では観客動員数でヒットを強調した。

宮崎駿監督が飛行機好きの趣味を生かして描いた痛快アクション

紅の豚　　　　1992年

この作品は最初、日本航空の機内上映用の短編映画として企画された。『風の谷のナウシカ』以来、続けて長編の劇場アニメーションを作ってきた宮崎駿監督は、スタッフのリフレッシュも兼ねて気楽な小品を作りたいと考えていた。そこで、飛行機好きという自分の趣味を生かしたアクション映画の発想が生まれたのである。模型雑誌に発表した自作の漫画「飛行艇時代」を原案にしてストーリーを練るうちに、構想がふくらんで劇場公開作品となった。第1次世界大戦後、世界恐慌の嵐が吹き荒れる1920年代末のアドリア海が舞台だ。主人公ポルコは、アドリア海を荒らし回る空賊たちを追う賞金稼ぎである。ライバルのカーチスを交えて空賊連合と戦うポルコの姿には、宮崎監督が理想とする男らしさやヒーローの美学が感じられる。ポルコはなぜ豚の姿をしているのか？　その秘密を知っているのは昔なじみのマダム・ジーナだけだ。2人の関係は外国映画そのままのしゃれた雰囲気で、少年少女を主人公にした作品が多い宮崎監督としては、やや大人向けの映画である。

男くさいアクション中心の映画だが、作中では優秀なメカニックのフィオ、ピッコロおやじの工場で働く親戚たちなど女性の活躍も印象的に描かれている。映画のメインスタッフも女性が中心だった。作画監督の賀川愛、美術監督の久村佳津はともに初めての抜擢で、録音演出は『魔女の宅急便』『おもひでぽろぽろ』に続いて浅梨なおこが担当している。

公開日：1992年7月18日
上映時間：約93分
© 1992 Hayao Miyazaki/Studio Ghibli, NN

原作・脚本・監督 …… 宮崎　駿
プロデューサー …… 鈴木敏夫
音楽監督 …… 久石　譲
作画監督 …… 賀川　愛
　　　　　　　河口俊夫
美術監督 …… 久村佳津
色彩チーフ …… 保田道世
主　題　歌 …… 「さくらんぼの実る頃」
エンディング・テーマ …… 「時には昔の話を」
　　　　　　　（唄：加藤登紀子）
制　　　作 …… スタジオジブリ
製　　　作 …… 徳間書店
　　　　　　　日本航空
　　　　　　　日本テレビ放送網
　　　　　　　スタジオジブリ

ポルコ・ロッソ …… 森山周一郎
マダム・ジーナ …… 加藤登紀子
ピッコロおやじ …… 桂　三枝
マンマユート・ボス …… 上條恒彦
フィオ・ピッコロ …… 岡村明美
ミスター・カーチス …… 大塚明夫

ストーリー

ファシズムの足音と第1次世界大戦後の混乱の最中にあった、1920年代のアドリア海。食いつめた飛行機乗りたちが空賊となり、船を襲って暴れ回るなか、空賊たちを相手に賞金稼ぎをしている男がいた。真っ赤な試作戦闘艇「サボイアS-21」を操るその男を、空賊たちは「ポルコ・ロッソ＝紅の豚」と呼んで恐れていた。

ポルコに対抗するため、空賊たちが用心棒として雇ったのは、アメリカ人パイロットのカーチス。飛行艇乗りたちの憧れのマドンナ、マダム・ジーナや、カーチスに撃墜され、ぼろぼろになったサボイアS-21を設計しなおした17歳の少女フィオをめぐり、宿命のライバル、ポルコとカーチスの決闘が始まる。

原作本紹介　◆原作：宮崎駿　『ポルコ・ロッソ「紅の豚」原作　飛行艇時代』（大日本絵画刊）
「月刊モデルグラフィックス」1990年3月号〜1990年5月号に連載されたコミック。豊富な軍事知識と妄想で構築した"超趣味的世界"が展開する。

キャラクター相関図

```
フィオ ← 孫 ― ピッコロおやじ   空賊連合 マンマユート団
 ↑              ↑               ↓ 憧れ
 慕う  信頼   目の敵
       ↓    ↓
想いを      想いを
寄せる  ポルコ・ロッソ ← 想い合う → マダム・ジーナ   雇う
          ↕ 敵対              想いを寄せる
       ミスター・カーチス ←
```

キャラクター

ポルコ・ロッソ
本名マルコ・パゴット。戦時中はイタリア空軍のパイロットとして活躍したが、戦争が終わると軍を去り、なぜか自分に魔法をかけて豚になってしまった。

ミスター・カーチス
ポルコに勝って有名になり、ゆくゆくはアメリカ大統領になろうという野心家。愛機は濃紺の水上戦闘機「カーチスR3C-0」。

マダム・ジーナ
ホテル・アドリアーノの女主人。飛行艇乗りたちは彼女の歌を聴きに店を訪れる。若い頃、ポルコたちと"飛行クラブ"を結成し、青春をともに過ごした。

フィオ
17歳の飛行艇整備士。ピッコロおやじの孫娘で、若いながらもメカニックとして優れた腕を持つ。彼女の前向きな明るさと行動力が、ポルコを変えていく。

ピッコロおやじ
ポルコが馴染みにしているミラノの飛行艇修理工場ピッコロ社の社長。フィオの祖父で、ポルコが最も信頼しているメカニック。

マンマユート団
ダボハゼという迷彩塗装の飛行艇で活動する空賊。ポルコにいつも痛い目にあわされ、空賊連合と手を組むことになる。

空賊連合
アドリア海を拠点にしている空賊7団体が作っている組織。打倒ポルコのため、アメリカからカーチスを呼び寄せる。

■ 空賊たちが雇ったアメリカ人パイロットのカーチスは、空中戦でポルコを撃墜する。

■ 撃墜されたポルコから電話があり、ホッとするジーナ。

■ 愛機修理のため、ピッコロ社を訪ねたポルコは、整備士のフィオに出会う。

■ ポルコが生きていたことを知ったカーチスは再び戦いを挑む。

注目ポイント

ポルコの愛機に新しくつけられたエンジンに"GHIBLI"＝ジブリの文字。スタジオ名と同じだ。正しい発音は"ギブリ"。スタジオ名をつける際、宮崎監督が勘違いをして"ジブリ"とした。そのため、海外では「スタジオギブリ」と呼ばれることもある。

ポスター

『紅の豚』のポスターは2種類あり、第2弾は宮崎駿監督みずから原案のラフスケッチを描いた。

■ 第1弾ポスターは当初モノトーンの集合写真のイメージだったが、後から手前のポルコが追加されて完成版となった。

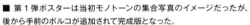

■ 第2弾ポスターはポルコとジーナの大人の雰囲気に加えて、飛行艇の活躍を感じさせるビジュアルになっている。

■ 韓国版ポスター。

■ スウェーデン版ポスター。

制作秘話

原作にいないジーナは、フィオが登場するまでの物語序盤にヒロインがいないと面白くない、という理由から生まれた女性が元である。最初の設定では、空賊が暴れ回るせいで店が流行らず、その女性は店を畳んで国へ帰るとなっていた。ところが、店は空賊のたまり場のような所になり、女性はジーナとなっていった。

60

■ 1992年5月2日の朝日新聞の広告。新聞広告はこれより1週間ほど前の4月24日からスタートしている。

■ 6月17日聖教新聞の全5段広告ではキャッチコピーのほか、劇中の名セリフが紹介されている。

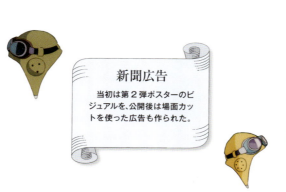

■ 6月19日の東京新聞に掲載された2色広告(全15段)はタイトルとキャッチコピー、公開日を赤い文字にして目立たせている。

新聞広告
当初は第2弾ポスターのビジュアルを、公開後は場面カットを使った広告も作られた。

■ 6月22日の読売新聞には、日本航空とのタイアップ広告が掲載された。全15段、2色の1ページ全面を使ったインパクトの強い広告だ。

■ 7月8日の報知新聞では全5段、見開きで全10段の横長広告が登場した。右ページにタイトルを大きく、大胆にデザインしている。

■ 7月16日の日刊ゲンダイ見開き広告は「この夏、ブタが空を翔ぶ!」というコピーとタイトルが並列され、かなり目立っている。

■ 公開前日、7月17日にはこの朝日新聞のほか、読売新聞、毎日新聞、東京新聞、産経新聞、東京タイムズ、夕刊フジの各紙にそれぞれ異なるビジュアルの広告が掲載された。

■ 後期は、この9月18日の朝日新聞の広告のようにジーナを大きく扱って、外国映画や大人のラブストーリーの雰囲気を感じさせる広告が作られた。

■腐海の上で襲撃にあったナウシカはガンシップを足で操縦し、バージに乗る城オジ5人衆のコル、ムズ、ギックリに「必ず助ける。私を信じて」と語りかける。

■映画冒頭、王蟲に追われるユパを助けるため、ナウシカはメーヴェで飛ぶ。

『風の谷のナウシカ』

風を感じることができる"風使い"のナウシカは、エンジン付きのグライダーのようなメーヴェを愛用している。武器を装備したガンシップなどと同じく、1000年前に滅んだ産業文明の遺物を再利用したものだ。風に乗るのでナウシカは風と呼んでいる。

■メーヴェは起動や加速時にエンジンを使い、風に乗って飛行する。

ジブリが描く "飛ぶ"

ジブリ作品には空を飛ぶシーンが多く登場する。魔法を使ったり、SF的なメカや旧式のプロペラ飛行機を操縦したり、その方法もさまざまだ。急降下するコルベットの迫力、ゆっくりと飛行しながら地上を火の海にする爆撃機の不気味さなど、飛行メカの描写は特に印象的である。しかし何より楽しめるのは、ナウシカやキキが大空を飛び回る場面の解放感とスピード感だろう。それはジブリ作品の魅力を語るうえでは外せない。

■手をつないで空を飛ぶ姫と捨丸。2人を追い抜いていく。鴨の群れが

『かぐや姫の物語』

月からの迎えを受け入れられず、山に帰ってきた姫は幼なじみの捨丸と再会した。お互いの気持ちを確かめ合った2人の喜びを表すかのような飛翔シーンだ。眼下に広がる山々や鳥の群れは、姫たちを優しく迎え入れてくれるが、最後は月の力によって引き裂かれてしまう。

■2人の眼下には平和な里の風景が広がっている。

■映画終盤、崩れ落ちる塔から押し合いながら脱出したインコ達は、元の鳥に戻ってしまう。

■時の回廊を抜け出した眞人が振り返ると、塔が音をたてて崩壊していった。

■映画冒頭、ソフィーの手を取り、追っ手から逃れるためにハウルは空に舞い上がり空中散歩する。

『ハウルの動く城』

荒地の魔女に追われるハウルは追っ手をごまかすため、ソフィーを連れて空に舞い上がる。厳密には空中散歩だが、ハウルが魔法使いだとわかる印象的な場面だ。フライングカヤックや怪物たちの乗る爆撃機など、軍用の飛行メカも登場する。

『君たちはどう生きるか』

「もうひとつの世界」のインコ達はまるで人間のように歩き、言葉を話すが、元の世界に戻ると言葉を失い、歩くのをやめて一斉に羽ばたく。「飛ぶ」という動きで、「もうひとつの世界」から元へ戻ったことを表す、象徴的なシーンだ。鳥のフンまみれになった眞人の姿も、現実に帰ってきたことを印象づけている。

『On Your Mark』
人類が地下で暮らすようになった世紀末後の未来都市で、2人の警官が当局の施設に保護された翼の生えた少女を救出し、空へ帰す。2人の警官の手を離れ、翼を広げ、笑顔で空を飛ぶ少女の姿は、未来への希望を感じさせる印象的な場面だ。

『風立ちぬ』
『紅の豚』と同様に宮崎駿監督が飛行機への憧れをこめて描いた映画で、実在の人物と日本の近代史がモチーフである。主人公・堀越二郎が子供時代に抱いた飛行機への夢や、設計技術者として目指した理想の飛行機は激動の時代に翻弄されていく。

『魔女の宅急便』
ほうきで空を飛ぶ特技を生かしてお届け屋さんを始めたキキは、自信喪失などから魔法が消え、ほうきも折れてしまう。友だちのトンボを助けるためにデッキブラシを借りて駆けつけるクライマックスには、魔法の復活とキキの成長が描かれている。

『紅の豚』
子供の頃から飛行機に憧れていた宮崎駿監督は、実在の機体をモデルにしたものとオリジナルのデザインを合わせて多数の水上飛行機や飛行艇を登場させた。主人公ポルコとライバルのカーチスが海の上でくり広げる高速バトルが見ものだ。

『となりのトトロ』
トトロがコマに乗り、サツキとメイを連れて夜空に舞い上がる。子供ばかりでなく大人も憧れてしまうような夢のシーンである。トトロの大きな体が軽々と飛翔していく爽快感は、まさにアニメーションの楽しさそのものだ。

『千と千尋の神隠し』
油屋で働く千尋に優しくしてくれた少年ハクは、コハク川の神だった。ハクは千尋の助けで自分の本当の名前を思い出し、湯婆婆の支配から解放される。ハクの正体や千尋との関係が明かされるのは、一緒に空を飛んでいるこの場面である。

『天空の城ラピュタ』
パズーと空中海賊のドーラ一家は羽ばたき飛行機のフラップターでシータ救出に向かう。「40秒で支度しな。」というドーラのセリフが有名。空中海賊の飛行船タイガーモス、飛行戦艦ゴリアテなどのメカも活躍するが、最大の見ものはラピュタそのものだ。

『おもひでぽろぽろ』
タエ子が小学5年生の頃の「男女交際」のエピソードにも空を飛ぶ描写がある。自分を好きだという隣のクラスの広田君と他愛のない会話を交わした後、タエ子は嬉しさのあまり、空に駆け上がり、スイスイと泳いでいく。初恋のときめきを表現した印象的な場面だ。

若手スタッフがテレビスペシャルで描き出した、ほろ苦い青春の1ページ

海がきこえる

1993年

少女小説の人気作家、氷室冴子の原作によるテレビスペシャル用の中編アニメーションだ。もともとはジブリの若手スタッフを育成する目的で企画された。原作小説の連載時にイラストを手がけて好評だった近藤勝也が、キャラクターデザインと作画監督を担当している。ほかにも美術監督の田中直哉、脚本の丹羽圭子（中村香名義）といった後のジブリ作品を支える人材が参加している。監督は、ジブリ作品としては初めて外部の演出家である望月智充が務めた。望月監督は劇場版『めぞん一刻完結編』などの繊細な演出で知られ、この作品でも主人公の高校生たちの喜怒哀楽を生き生きと描き出した。物語は、原作同様、四国の高知にある高校を舞台に、東京から転校してきた気の強いヒロイン・武藤里伽子と主人公の杜崎拓、その親友・松野豊をめぐって展開される。原作の前半にあたる高校生編を中心にして、後半の大学生編の一部を生かし、現在から高校時代のエピソードを振り返る形になっている。三角関係というにはまだ未熟な3人の心の触れ合いが、誰にでも経験のある青春時代の思い出と重なって多くのファンの心をとらえた。

主な舞台が高知であることから、出演者でもある高知出身の声優、島本須美と渡部猛が方言指導にあたった。主人公たちが交わす方言（土佐弁）のセリフが、美術で再現された地元の風景と相まって物語のリアリティを高めている。ジブリ作品としては『コクリコ坂から』と並んでファンタジー要素のない映画である。

放送日：1993年5月5日
放映時間：約72分
© 1993 Saeko Himuro/Keiko Niwa/Studio Ghibli, N

原　　作	氷室冴子
脚　　本	中村香
監　　督	望月智充
企　　画	鈴木敏夫 奥田誠治
制作プロデューサー	高橋望
音　　楽	永田茂
キャラクターデザイン・作画監督	近藤勝也
美術監督	田中直哉
色指定	古谷由実
主題歌	「海になれたら」 （歌：坂本洋子）
制　　作	スタジオジブリ 若手制作集団
製　　作	徳間書店 日本テレビ放送網 スタジオジブリ

杜崎拓	飛田展男
武藤里伽子	坂本洋子
松野豊	関俊彦

ストーリー

高知の私立校から東京の大学に進学した杜崎拓は、吉祥寺駅の反対側ホームに立つ人影に目を留めた。まもなく到着した電車に乗って姿を消したその人は、高校の同級生、武藤里伽子のようだった。里伽子は地元の大学に行ったはずなのだが……。夏休みで帰省する飛行機の中で、拓は初めて里伽子に出会った高校2年の夏のことを思い出していた。

転校生の里伽子は、勉強も運動も得意な美人。拓の親友の松野は、そんな里伽子に想いを寄せていた。拓は里伽子とは距離をおいていたが、高校3年の修学旅行でお金を貸したことを機に、里伽子と関わりを持つようになる。里伽子のわがままや気まぐれに振り回されながらも、拓は彼女に惹かれていく。

原作本紹介　◆原作：氷室冴子 『海がきこえる』（徳間書店刊）
「アニメージュ」1990年2月号～1992年1月号連載の青春小説。
氷室の構想メモをもとに描いた近藤勝也の挿絵が、氷室自身にインスピレーションを与えたという。続編「海がきこえるII～アイがあるから～」は1995年に書き下ろされた。

キャラクター

杜崎 拓 (もりさき たく)
高知の名門私立の中高一貫校に通っている。優等生だが、純粋で反骨精神の持ち主。里伽子に惹かれながらも、その気持ちを自ら否定している。

武藤里伽子 (むとう りかこ)
高校2年の夏、両親の離婚で母親の実家がある高知にやってきた転校生。成績優秀、スポーツ万能の美人だが、周囲に溶け込むことができない。

キャラクター相関図

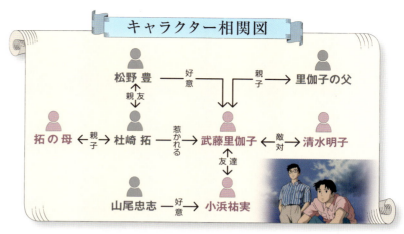

松野 豊 (まつの ゆたか)
中学時代からの拓の親友。里伽子が転校してきたときから彼女に片想いをしていて、クラスで浮いている里伽子を心配している。

小浜祐実 (こはま ゆみ)
里伽子の唯一の友人。高校3年の初日、席が隣になったことがきっかけで仲良くなったが、周囲には女王様と侍女の関係のように思われている。

山尾忠志 (やまお ただし)
体格がよく、ひそかに小浜祐実を想っていたことを同窓会で告白する。

清水明子 (しみず あきこ)
クラス委員長タイプのしっかり者で、女子たちのリーダー的存在。里伽子を嫌っていたが、高校卒業後に偶然町で再会し、和解する。

里伽子の父 (りかこのちち)
離婚後、東京に残り、里伽子一家が生活していたマンションで、女性と一緒に暮らしている。

拓の母 (たくのはは)
子供を連れて実家に戻ってきた里伽子の母に同情し、拓に、里伽子に親切にするようにと言う。

■ 日本版のポスター。ヒロインを中心とした卒業アルバムの集合写真を切り取ったような絵柄は斬新だ。

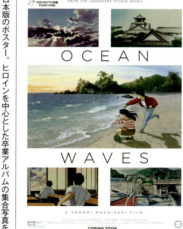
■ アメリカで劇場公開された時のポスター。海をメインカットにして、日本版とは全く違うビジュアルになっている。

■ 里伽子は周囲に全く溶け込もうとしない。そんな里伽子から、修学旅行でお金を貸して欲しいと頼まれたことをきっかけに、拓は彼女に振り回されるようになる。

■ わがままを言って拓と一緒に東京へ来た里伽子は、父と一緒に暮らしたいと思っていた。だが、里伽子のその想いは無残に打ち砕かれて、涙する。

注目ポイント

メインスタッフは、綿密な高知取材を行い、本物の高知を描くことにこだわった。原作の挿絵にも登場する高知市内の天神大橋からの景色は、広がり感が欲しいという理由から、背の高いビルは全て削除している。アニメーションだからできることの一つだ。

制作秘話

シナリオで最も悩み抜かれたのはラストシーンだ。監督の望月が、「姿を見たような、見ないような、でも何か確認できないような状況」にこだわり、当初は、渋谷駅前の交差点でお互い気づくとなっていた。だが、色々なシチュエーションを考えた末、駅のホームになった。

失われていく自然のなかで、必死に生きる現代の狸たちの物語

平成狸合戦ぽんぽこ　1994年

『紅の豚』(1992年)の制作中、豚の次は狸だと考えた宮崎駿の企画からこの映画は生まれている。監督を務めた高畑勲も以前から、狸にまつわる民話や講談に興味を持っていた。日本独自の動物である狸が主役のアニメーションがないのはおかしい。そんな思いから、高畑監督はさまざまな資料を研究して、平成の時代にふさわしい狸の映画を作り上げた。人間の身勝手な宅地造成で自然が破壊され、棲む場所を失った狸たちが主役である。彼らは全国の仲間と力を合わせ、先祖伝来の変身能力=「化け学」を使って人間たちを追い出そうとする。真剣なのに、どこか間が抜けている狸たちのドタバタを描いたファンタジーだが、ストーリーは多摩ニュータウン建設など、実際の歴史をベースにしている。

動物を主役にしたアニメーションでは、擬人化されたキャラクターが登場することが多いが、この映画では狸はあくまで狸である。ただし、動物として写実的に描かれたリアルタイプから2本足で立つ丸っこい姿、漫画のようにデフォルメされたものとそのバリエーションの4パターンが登場する。場面に合わせて姿を変える狸たち、化け学を駆使した秘術「妖怪大作戦(百鬼夜行)」のシーンなど、アニメーションの醍醐味を感じさせる見せ場が多い。語りを担当した古今亭志ん朝をはじめ、落語界の大御所やベテラン喜劇俳優たちが声優を務め、長老狸たちの声を演じているのも魅力である。

ストーリー

長いこと、豊かな自然のなかでのんびり暮らしていた多摩丘陵の狸たちに危機が訪れた。人間が多摩の山々を切り崩し、大規模な宅地造成を始めたのだ。このままでは、食料不足はもちろん、棲む場所もなくなってしまう。丘陵全体の狸たちは大集会を開き、先祖伝来の化け学を復興して人間に挑み、開発を阻止することを決議した。

若い狸は年寄りに化け学を習って修業に励み、大木に扮して工事トラックを妨害したり、怪奇現象を起こして人間を脅かしたり。だが、気のいい狸よりも人間のほうが上手、宅地造成は着々と進んでいく。狸たちは四国から伝説の3長老を招き、妖怪大作戦を決行。最後の賭けに出る。

公開日：1994年7月16日
上映時間：約119分
© 1994 Isao Takahata/Studio Ghibli, NH

原作・脚本・監督……高　畑　　勲
企　画……………………宮　崎　　駿
プロデューサー…………鈴　木　敏　夫
音　楽……………………紅　　　龍
　　　　　　　　　　　　渡辺マント
　　　　　　　　　　　　猪　野　陽　子
　　　　　　　　　　　　後藤まさる
　　　　　　　　　　　　(上々颱風)
画面構成…………………古澤良治郎
キャラクターデザイン…百瀬義行
作画監督…………………大塚伸治
　　　　　　　　　　　　大塚伸治
　　　　　　　　　　　　賀川愛雄世
美　術……………………男鹿和雄
キャラクター色彩設計…保田道世
ぽんぽこ愛のテーマ……「アジアのこの街で」
エンド・テーマ…………「いつでも誰かが」
　　　　　　　　　　　　(唄・演奏:上々颱風)
制　作……………………スタジオジブリ
製　作……………………徳間書店
　　　　　　　　　　　　日本テレビ放送網
　　　　　　　　　　　　博報堂
　　　　　　　　　　　　スタジオジブリ

語　り……………………古今亭志ん朝
正　吉……………………野々村真
おキヨ……………………石田ゆり子
青左衛門…………………三木のり平
おろく婆…………………清川虹子
権太………………………泉谷しげる
隠神刑部…………………芦屋雁之助
文太………………………村田雄浩
ぽん吉……………………林家こぶ平
竜太郎……………………福澤朗
お玉………………………山下容莉枝
六代目金長………………桂　米朝
太三郎禿狸………………桂　文枝
鶴亀和尚…………………柳家小さん

■ 人間たちが始めた宅地造成が原因で、食料も棲む場所もなくなりつつある多摩丘陵の狸たちは、四国や佐渡に暮らす伝説の長老たちに援軍を頼むことに。その使者は白熱のじゃんけんによって選ばれた。

■ ようやく四国から待ちに待った3人の長老が到着した。果たして彼らが発動を宣言した計画とは……。

■ 多摩丘陵全域に暮らす狸たちが一堂に集まり、人間たちが行う宅地開発を阻止するための大集会が開かれた。

■ 化け学復興を目指し、変化の術を学んだ狸たち。

■ 訓練の甲斐あり、人間の姿に変化することができるようになるが……。

■ メス狸たちも積極的に化け学を学び、中には男性に化けたがるメス狸もいた。

■ 人間たちの宅地開発を中止に追い込むため、多摩丘陵に暮らす狸たちは、四国の長老たちとともに妖怪大作戦を決行したのだが、その結果は……。

注目ポイント

人間たちによって追い詰められた狸たちが決行した「妖怪大作戦」。狸たちが見せる妖怪の中に『魔女の宅急便』のキキが飛んでいる。他にもトトロと『紅の豚』のポルコの愛機も飛行していた。高畑監督からのサプライズプレゼントだ。

キャラクター

正吉(しょうきち)
影森に棲む若者。子供の頃から人間に興味を持ち、「化け学」もいち早く修得する。ただし、対人間作戦においては慎重派。

おキヨ
耳切山の美人狸。人間を追い出すため正吉発案の「双子の星作戦」を2人で実行し、相思相愛となる。

権太(ごんた)
鷹ヶ森の猛者。荒っぽいが、化けるのはうまい。根っからの人間嫌いで、対人間作戦では強硬派。

お玉(たま)
権太の世話女房。血の気の多い権太を支えるしっかり者。

玉三郎(たまさぶろう)
鬼ヶ森に棲むやさ男。「化け学」の指南役を招くため四国へ赴き、四国の3長老を連れてくる。

小春(こはる)
六代目金長の愛娘。四国にたどり着き、病に倒れた玉三郎を献身的に看病し、結ばれる。

文太(ぶんた)
危機に瀕する多摩の狸を助けてもらうべく、「化け学」の指南役を招くため佐渡へ赴くが、佐渡の長老狸はすでに亡く、目的を果たさずに戻る。

ぽん吉(きち)
正吉の幼なじみ。気のいい、のんき者で、「化け学」に関しては落ちこぼれ。

佐助(さすけ)
正吉の仲間。ともに「化け学」に励む。

林さん(はやし)
多摩の開発残土が不法に投棄され、迷惑を被っている神奈川の山からやってきた狸。

竜太郎(りゅうたろう)
堀之内の変化狐。「妖怪大作戦」が狸の仕業だと見抜き、生き延びるため自分のように人間に化けて暮らすことを勧める。

青左衛門(せいざえもん)
鈴ヶ森の長老。権太たち鷹ヶ森の狸たちと餌場争いをしたが、根は調子のいい日和見主義者。

おろく婆(ばば)
通称火の玉おろく。年齢不詳。若手狸の「化け学」修業の先生で、頼りになる肝っ玉母さん。

隠神刑部(いぬがみぎょうぶ)
四国八百八狸の総元締。603歳。享保17年の松山藩お家騒動のときに活躍したという。

六代目金長(ろくだいめきんちょう)
天保年間、「阿波の狸合戦」で名を馳せた金長狸の6代目。58歳。四国3長老の1人で、隠神刑部と太三郎禿狸とともに「妖怪大作戦」を指揮する。

太三郎禿狸(たさぶろうはげだぬき)
本名は浄願寺太三郎。平家の守護神の血筋で、源平屋島の合戦をその目で見たという999歳になる大長老。

鶴亀和尚(つるかめおしょう)
菩提餅山、万福寺に巣くう105歳の古狸。多摩の狸一族のまとめ役。

社長(しゃちょう)
「妖怪大作戦」を、自分が建設している遊園地ワンダーランドの宣伝に利用しようと企む。

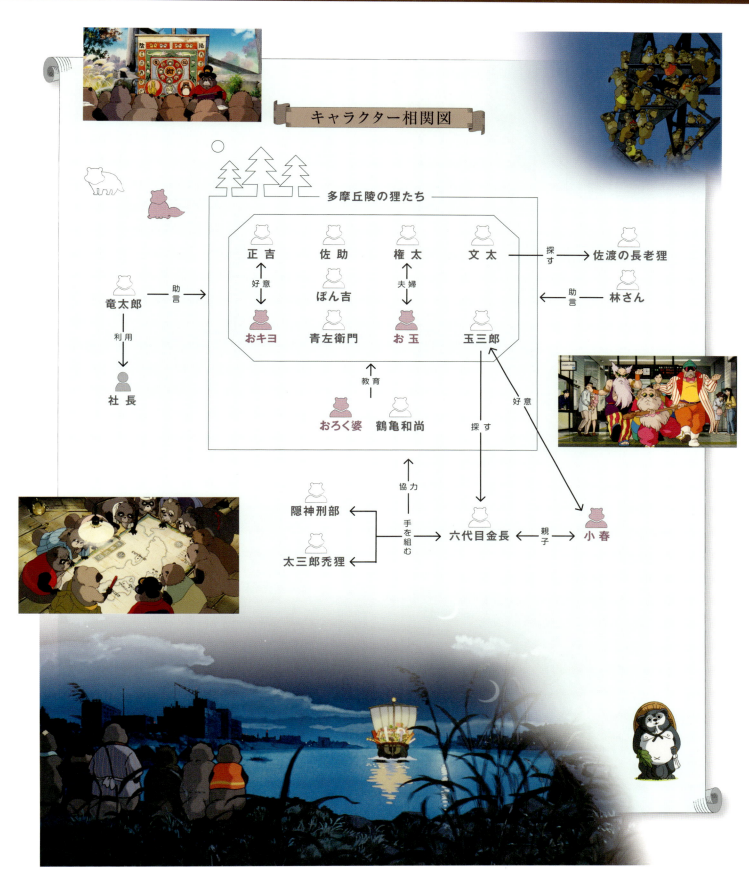

ポスター

「タヌキだってがんばってるんだよ。」をキャッチコピーとして作られたポスターはリアルなのと漫画っぽくデフォルメされたものの2種類がある。

■ 第1弾ポスターは、真っ黒い背景の中にポツンとリアルタイプの狸が描かれたもの。総天然色漫画映画とカラフルに書かれたタイトルなどとのギャップに興味をそそられる。

■ 第2弾ポスターは、動物曼陀羅をバックにデフォルメされた狸たちが話し合っている場面で構成され、作品の世界観やユーモラスな雰囲気が見て取れる。

■ フランス版ポスター。

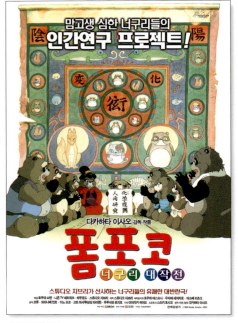

■ 韓国版ポスター。

新聞広告

この作品の新聞広告は、ポスターそのものの絵柄は使わずに、漫画的にデフォルメされた狸たちが多く登場した。

■ 公開約1ヵ月前、1994年6月20日の読売新聞に掲載された広告。メインビジュアルは動物曼陀羅の前に並ぶ狸たちだ。この絵柄が、この後の広告にたびたび登場した。

■ 6月30日、東京新聞の全10段広告も、動物曼陀羅の前に狸たちが並ぶ絵柄を使い、カラーで掲載された。

■ 公開前日、7月15日の読売新聞に掲載された広告は、権太を中心に狸たちの戦いに挑む姿勢を前面に出し、この作品の面白さを打ち出した。

■「タヌキの夏」の幕明けだ！
公開初日、7月16日に産経新聞に掲載された広告には「本日公開！」「タヌキの夏」で勝負を賭けた。

■ 公開約1週間後の7月22日、読売新聞に掲載された広告は、喜びながらもまだまだ戦う気満々の主人公たちをメインに、「大ヒット！タヌキの夏、快進撃！」とさらなる呼び込みをかけた。

■ 8月5日、読売新聞の広告には、「この夏No.1 タヌキの底力！」と銘打ち、公開3週間で138万人が映画を観たことを伝えた。

制作秘話

図書館でおろく婆が若手狸に資料を見せながら講義をする場面、たくさん並ぶ本棚をカメラが舐めるように移動していくカットはジブリ作品初のCGだ。高畑監督からの強い要望で取り入れられたが、このカットが仕上がるのに約1年かかっている。

■ 講談社21誌連合企画試写会のポスター。電車の中吊り広告として作られた。

未来を見つめる子供たちへの励ましを込めた青春ラブストーリー

耳をすませば　　　　1995年

　長年の仕事仲間として高畑勲・宮崎駿両監督の作品を支えた名アニメーター、近藤喜文の初監督作品。思春期の子供たちの日常を描きたいと希望していた近藤監督のために宮崎駿が製作プロデューサーを務め、柊あおいの原作コミックをもとに脚本・絵コンテも担当した。近藤監督は中学生のピュアな初恋や学校生活の機微、一家4人が住む団地の暮らしなどを生き生きと描き出し、主人公と同世代の少年少女たちの共感を呼んだ。現在でも多くの若いファンに愛されている作品である。

　ジブリ作品では珍しいことに、内容はファンタジーではなく、ヒロインの雫が猫の人形バロンとともに異世界を飛翔する場面は、あくまで雫が書いた物語のイメージ・シーン、一種の劇中劇の形になっている。この部分はスムーズな浮遊感や立体感を表現するため、「イバラード物語」の作者である画家・井上直久がジブリの依頼で新たに描いた背景画をコンピュータ上で重ねて合成する、デジタル合成技術が使われた。同時に音響にもデジタルを導入し、アニメーションとしては日本初の試みとして5.1ch立体音響のドルビーステレオデジタルを採用している。全編に流れる主題歌「カントリー・ロード」は、宮崎駿が脚本で意図した"都会に住む人にとってのふるさと"というテーマに合っているとしてセレクトされたものだ。地球屋で聖司と雫、西老人たちが合奏するシーンはプレスコで、その演奏風景の録画を参考にして作画されている。

公開日：1995年7月15日
上映時間：約111分
© 1995 Aoi Hiiragi, Shueisha/
　Hayao Miyazaki/Studio Ghibli, NH

原作	柊　あおい
製作プロデューサー 脚本・絵コンテ	宮崎　　駿
監督	近藤　喜文
プロデューサー	鈴木　敏夫
音楽	野見　祐二
作画監督	高坂希太郎
美術監督	黒田　聡
キャラクター色彩設計	保田　道世
「バロンのくれた物語」 美術	井上　直久
主題歌	「カントリー・ロード」 （唄：本名陽子）
制作	スタジオジブリ
製作	徳間書店 日本テレビ放送網 博報堂 スタジオジブリ

月島　雫	本名　陽子
天沢　聖司	高橋　一生
月島　靖也	立花　隆
月島　朝子	室井　滋
バロン	露口　茂
西　司朗	小林　桂樹
月島　汐	山下容莉枝
原田　夕子	佳山麻衣子
杉村	中島　義実

ストーリー

　中学3年生の月島雫は読書好きの少女。図書館で本を借りては次々と物語を読んでいた雫は、貸出カードに「天沢聖司」という名前を見つける。雫が読む本には、必ずその名前があるのだ。顔も年齢も知らぬまま、その名は雫の心のなかで大きくなっていった。

　ある日、雫は1人の少年に出会う。同じ中学の同級生で、バイオリン職人を目指すその少年こそが、天沢聖司だった。中学を卒業したらイタリアにバイオリン作りの修業に行くという聖司。雫は聖司に惹かれながらも、進路も将来も才能も、あやふやな自分に焦りを抱き、自分を試すため、聖司の祖父が大事にしているバロンという人形を主人公に物語を書き始めるのだった。

原作本紹介
◆原作：柊あおい　『耳をすませば』（集英社刊）
「りぼん」1989年8月号〜1989年11月号に連載の少女漫画。ジブリ作品には登場しない聖司の兄・航司が原作では重要な役割を果たすほか、双子の黒猫ルナ&ムーンの存在、雫の学年、聖司の将来の夢などにも違いがみられる。

キャラクター

月島 雫（つきしま しずく）

向原中学の3年生。自立心の強い読書好きの14歳。外では明るく活発だが、家では、なんでもできて口うるさい姉に反発して口数が少なくなりがちだ。

天沢聖司（あまさわせいじ）

向原中学の3年生。バイオリン職人を目指す少年。雫のことは前から知っていて、自分の存在に気づいてもらおうと先回りして本を読んでいた。

月島靖也（つきしまやすや）

雫の父。市立図書館の司書。本業は一文にもならない郷土史家。早々に子離れをして、娘たちのやることには口を出さない。

月島朝子（つきしまあさこ）

雫の母。活発でエネルギッシュな女性で、娘たちが大きくなったのを機に、大学院に在籍中。家事と勉強の両立に奮戦している。

月島 汐（つきしましほ）

雫の姉。大学生で、行動派の美人。母を手伝って家事もこなし、何かと雫に指図するが、本当は妹を心配している。

原田夕子

雫のクラスメイトで、一番の仲良し。杉村のことが好きなのだが、少し気弱な性格で告白できない。

杉村

雫のクラスメイトで、野球部に入っているスポーツ少年。雫のことが好きだ。

西 司朗

聖司の母方の祖父。クラシック家具やからくり時計などの修理と販売の店「地球屋」を営んでいる。仲間とモダンジャズの演奏を楽しむ趣味人。

ムーン

雫と聖司を引き合わせた猫。ムーンというのは聖司がつけた名前だが、飼い主はなく、あちこちの家を渡り歩き、いろいろな名で呼ばれている。

バロン

西老人がドイツに留学していた青年時代に手に入れた人形の猫男爵。バロンは通称で、正式名は、フンベルト・フォン・ジッキンゲン男爵。

キャラクター相関図

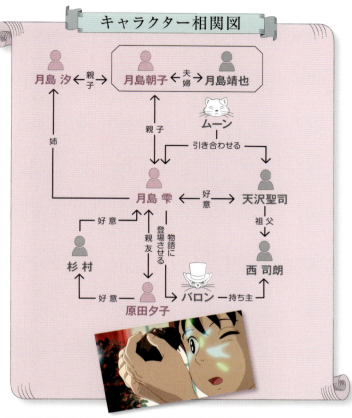

■ 図書館へ向かう電車の中で、猫のムーンと出会った雫は後を追いかける。

■ 互いに惹かれ合う雫と聖司。学校の屋上で思いを語り合うのだが……。

■ 聖司のバイオリンに合わせて歌う雫。そこに聖司の祖父らが加わり……。

■ 物語を書き始めた雫は、主人公バロンとともに不思議な国へ旅に出る。

注目ポイント

雫が自ら物語を書き始め、図書館で調べものをしている時に、見つけた本がある。

その本の中にあった牢獄でバイオリンを作っている人の絵は、宮崎駿の次男で、木口木版画家として活躍する、宮崎敬介氏の作品だ。

ポスター

『耳をすませば』では現実と空想世界を描いた、イメージの異なる2種類のポスターが作られた。

■ 第1弾ポスターは、宮崎駿のラフスケッチをもとにしたビジュアルで、背景には裏手から見た地球屋が描かれている。

■ 第2弾ポスターは、劇中で雫が書いた物語の一場面から、異世界の空を飛翔する雫とバロンをビジュアル化している。

■ 韓国版ポスター。

新聞広告

新聞広告はポスターのビジュアル以外にも、映画の一場面や公開初日の行列写真など、様々なアイデアが盛り込まれている。

■ 1995年5月16日、公開約2カ月前の聖教新聞に掲載された第1弾広告では2種類のポスターの絵柄を両方とも載せて作品のイメージを打ち出した。その後は媒体によってビジュアルを使い分けている。

毎日新聞 6月26日

■ 宮崎監督の短編アニメーション『On Your Mark』の同時上映が決まり、6月23日の読売新聞の全5段広告や朝日新聞の広告で告知された。「怪しいネコ」というキャッチコピーに合わせてムーンの顔が大きく使われている。

■ 6月16日、スポーツニッポンに掲載されたつきだし広告。小スペースの広告が記事の角から突き出しているように見えるのでこう呼ばれる。

■ 7月6日の読売新聞に掲載されたカラー全面広告は、デザイン性などが評価され、第52回読売映画広告賞に入賞している。

■ 7月21日の読売新聞に掲載された広告は、公開初日の劇場前の写真(実写)と雫の絵(アニメーション)を組み合わせている。

制作秘話

この作品は、絵の線が太い。その理由は、テレビ用の小さなフレームを使って描かれたからだ。劇場用の大きなフレームに描くと、それだけでたくさん描き込みをしなければならない。新人監督には負担が大きいという理由から、意図的に小さなフレームが用いられたのだ。

宮崎駿監督が初めて手がけたミュージックプロモーション

On Your Mark   1995年

『耳をすませば』と併映されたこの作品は、もともとはCHAGE and ASKAの楽曲「On Your Mark」のプロモーションフィルムとして制作されたものだ。CHAGE and ASKAの1995～1996年のコンサートツアーの会場でも上映されている。

「プロモーション映像をアニメーションにしたい」との意向をASKAが示し、頼むならやっぱり最高峰の人にという経緯から、ダメもとでスタジオジブリの鈴木プロデューサーのところに連絡があったのは、『もののけ姫』の制作準備中の頃だ。その頃、長編制作に向けての迷いを抱えていた宮崎監督を見ていた鈴木プロデューサーは、「短編作品をまとめることで、気分が少し変わるのではないか」と、この依頼を受ける。

宮崎監督はこの作品で、キーとなる場面を繰り返し使用しながら、いくつもの別の結末を提示し、未来の可能性を端的に表現した。

ストーリー

放射能の汚染、病の蔓延により、人類が地下生活を余儀なくされる世紀末後の未来都市。武装警官隊が「聖NOVA'S CHURCH」と書かれた宗教団体の塔を襲撃、制圧した。その際、警官2人が宗教団体の施設の奥で翼の生えた少女を発見する。2人は彼女を救出するが、当局が研究のため、少女を保護してしまう。

少女のことが忘れられない2人は、彼女を空へ帰そうと決意。当局から少女を逃す計画を立て実行する。

公開日：1995年7月15日
上映時間：6分48秒
Animation © 1995 Hayao Miyazaki/Studio Ghibli
Music © 1994 YAMAHA MUSIC PUBLISHING, Inc. & Rockdom Artists Inc.

原作・脚本・監督 ……… 宮崎　　駿
プロデューサー ……… 鈴木　敏夫
音　　　楽 ……… 「On Your Mark」
　　　　　　　　　（歌：CHAGE and ASKA）
作画監督 ……… 安藤　雅司
美術監督 ……… 武重　洋二
キャラクター色彩設計 ……… 保田　道世
制　　　作 ……… スタジオジブリ
製　　　作 ……… Real Cast Inc.

＊『耳をすませば』と併映

■ 1995年6月30日、スポーツニッポンの広告は『On Your Mark』のみの新聞広告としての唯一のもので、宮崎監督作品であることを強調したコピーが付いている。

■ CHAGE and ASKAを思わせる警官2人によって、翼の生えた少女は当局から救出される。

■ なんとか追っ手から逃れた警官2人は、怯える少女とともに車で汚染地帯を走る。

■ 警官2人によって空へ解き放たれた少女は、微笑み羽ばたいた。

神々と人間、自然と文明の相克を描いた重厚・壮大な時代劇ファンタジー

もののけ姫　1997年

　いわゆるチャンバラ・アクションや戦国絵巻ではなく、室町時代の日本を舞台にして神々が宿る大自然と、それを破壊して生きる人間の文明の対立を描いた宮崎駿監督オリジナルのファンタジーである。

　単純な善悪の戦いがくり広げられる冒険活劇ではなく、ストーリーはやや難解に感じられる上に、アクション・シーンにはジブリ作品らしからぬ残酷な描写も含まれている。しかし、そうしたハードな内容にもかかわらず大きな反響を巻き起こし、日本で公開された邦洋映画の記録を塗り替える興行収入193億円、観客動員数1420万人の大ヒットとなった。憎しみの連鎖を断ち切ろうとする主人公アシタカと、山犬に育てられた娘サンのふれあいが感動を呼んだのはもちろんのこと、森に生きる様々なもののけたちやエボシ御前、ジコ坊といった複雑な個性を持つサブキャラクターの魅力に加えて、自然と人間の共生という、21世紀の現代にも通じる切実なテーマが世代を超えて観客の心をとらえたのである。

　なお宮崎作品としては初めてデジタル技術が導入され、生命をつかさどるシシ神をはじめ、もののけの変形描写などにＣＧが多く使われている。ほかにも大量のセルに色を塗る「仕上」と、その撮影をコンピュータ上で処理するデジタルペイントが採用されるなど、一部分、作業工程でデジタル化が取り入れられた作品である。

公開日：1997年7月12日
上映時間：約133分
© 1997 Hayao Miyazaki/Studio Ghibli, ND

原作・脚本・監督‥‥‥宮崎　駿
プロデューサー‥‥‥鈴木敏夫
音　楽‥‥‥久石譲
作画監督‥‥‥安藤雅司
　　　　　　　高坂希太郎
　　　　　　　近藤喜文
美　術‥‥‥山本二三
　　　　　　　田中直洋
　　　　　　　武重洋二
　　　　　　　黒田聡
　　　　　　　鹿角和世
色彩設計‥‥‥保田道世
主題歌‥‥‥「もののけ姫」
　　　　　　　（唄：米良美一）
制　作‥‥‥スタジオジブリ
製　作‥‥‥徳間書店
　　　　　　　日本テレビ放送網
　　　　　　　電通
　　　　　　　スタジオジブリ

アシタカ‥‥‥松田洋治
サン‥‥‥石田ゆり子
エボシ御前‥‥‥田中裕子
ジコ坊‥‥‥小林薫
甲六‥‥‥西村雅彦
ゴンザ‥‥‥上條恒彦
山犬‥‥‥島本須美
モロの君‥‥‥美輪明宏
ヒイ様‥‥‥森光子
乙事主‥‥‥森繁久彌

ストーリー

　北の地の果てにあるエミシ一族の隠れ里を、黒いヘビのような触手に覆われた「タタリ神」が襲った。アシタカは村を救うために、やむを得ずタタリ神を倒したが、呪いを受けてしまう。タタリ神がやってきた西へ行けば、呪いを解く方法が見つかるかもしれない、という老巫女ヒイさまのお告げに従い、アシタカは西へ旅立つ。

　何日もかけてたどりついた西の国には「シシ神の森」と呼ばれる深い森が広がり、太古のままに暮らす大きな獣たちと、豊かな暮らしを求めて森を切り拓こうとする人間が争っていた。その地でアシタカは、山犬に育てられ、森を侵す人間を憎む「もののけ姫」、サンに出会った。

76

■ 山犬に育てられたサンは人間に大攻勢をかける猪神・乙事主とともに戦う決意をする。

■ タタリ神に呪いを受けたアシタカは、呪いを解く旅に出ることに……。

■ アシタカが世話になるタタラ場の女頭領エボシ御前を狙い、サンが来る。

■ サンとエボシ御前の戦いを止めたアシタカは大怪我をするが、サンにより助かる。

■ サンは乙事主とともに人間たちに戦いを挑んだものの……。

■ エボシ御前は神獣シシ神の首を獲ることに成功したのだが……。

■ 朽ち果てていく森の中、サンとアシタカはシシ神に首を返す。

注目ポイント

ジブリ作品の人気キャラクター、コダマは、「森が精神的な意味を持っていた頃のイメージをどういうふうに形にしたらいいのだろう」と宮崎監督が考えたところから始まっている。キャラクターを形作る際のヒントとなったのは、蛍光管を横から見た時だった。その形、色から想像が膨み誕生したのだ。

キャラクター

アシタカ
大和朝廷との戦いに敗れ、北の地の果てに隠れ住むエミシ一族の少年。一族の長になるはずだったが、タタリ神の呪いを受けて旅に出る。

サン
シシ神の森で山犬に育てられた少女。森を侵す人間を憎み、不気味な土面をつけてタタラ場に襲撃を繰り返している。

エボシ御前
深山の麓で鉄を作るタタラ集団を率いる冷静沈着な女性。森を切り拓いて人間のものにしようと、石火矢を使って獣たちと戦っている。

モロの君
サンを娘として育てた300歳のメスの犬神。人間の言葉を話し、高度な知能と強靭な力を持つ。エボシ御前を憎み、命を狙っている。

ヒイさま
エミシ一族の老巫女。石や木片などを並べて吉凶を占う。

乙事主
500歳になる鎮西(九州)の猪神の最長老で、モロとは古い知り合い。猪神たちを率いて人間に大攻勢をかける。

ジコ坊
師匠連という謎の組織の一員。師匠連の命によりシシ神の首を狙っている。旅の途中のアシタカに出会い、シシ神の森のことを教えた。

甲六
タタラ場で暮らす牛飼い。牛を飼いならして鉄や米を運ぶ。米を運搬中にモロに襲われて谷に転落し、アシタカに助けられる。

ゴンザ
エボシ御前の忠実な部下。牛隊や、ワラットと呼ばれる護衛役の男たちをまとめる頭目。

トキ
甲六の女房。タタラを踏む女たちのリーダー的な存在。気が強く、ゴンザを言い負かすこともある。

ナゴの守
エボシ御前が率いる石火矢衆に深手の傷を負わされた猪神。その苦しみと人間への憎しみからタタリ神となって走り続け、エミシの里を襲った。

シシ神
生き物に命を与えたり奪ったりする神獣。月の満ち欠けとともに生と死を繰り返す。その首には不老不死の力があるといわれ、人間に狙われている。

ディダラボッチ
シシ神の夜の姿。独特の模様のある半透明の巨大な身体を持ち、体内から青い光を放ちながら、夜の森を徘徊する。

コダマ
豊かな森に棲む一種の精霊のようなもので、淡い緑色をした半透明の身体を持つ。カタカタと頭を振ってシシ神を呼ぶといわれる。

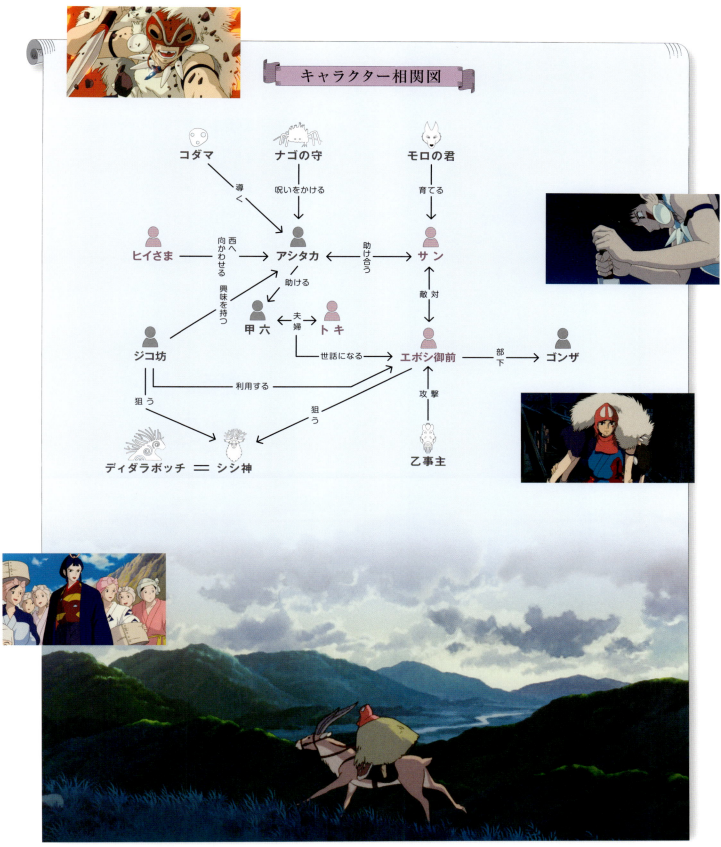

キャラクター相関図

ポスター

『もののけ姫』のポスターは主人公のアシタカとサンをメインにした2種類が作られた。

■ ヤックルに乗るアシタカをメインとした、第1弾ポスター。

■ サンとモロを描いた第2弾ポスター。サンの口の周りの血が作品のただならぬ雰囲気を感じさせる。

新聞広告

新聞広告はポスターのビジュアル以外に横顔のサンなど場面写真が使われ、見どころを紹介している。

■ 1997年7月3日、朝日新聞に掲載されたインパクトの強いカラー広告。

■ 6月20日、朝日新聞に掲載された広告は、戦うヒロイン、サンの横顔をメインにしたものだった。

■ 7月5日から10日まで朝日新聞に掲載されたカウントダウンのつきだし広告は、1997年の朝日広告賞映画部門を受賞している。

■韓国版ポスター。

■フランス版ポスター。

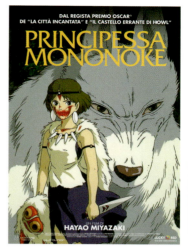
■イタリア版ポスター。

■スウェーデン版ポスター。

■ノルウェー版ポスター。

制作秘話

自然と文明の相克が重要なテーマであるこの作品は、美術監督5人体制が取られた。宮崎監督の美術への注文は「人間なんていなくても困らない自然を描いてほしい」ということ。シシ神の森は屋久島を、アシタカが暮らしていたエミシの里は東北の白神山地をモデルとして描かれた。

■6月25日の読売新聞に掲載された徳間グループとのタイアップ広告。上段は場面カットを使い、作品紹介の下段では『もののけ姫』MUSIC&BOOKS続々登場！」と題し、イメージアルバムやサウンドトラック、関連本が告知された。

■5月7日の産経新聞に掲載された、第1弾広告とほぼ同じデザインで6月25日、読売新聞に掲載されたこの広告は、読売映画広告賞優秀賞を受賞した。

■公開前日の7月11日にスポーツニッポンに掲載された広告は、明日公開であることと、初日舞台あいさつの詳細をメインに、情報を絞った形で掲載。キャラクターもコダマのみで、可愛らしいセリフをつけて構成された。

手描き作画とデジタル技術を組合せ4コマ漫画の面白さを映画にした作品

ホーホケキョ となりの山田くん　1999年

　1991年に連載がスタートした朝日新聞朝刊の4コマ漫画「となりのやまだ君」のアニメーション化作品（作・いしいひさいち、のちに「ののちゃん」と改題）。高畑勲監督は以前から、キャラクター（セル）と背景画という質感の違う画を重ねて組み合わせる、従来のアニメーションの作り方に不満を感じていた。アニメーション本来の楽しさを感じさせる映画を作ってみたい。コンピュータを使えば、それが可能になる。そう考えた高畑監督は様々な工夫で原作の映画化に取り組んだ。本作では、デジタル技術を使ってキャラクターと背景画を1枚の絵のように描き、動かすことにした。そのため、キャラクターも背景もシンプルな線で描かれている。
　まず4コマ漫画のテンポを生かすため、短いエピソードをブロックごとに"マンガ篇"としてまとめ、その間を"ボブスレー篇"でつないだ。マンガ篇は、ほのぼのとした日常の一コマを描いた、ショート・コント集のような構成である。一方、山田一家がいろいろな乗り物で移動していくボブスレー篇は、CGなどを使った躍動感のある見せ場だ。どちらも手描きの水彩画タッチで、漫画独特の余白を残している。背景画も通常使われるポスターカラーではなく、柔らかな色合いの水彩絵の具で描かれた。それらの素材をコンピュータで処理・加工し、原作がそのまま動き出したかのような映像を作り上げたのである。『おもひでぽろぽろ』（1991年）でも漫画の絵柄の再現にこだわった高畑監督らしい、実験精神あふれる作品だ。

公開日：1999年7月17日
上映時間：約104分
© 1999 Hisaichi Ishii/Isao Takahata/ Studio Ghibli, NHD

原　　作……いしいひさいち
脚本・監督……高　畑　　勲
プロデューサー……鈴　木　敏　夫
音　　楽……矢　野　顕　子
演　　出……田　辺　修　行
　　　　　　百　瀬　義　行
作画監督……小　西　賢　一
美術監督……田　中　直　哉
　　　　　　武　重　洋　二
彩画監督……保　田　道　世
主　題　歌……「ひとりぼっちは
　　　　　　やめた」
　　　　　　（歌：矢野顕子）
制　　作……スタジオジブリ
製　　作……徳間書店
　　　　　　スタジオジブリ
　　　　　　日本テレビ放送網
　　　　　　博報堂
　　　　　　ディズニー

まつ子……朝丘雪路
たかし……益岡　徹
しげ……荒木雅子
のぼる……五十畑迅人
のの子……宇野なおみ
藤原先生……矢野顕子
眼鏡の女……中村玉緒
キクチババ……ミヤコ蝶々
俳句朗読……柳家小三治

ストーリー

　まつ子さんにたかしさん、のぼるにののちゃん。そして、しげさん。忘れちゃいけないのが犬のポチ。とある地方都市の郊外にある住宅街の一軒家で暮らす、5人と1匹のぐうたら家族の日常。
　デパートで迷子になっても、「家族4人が迷子になった」と、けろりとしている長女。テストがボロボロで終わり、ようやく反省して勉強する長男。見たいテレビ番組をめぐり、チャンネル権争いを繰り広げる夫婦。口も体も達者な祖母。そんな一家をクールにやりすごす飼い犬。日本人なら、どこか身に覚えがあるようなエピソードの数々。何があってもケ・セラ・セラ、「そのうちなんとかなるだろう」の山田家なのであった。

 原作：いしいひさいち『となりのやまだ君』（朝日新聞社刊）**全6巻**
1991年10月10日に朝日新聞で連載が開始された4コマ漫画（1997年4月1日より「ののちゃん」に改題）。グータラ揃いの山田一家の日常を、世相への風刺を交えて描く。通算の連載期間は朝日新聞史上最長記録を日々更新中。

キャラクター

まつ子
42〜43歳くらい。関西弁を話す専業主婦。かなりの怠け者で、夕食をいかに楽に済ませるかに、いつも頭を悩ませている。

しげ
まつ子の母親で、70歳くらい。めっぽう元気で、ババさんバレーやボランティアのゴミ拾いに参加している。関西弁を話す。若者にはけっこう厳しい。

のの子
山田家の長女で小学3年生。特徴は大きな口と大きな声、特技は大食い。勉強は苦手だが「兄のことが心配」と話す、しっかり者でもある。

のぼる
山田家の長男で中学2年生。テストの成績もちょうど真ん中で、何をやらせても平凡な少年。学校では野球部に入っている。

たかし
43〜45歳くらい。地方都市の会社に勤めるサラリーマン。仕事は雑務課長。関西出身らしいが、標準語を話す。趣味は日曜大工。

ポチ
山田家のペット兼番犬。いつも仏頂面で、呼んでも答えないし、吠えもしない。お手もしないし、シッポも振らない。時々、いきなり噛むことがある。

キクチマミ
のぼるのクラスメイト。弟は、のの子のクラスメイトのキクチくん。

藤原先生
のの子の担任で、20代後半。親から何度もお見合いを勧められては失敗している。性格は大雑把で、教育態度はかなり「適当」。

キャラクター相関図

山田家
- しげ ←親子→ まつ子 ←夫婦→ たかし
- 祖母／親子 → のの子 ←兄妹→ のぼる
- 番犬 → ポチ
- のの子 担任 → 藤原先生
- のぼる クラスメイト → キクチマミ

■ デパートへ行った帰り、車にのの子が乗っていない！と大騒ぎになる山田家だが……。

■ 野球中継を見ているたかし。そこへ現れるまつ子。夫婦のチャンネル権争いがはじまる。

■ 洗濯を終えた洗濯機の中を見たら、何か足りないような……。まつ子としげはコタツの中から洗い忘れを見つける。

■ 玄関の蛍光灯が切れた。予備がなかったまつ子は、寝ているのぼるの勉強机から借りる。

注目ポイント

この作品のラストで、登場キャラクターみんなが歌う「ケ・セラ・セラ」は印象に残る場面の一つだ。実はこの歌声は、スタジオジブリの社員によるもの。有志40名ほどが宮崎駿監督のアトリエに集まり収録し、声の出演者の歌声と合わせて使われた。

■ 第1弾ポスター。タイトルの"ホーホケキョ"にちなんで、花札の図案のようなウグイスと梅が、主人公の山田一家よりも大きく描かれている。

■ タイトルをもじったような絵柄の第2弾ポスター。原作者のいしいひさいちが描いたマッチ箱大の絵を拡大して使っている。

■ 2006年6月に韓国で開催された、高畑勲監督作上映イベントのポスター。なお、「となりの山田くん」は、このようなイベントを除き、韓国での劇場一般公開は、されていない。

ポスター

『ホーホケキョ となりの山田くん』のポスターは原作のイメージ通り、ユーモラスな味わいの2種類が作られた。

■ 1999年5月28日の朝日新聞に掲載された全15段の広告では、第2弾ポスターをそのままポスターのように大きく使っている。

■ 5月31日の日本経済新聞の広告（全7段）など、この作品から日本を代表する映画監督として、高畑勲監督の名前がコピーにも使われるようになった。

新聞広告

新聞広告はコミカルな絵柄からスタートして、家族をテーマにしたものへと変化していった。

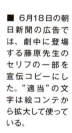

■ 6月18日の朝日新聞の広告では、劇中に登場する藤原先生のセリフの一部を宣伝コピーにした。"適当"の文字は絵コンテから拡大して使っている。

■ 6月29日の朝日新聞に掲載された広告。6月18日の広告と同様に作品の雰囲気を表す、"適当"をきわだたせている。

■ 6月30日、読売新聞の全8段広告では、山田一家が空を飛ぶシーンがメインビジュアルに使われた。

■ 7月9日の毎日新聞の広告は、6月30日の広告同様、5人家族の山田家の笑顔あふれるビジュアルがメインとなっている。

制作秘話

映画は、ちゃぶ台（冬はコタツ）を中心として物語が進行する。そこで、仕草やポーズを描くために、メインスタッフコーナーに用意されたのが、ゴザとちゃぶ台だ。演出の田辺修はそこで日々研究を続けていたが、「やっぱり日本人はこれですよ」とスタッフの間で、よい休憩場所にもなっていた。

■ネコバスの周囲の雑木林がしなって道を空ける。

『天空の城ラピュタ』
飛行石を狙う軍の調査機関と空中海賊ドーラ一家の両方から追われ、シータとパズーは軽便鉄道の線路の上を走る。2人は装甲列車の砲撃をかわして逃げ、飛行石の力で危機を脱した。主人公と悪漢たちがくり広げる追跡劇は映画前半の見せ場だ。

■田畑の上を全速力で走るネコバス。

ジブリが描く"走る"

ジブリ作品の魅力の一つに、キャラクターの躍動する動きがある。中でも"走る"表現は、見る者をワクワクドキドキさせるものがある。サツキが妹を探して必死に走る。自分たちの将来を見つけた聖司と雫の自転車が走る。走る姿にはその時の感情も表現されているのである。

『となりのトトロ』
迷子になったメイを探すため、サツキを乗せてネコバスが走る。目がライトになり、空中に飛び上がって電線を伝わって走るなど、つむじ風のようなスピード以外にもすごい能力を発揮する。前方の木々が邪魔にならないように、道を空けていく描写が面白い。

『魔女の宅急便』
不時着した飛行船を見物するため、キキを乗せたトンボのプロペラ自転車が走る。エンディングではトンボが人力飛行機でキキと並んで飛んでいる場面も登場する。トンボの発明力は、キキの魔法やウルスラの絵と同じ、誰もが持つ才能の一つだ。

『耳をすませば』
雫を乗せて夜明け前の坂道を聖司の自転車が走る。途中の上り坂で雫が降りて自転車を押す場面に、一緒に成長していきたいという雫の思いが見える。ここでは自転車が、2人の関係が近くなったことを表す物語の小道具になっているのだ。

『コクリコ坂から』
坂下の商店街へ買い物に行こうとした海は、通りかかった俊の自転車に乗せてもらう。長く続くコクリコ坂を、幾つもカーブを曲がりながら自転車は走る。その変化に富んだ動きや空間の奥行き、流れるような風景のスピード感などがCGを使って描かれている。

『猫の恩返し』
走る場面の中でも特に風変わりなのが"猫いかだ"だ。猫の王子の妃に選ばれた女子高生ハルは、バロンに相談している最中、乱入してきた猫の群れに連れ出されてしまう。ハルを乗せてワームホールを抜ける猫いかだを追いかけ、バロンたちも猫の国へ向かう。

■まるで、いかだのようにハルを乗せて走る猫たち。
■猫いかだはワームホールに突入して猫の国へ向かう。

■水魚の群れと一緒に走ってくるポニョ。

『崖の上のポニョ』
さかなの子ポニョは、大好きな宗介のいる人間の世界へやって来る。いもうと達が変身した巨大な水魚の群れの上を走りながら、宗介の乗った車を見つけて嬉しそうだ。しかし、ポニョの逃亡で世界のバランスが乱れ、嵐も一緒に連れてきてしまった。

■姫は十二単を脱ぎ捨てながら都大路を駆け抜けていく。

■嵐の中を猛然と走り抜けるリサカー。

『ホーホケキョ となりの山田くん』
山田家の父・たかしが暴走族を注意しようとするが、できないエピソードでは、お父さん世代が憧れた正義の味方、オートバイで走る月光仮面が登場した。

『かぐや姫の物語』
かぐや姫の名づけ披露の宴が開かれた夜、姫は自分の噂をする客たちの声を聞いてしまう。無遠慮なからかいの言葉に怒りと哀しみで我を忘れ、屋敷を飛び出した姫は都大路を抜けて葦原へ、竹林へと走る。その姿を見ていたのは月だけである。

怒りと悲しみ、狂気さえ感じさせる姫の表情が衝撃的だ。

■悪漢にさらわれたまつ子としげを追うのぼるとのの子。
■たかしは空想の中で月光仮面になってまつ子としげを救う。

■姫の走るエネルギーが、流れるような作画で表現されている。

トンネルを抜けるとそこは不思議の町。宮崎駿監督が現代の女の子たちに贈るファンタジー

千と千尋の神隠し

2001年

社会現象を巻き起こした『もののけ姫』（1997年）から4年ぶりとなる宮崎駿監督の長編映画である。宮崎監督には、毎年夏に山小屋で一緒に過ごす"小さな友人たち"がいた。その友人たちが10代前半になったのを見ていて、彼女たちが本当に楽しめる作品を作ろうと思ったことが制作のきっかけとなっている。ヒロインはどこか元気のない10歳の少女・千尋だ。異世界に迷い込んだ千尋は魔女・湯婆婆に千という名を付けられ、神様のための湯屋で働くことになる。そこで千（千尋）がさまざまな体験をして、知らず知らずのうちに生きる力を身につけていく姿がテーマである。欲望のままに巨大化して暴走するカオナシ、ゴミやヘドロに覆われて本当の姿が見えなくなってしまったオクサレさまのような、現代の日本社会の縮図ともいえる存在も登場する。宮崎監督らしい諷刺をこめた設定で、無口で寂しげなカオナシは作品の魅力を代表する人気キャラクターとなった。優しい少年ハクと千の心の交流や、湯屋の先輩・リン、ボイラー室で働く釜爺とススワタリたちなどサブキャラクターの活躍も見逃せない楽しい作品である。

公開後は1年以上のロングランとなり、最終的に興行収入308億円という驚異的なヒットを記録して国民的アニメーションと呼ばれた。2020年の再上映でも多くの観客を集め、改めて人気ぶりを示した。国内だけでなく世界的にも高い評価を受け、米国アカデミー賞長編アニメーション映画部門賞、ベルリン国際映画祭の最高賞である金熊賞ほか数多くの賞に輝いた。

公開日：2001年7月20日
上映時間：約125分
© 2001 Hayao Miyazaki/Studio Ghibli, NDDTM

原作・脚本・監督 …… 宮崎　駿
プロデューサー …… 鈴木敏夫
音　楽 …… 久石　譲
作画監督 …… 安藤雅司
　　　　　　　　高坂希太郎
　　　　　　　　賀川　愛
美術監督 …… 武重洋二
色彩設計 …… 保田道世
映像演出 …… 奥井　敦
主題歌 …… 「いつも何度でも」
　　　　　　（歌：木村　弓）
制作 …… スタジオジブリ
製作 …… 徳間書店
　　　　　スタジオジブリ
　　　　　日本テレビ
　　　　　電通
　　　　　ディズニー
　　　　　東北新社
　　　　　三菱商事

千尋 …… 柊瑠美
ハク …… 入野自由
湯婆婆・銭婆 …… 夏木マリ
釜爺 …… 菅原文太
リン …… 玉井夕海
青蛙 …… 我修院達也
坊 …… 神木隆之介
湯婆婆の番頭 …… 上條恒彦
父役 …… 内藤剛志
母役 …… 沢口靖子
兄役蛙 …… 安田　顕
河の神 …… はやしこば彦

ストーリー

10歳の少女千尋は、両親とともに不思議の町に迷い込んでしまった。どこからか漂ってくる美味しそうな匂いに、心を奪われた両親は、食べ物屋の店先に並ぶ料理を食べたため、なんと、豚になってしまったのだ。恐怖に怯えていた千尋は、ハクと名のる少年に助けられ、湯婆婆という魔女が支配している「油屋」で働くことになった。そこは、八百万の神様たちが、疲れを癒やしにくる湯屋だった。

千尋は湯婆婆に今の名前を奪われ、「千」という名前で働きはじめた。大広間の雑巾がけ、汚れた湯殿の掃除、お客さんの神様のお世話……豚になった両親を救うため必死に働くうちに、千尋のなかに眠っていた「生きる力」が、しだいに呼び覚まされていく。

■ ハクを助けるため、千尋は電車に乗って姿を変えられてしまった坊と湯バード、カオナシとともに銭婆のところへ向かう。

■ ハクの背に乗り、空を飛んでいた千尋は、ハクの川の名前を思い出す。

■ 千尋の気を引こうとして、カオナシは千尋に金を差し出すが、千尋は「いらない」と拒絶する。

■ 湯屋での仕事を終えた千尋は、湯屋の下に広がる水面を眺めながら食事をする。

■ ハクに、大事な息子・坊がいなくなったことを聞き、湯婆婆はものすごい形相でハクに迫る。

■ 銭婆のところへ向かう電車の中から見える景色は、広大で美しい。かつてはあった帰りの電車は、今はない。

■ 銭婆は、訪ねてきた千尋たちを温かく迎え入れる。

注目ポイント

2001年3月26日、宮崎監督は、江戸から昭和にかけての民家・商店などを移築している屋外施設「江戸東京たてもの園」でこの映画の製作報告会を行った。理由は、自身が好きなこの場所を、映画の舞台のモデルにしたためだ。湯屋周辺の街並みは、同園の看板建築を参考にしている。

キャラクター

荻野千尋（おぎのちひろ）
ごく普通の、軟弱な10歳の少女。不思議の町に迷い込み、逆境のなかで意外な適応力と強さを発揮する。

ハク
不思議の町に迷い込んだ千尋を助け、励ます12歳くらいの少年。湯婆婆の弟子で、油屋の帳場を預かり、湯婆婆に魔法を習っている。

お父さん
千尋の父、38歳。楽天的で、うまくやっていけるという根拠のない自信を持っている。

お母さん
千尋の母、35歳。現実的で気が強く、夫とも対等につきあう女性。

湯婆婆（ゆばーば）
油屋を経営し、支配している巨頭の魔女。年齢不詳。強欲で口やかましく、ズケズケとものをいう。名前を奪って相手を支配する。

銭婆（ぜにーば）
湯婆婆の双子の姉。妹とは気が合わず、「沼の底」というところにある家で、静かに暮らしている。

釜爺（かまじい）
油屋の地階にあるボイラー室を切り盛りしている6本腕の老人。ススワタリたちを従えてお湯をわかし、薬湯の調合をしている。

青蛙（あおがえる）
油屋で働くカエル男。カエルの姿をしている。

父役（ちちやく）
油屋の従業員であるカエル男たちを束ねる大蛙。部下には威張っているが、湯婆婆には頭が上がらない。

兄役（あにやく）
父役を助けて、カエル男たちをとりしきる。

坊（ぼう）
湯婆婆の息子で、巨大な赤ん坊。湯婆婆に溺愛され、わがままで甘えん坊。千尋と一緒に冒険をして成長する。

リン
油屋での千尋の先輩で、14歳くらいの少女。つっけんどんだが根は優しく、千尋の面倒を見てくれる。

番台蛙（ばんだいがえる）
油屋の番台を預かる大蛙。薬湯の札を管理し、お客である神様の格に応じて薬湯の種類を決めている。

おしらさま
大根の神様。頭に赤い盃をかぶり、赤い褌を締めている。

オクサレさま
ヘドロのような体から異臭を放っているが、その正体は、人間が捨てたゴミで汚れた河の神様。千尋の世話で翁の顔に白蛇の体を取り戻す。

カオナシ
油屋のある世界とは別の場所からやってきた謎の男。己というものを持たない悲しい存在で、のみこんだ相手の声を借りてしか話すことができない。

頭（かしら）
湯婆婆の部屋にいる3つのオヤジ頭。「オイ、オイ」といいながら跳ね回る。

ススワタリ
ボイラー室で石炭を運び、釜爺を手伝う。金平糖が大好物。

湯バード（ゆバード）
顔が湯婆婆とそっくりな見張り鳥。

ハク竜（ハクりゅう）
ハクのもう一つの姿である、白い竜。ハクの本当の名はニギハヤミコハクヌシといって、以前、溺れかけた千尋を助けた河の神様だった。

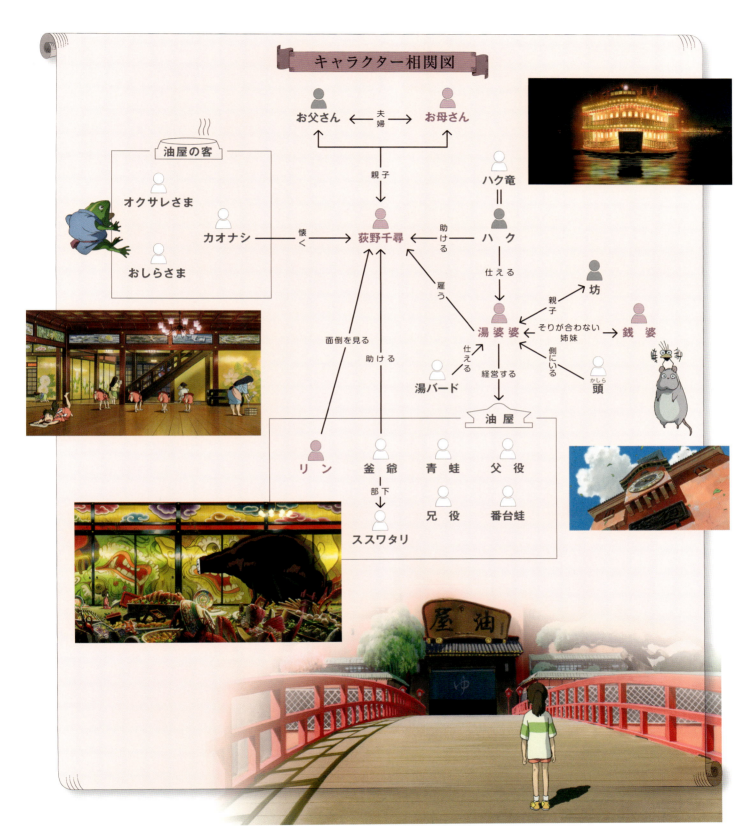

ポスター

日本版のポスターは3種類。第1弾、第2弾、第3弾と、新しいものになるにつれ、千尋の表情が変化していく。生きる力が、目覚めていく様子が感じられる。

■ 第2弾ポスターは、生きるために働きはじめた、千尋をメインにしたもの。その姿には、凛としたものが見て取れる。

■ 第3弾ポスターでは、生きる力に目覚めたことを感じさせる表情の千尋が、使われた。

■ 第1弾ポスター。ふてくされた表情の千尋の姿は、どこにでもいる10歳の女の子に見える。

新聞広告

2001年7月20日に公開され、メイン館では、翌年の4月までロングラン上映されたこの作品には、時事ネタや主人公以外のキャラクターを使った面白い新聞広告が、各紙を賑わせた。

■ 初日を迎える4日前、7月16日から産経新聞につきだし広告として、日替わりで掲載されたもの。左から順に初日まで、キャッチコピーと絵柄の変化が楽しめる。

■ 7月13日、読売新聞に掲載された全15段広告は、読売映画広告賞優秀賞を受賞した。

■ 2001年6月26日の朝日新聞に掲載された全15段広告は、第2弾ポスターの絵柄をメインにした比較的シンプルなものだった。

■ 公開前日、7月19日に朝日新聞に掲載された全7段広告は、カラーだった。「これはカオナシの映画だ」と、フィルムを全部通して見た時に宮崎監督が話していた、カオナシと千尋の場面カットを使っている。

■ 韓国で上映された時のポスター。

■ 韓国の別バージョンのポスター。

■ ブラジルで上映された時のポスターは、日本版とは全く違う絵柄で作られた。

■ オーストラリアのポスターも日本版のポスターとは違う絵柄で作られている。

■ イギリスのポスターは、黒ベースに千尋と油屋の絵柄で構成されている。

■ イタリア版のポスター。

■ ドイツ版のポスター。 ■ ロシアのポスターは背景を日本版と変えて作られた。 ■ アメリカのポスターも背景は日本版とは違う。 ■ 中国のポスターも日本版とは違う背景で作られている。 ■ 香港のポスターは日本の第2弾ポスターをもとに作られた。

■ 公開から1週間経った7月27日、全5段で読売新聞掲載の広告は、7月29日の参議院議員選挙を絡めて「支持率千％大当たり〜ッ。この夏、映画と選挙に行こう。」と銘打った。

■ 10月12日、5段1/2で朝日新聞に掲載された広告は、これまで使われていなかった千尋の顔をメインに、イチロー選手へ「イチロー。首位打者、おめでとう。」のメッセージがメインコピーとして使われた。

■ 2002年1月1日、5段1/2で朝日新聞に掲載された広告には千尋の姿はなく、「お正月も。大当たりーッ。」のキャッチコピーとともに、カオナシをメインに据えたものとなっている。

■ 9月14日、7段1/2で毎日新聞に掲載された広告は、「生きる力」を強調した内容だ。

■ 10月5日、7段1/2で朝日新聞に掲載された広告には、イチロー選手への応援メッセージと、ジブリ美術館がオープンしたことが記されている。

制作秘話

制作当初、銭婆は、湯婆婆が千尋に倒された後に登場し、千尋は自分1人では対抗できず、ハクと一緒にやっつけて、名前を取り戻し、両親を元に戻すという構想があった。しかし、それでは3時間はかかる大長編になってしまうので、そこからカオナシを活躍させる、今の形へと物語は変化を遂げている。

『耳をすませば』のバロンが活躍する、猫だらけのファンタジー

猫の恩返し　　2002年

　『耳をすませば』(1995年)の原作者・柊あおいが、宮崎駿監督のリクエストで描き下ろしたオリジナル・コミックのアニメーション化だ。『耳をすませば』の主人公・月島雫が書いた物語という発想の作品で、猫人形のバロンが再登場するが、直接の続編ではない。猫の国に連れ去られてしまった女子高生・ハルと、彼女を助けようとする「猫の事務所」のバロンたちの冒険を描いたファンタジーだ。猫王が支配する猫の国は、のどかな明るい世界である。朝寝坊のハルは、のんびりした世界がすっかり気に入り「猫の国もいいかも…」と思い始める。だが、そこは自分の時間を生きられない者が行く場所だった。どんどん猫化していくハルや、横暴な猫王の描写には、周囲に流されがちな人間たちへの皮肉もこめられている。映画そのものは、ハルを救出する場面のアクションなど、痛快な見せ場が盛りだくさんだ。無事に元の世界に戻ったハルの成長ぶりも見逃せない。

　監督はアニメーター出身の森田宏幸で、脚本の吉田玲子、キャラクターデザインとレイアウトを担当した森川聡子など、ジブリだけでなく外部のスタッフが多く参加した作品である。ハルを気に入ってしまう猫王を怪演した丹波哲郎ほか、声の出演者も多彩だ。『耳をすませば』で雫を演じた本名陽子が、ハルのクラスメイト役で出演している。なお上映時間がやや短いため、短編作品『ギブリーズ episode2』とあわせて公開された。

公開日：2002年7月20日
上映時間：約75分
© 2002 Aoi Hiiragi/Reiko Yoshida/Studio Ghibli, NDHMT

原作	柊あおい
脚本	吉田玲子
監督	森田宏幸
企画	宮崎駿
製作プロデューサー	鈴木敏夫 高橋望
音楽	野見祐二
キャラクターデザイン・レイアウト	森川聡子
作画監督	井上鋭 尾崎和孝 田中敦子
美術監督	田中直哉
色彩設計	三笠修
主題歌	「風になる」(歌：つじあやの)
制作	スタジオジブリ
製作	徳間書店 スタジオジブリ 日本テレビ ディズニー 博報堂 三菱商事 東宝

ハル	池脇千鶴
バロン	袴田吉彦
ユキ	前田亜季
ヒロミ	山田孝之
ナトル	佐藤仁美
ナトリ	佐戸井けんた
ムタ	濱田マリ
ハト	渡辺哲
母	斉藤洋介
ルーン王子	岡江久美子
猫王	丹波哲郎

ストーリー

　17歳の高校生ハルは、ごく普通の女の子。ある日、下校の途中で、トラックに轢かれそうになった猫を助けたところ、猫が2本足で立ち上がり、人間の言葉でお礼を言ったではないか。それは猫の国のルーン王子で、父の猫王による「恩返し」が始まった。

　恩返しといっても、ネコジャラシやマタタビ、ネズミなど、ありがた迷惑な贈りものばかり。挙げ句の果てに、ハルをルーン王子の妃に迎えるため、猫の国に招待するという。困ったハルは、謎の声に導かれ、不思議な世界で起こる事件を解決するという「猫の事務所」を訪ねた。ところがそこへ、たくさんの猫がやってきて、ハルを猫の国に連れ去ってしまった。

原作本紹介

🔷 **原作：柊あおい 『バロン - 猫の男爵』**（徳間書店刊）

『耳をすませば』に登場する〈バロン・ムーン・地球屋〉をモチーフにしたスピンオフ作品。宮崎駿のリクエストを受けて柊あおいが書き下ろし、2002年5月に出版された。"月島雫が書いた物語"という設定で『耳をすませば』ファンの根強い人気を誇る一作だ。

キャラクター

ハル
どこにでもいるような平凡な17歳。母と2人暮らし。やや優柔不断な性格で、クラスメイトの町田くんに片想い中だが、自分からは行動を起こせない。

キャラクター相関図

バロン
「猫の事務所」の主人で、冷静沈着。本当の名はフンベルト・フォン・ジッキンゲン男爵といって、ふだんは猫の人形だが、日が沈むと命が宿る。

ムタ
バロンの仲間で、ふだんは街をぶらぶらして過ごしている。かつてルナルド・ムーンという名で、猫の国の魚を食べ尽くしたという伝説の持ち主。

トト
バロンの仲間のカラス。ふだんは「猫の事務所」がある広場の中心にある石像。バロンのように日没とともに命が宿る。

猫王（ねこおう）
猫の国を治める王で、ルーンの父。自己中心的で、自分の思いどおりにならないと気が済まない。ペルシャ猫で、額には王の印の猫目石が。

ハルの母
自宅で、パッチワークキルトの仕事をしている。女手ひとつでハルを育てるしっかり者。

ルーン
父と違って紳士的な猫の国の王子。ユキへのプレゼントを調達するため人間界へ行き、トラックに轢かれそうになったところをハルに命を救われる。

ユキ
ルーンの恋人で、猫王の城の給仕を務める白猫。かつて人間界にいて、ハルにクッキーをもらったことがあり、ハルを「猫の事務所」に導く。

ナトリ
猫王の第一秘書。わがままな猫王に、いやな顔ひとつせず仕えている。シャム猫とアンゴラ種のミックス。

ナトル
猫王の第二秘書。いつも冷静なナトリに比べ、やや軽薄で調子がいい。耳がたれたスコティッシュ・ホールド種。

■ 猫の国の王子ルーンを助けたハルの家に夜、意外な客が訪ねてくる。

■ ルーン王子の父、猫王自らがハルの家を訪ね、ハルを猫の国へ招待する。

■ 猫の国への招待をどうしたものかと困ったハルが謎の声に導かれ、「猫の事務所」を訪ねると……。

■ 猫の国で猫の姿になってしまったハル。そこにバロンが現れて……。

注目ポイント

「猫の国」は原作では光あふれる閉ざされた世界として描かれているが、映画では、監督と美術監督の田中直哉の考えにより、中心に城があり、その天空から7色の光が降り注ぐ、気だるくぽかぽかした場所となった。そうした世界だからこそ、ハルは「猫の国もいいかも…」と言えたのだ。

■「猫の事務所」をメインビジュアルにして、ムタを描いた第1弾ポスター。

■ 猫の国の草むらに寝ころぶハルを描いた第2弾ポスターは、広い空間にタイトルを大きく入れたシンプルかつ大胆なデザインだ。

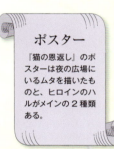

ポスター

『猫の恩返し』のポスターは夜の広場にいるムタを描いたものと、ヒロインのハルがメインの2種類ある。

■ イタリア版ポスター。

■ 韓国版ポスター。

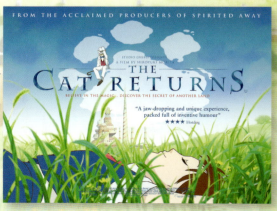

■ イギリス版ポスター。

■『猫の恩返し』と『ギブリーズ episode2』の2本立て告知は、2002年6月14日のスポーツニッポンに掲載されたつきだし広告が第1弾だった。

■ 6月21日の朝日新聞に掲載されたカラー全面広告には『猫の恩返し』のポスターのビジュアルを大きく使用し、インパクトのあるものになっている。

■ 6月20日の聖教新聞の広告（5段1/2）。

新聞広告

新聞広告は公開25日前からスタートした。ビジュアルは、第2弾ポスターの絵柄でほぼ統一されている。

■ 電車の中吊り広告として作られた、講談社30誌連合企画試写会のポスター。

制作秘話

「韓国の大人気観光スポット、ロッテワールドを日本に作る。そこでのメインキャラクターは猫。その猫が活躍する、そこでしか観ることができない映画を作ってほしい」という広告代理店のオファーから、本作の企画は立ち上がった。

実在のジブリの社員や関係者をデフォルメした人々を描いたオムニバス・コメディ

ギブリーズ episode2　　2002年

　架空の会社、「スタジオギブリ」の社員たちの日常を描いた短編作品である。2000年に日本テレビ系列のスペシャル番組で放送された『ギブリーズ』のいわば拡大新作版で、『猫の恩返し』と2本立てで劇場公開された。野中くん、ゆかりさんといった登場人物は、実在のジブリの社員や関係者をデフォルメした鈴木敏夫プロデューサーの落書きから生まれた。鈴木プロデューサー本人も"トシちゃん"として登場するが、キャラクターデザインは『ホーホケキョ となりの山田くん』の原作者、いしいひさいちが描いた似顔絵が使われている。そのトシちゃんを演じる小林薫、主人公の野中くん役の西村雅彦ほか、声の出演者は、実写のコメディが作れそうな豪華な顔ぶれだ。

　全体はオムニバス形式で「カレーなる勝負」「初恋」「お昼」「ダンス」「美女と野中」「エピローグ」の6つのエピソードで構成されている。賞金をかけて激辛カレーを食べる「カレーなる勝負」のシュールなギャグ、野中くんのほのぼのとした「初恋」の思い出、ゆかりさんたちがストレス解消に踊りまくるミュージックビデオのような「ダンス」映像など、それぞれに違った味わいが楽しめる。1作目に続いて脚本も担当した百瀬義行監督は、『火垂るの墓』『おもひでぽろぽろ』から『かぐや姫の物語』まで、高畑勲監督の作品を支えた重要なスタッフだ。宮崎駿監督の『もののけ姫』のCGも担当しており、この作品もCGを生かして作られた個性的な映像が魅力である。

公開日：2002年7月20日
上映時間：約25分
© 2002 Toshio Suzuki/Studio Ghibli, NDHMT

キャラクター原案	すずきとしお
特別キャラクター原案	いしいひさいち
脚本・監督	百瀬義行
製作プロデューサー	鈴木敏夫
	高橋望
音楽	渡野辺マント
美術監督	吉田昇
色指定チーフ	保田道世
挿入歌	「ノー・ウーマン ノー・クライ」(Tina)
制作	スタジオギブリ
製作	徳間書店
	スタジオジブリ
	日本テレビ
	ディズニー
	博報堂
	三菱商事
	東宝

野中くん	西村雅彦
ゆかりさん	鈴木京香
奥ちゃん	古田新太
徳さん	斉藤暁
蛍さん	篠原ともえ
米ちゃん	今田耕司
トシちゃん	小林薫

＊『猫の恩返し』と併映

ストーリー

　架空のアニメーション制作会社「スタジオギブリ」で働く普通の人々＝「ギブリーズ」の日常を、6つのエピソードで描く。「カレーなる勝負」編では、長年、同じ場所で仕事をしていると、お昼にどこで何を食べるかは、毎日直面する大きな悩み。その日、野中くんと奥ちゃんとゆかりさんは新しい店を開拓して、噂の激辛カレー屋にやってきた。3人は、激辛カレーと格闘する。「美女と野中」編では、終電で帰宅中の野中くんが、眠っている隣の美女にもたれかかられてドギマギする。払いのけることもできずに降りる駅を乗り過ごし、終点までいってタクシーで帰るハメに。そんな優しい野中くんの初恋の相手は、小学校のクラスメイトのあいちゃんだった。

キャラクター

野中くん
「スタジオギブリ」著作権管理室課長。38歳独身。小心者ゆえ本人は右往左往しているが、周囲からはマイペースにしか見えない。

ゆかりさん
「スタジオギブリ」出版部を率いるバリバリのキャリアウーマン。年齢は秘密。美人との誉れ高いが、性格は大雑把で負けず嫌い。

奥ちゃん
「スタジオギブリ」制作部部長。42歳。よく食べる。つねに満腹なので会議中に寝ていることもしばしば。

徳さん
「スタジオギブリ」宣伝部部長。58歳。オヤジギャグを飛ばしては周囲に煙たがられているが、本人は気がついていない。

蛍ちゃん
「スタジオギブリ」アニメーター。24歳。社内、社外を含めてみんなのアイドル。活発な性格で社交的だが、どちらかというと天然ボケ系。

米ちゃん
「スタジオギブリ」広報担当。関西出身の27歳。某ライバル会社から送りこまれた産業スパイだったが、今は廃業。

トシちゃん
"安さと辛さで勝負の店"激辛カレーショップ「トシちゃん」の主。否応なく相手を自分のペースに引きこむ名人。名古屋出身でドラゴンズファン。

キャラクター相関図

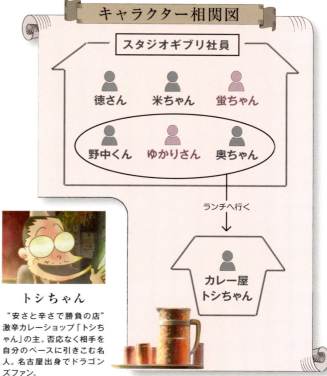

『ギブリーズ episode2』のポスター。

■ 早めにお昼に行こうと相談する野中くんと奥ちゃん。そこにゆかりさんが合流し、カレー屋に向かう。

■ 店主であるトシちゃんにメニューはあちらと言われ、壁に貼られたものを見る3人。この後、ゆかりさんが勝負に出る。

■ 赤、青、黄の3色をテーマカラーに野中くん、奥ちゃん、ゆかりさんが踊りまくる。

■ 野中くんの淡い初恋の記憶。その一つがポスターにも使われたこのクラス写真だ。

注目ポイント

この作品のCGは、水彩画や色鉛筆風に見えて、実は3DCGというものが多い。冒頭の野中くんのイラストもその一つ。トトロのマークから野中くんに切り替わるとき、野中くんは線画のように見えるが、3DCGで作られたものなのだ。

制作秘話

百瀬監督の意向で、この作品では背景と人物が同じタッチで描かれている。「カレーなる勝負」では、全体を油絵風に描くことでこってり感を出し、「ダンス」は原画スタッフがイメージボードを描き、それをもとにコテコテな世界観に美術スタッフが仕上げているといった感じだ。

ハンサムな魔法使いと90歳のおばあちゃんの不思議な恋の物語

ハウルの動く城　2004年

　日本映画史上、空前のヒットを記録した『千と千尋の神隠し』(2001年)に続く、宮崎駿監督の9作目の長編アニメーションだ。原作はイギリスのファンタジー作家、ダイアナ・ウィン・ジョーンズが1986年に発表した『魔法使いハウルと火の悪魔』である。宮崎監督は動く城と、ヒロインが魔法をかけられて90歳のおばあちゃんになってしまうというアイデアに魅力を感じて映画になると考えた。当初は別の監督で企画が進められたが、これが難航して中断したため、最終的に宮崎監督が担当することになったのである。

　宮崎監督はまず、作品の主役ともいうべき動く城のデザインから作業を始め、メカ(機械)とも怪物ともつかない、ユニークな城を作り上げた。物語の舞台は、宮崎監督が訪れたことのあるフランスのアルザス地方がモデルになった。美術スタッフはロケハンを行い、古い建物のたたずまいやヨーロッパ特有の空気感、光の具合など実感した印象を背景に生かしている。ストーリーはヒロインのソフィーと魔法使いハウルの恋が中心だが、ソフィーを囲んで城を動かす火の悪魔カルシファー、かかしのカブ、ソフィーに呪いの魔法をかけた荒地の魔女までもが家族になっていく、一種のホームドラマでもある。少女から老婆までを1人で演じ分けたソフィー役の倍賞千恵子、戦争に協力するよう国王から要請され、苦悩するハウル役の木村拓哉、王室付き魔法使いサリマン役の加藤治子ほか、多彩な俳優陣の声の競演も大きな魅力だ。

公開日：2004年11月20日
上映時間：約119分
© 2004 Diana Wynne Jones/ Hayao Miyazaki/Studio Ghibli, NDDMT

原作	ダイアナ・ウィン・ジョーンズ
脚本・監督	宮崎　駿
プロデューサー	鈴木敏夫
音楽	久石　譲
作画監督	山下明彦
	稲村武志
	高坂希太郎
美術監督	武重洋二
	吉田昇世
色彩設計	保田道世
映像演出	奥井　敦
主題歌	「世界の約束」(歌：倍賞千恵子)
制作	スタジオジブリ
製作	徳間書店
	スタジオジブリ
	日本テレビ
	電通
	ディズニー
	三菱商事
	東宝

ストーリー

　巨大な動く城に住む魔法使いのハウルには、若くて美しい娘の心臓を食べるという噂がある。帽子屋で働く18歳のソフィーは、軍隊のパレードで賑わう街で、若い兵士に誘われて困っていたところを、ハウルに助けられた。ところが、ハウルと関わったために、彼をつけ狙う荒地の魔女の呪いで、90歳のおばあちゃんの姿にされてしまった。

　家を出て、家政婦としてハウルの城に住みこむことになったソフィーは、城で暮らす火の悪魔カルシファーや、少年マルクルと家族のように過ごすなかで、ハウルが本当は気弱で、優しい青年だとわかり、彼を愛するようになっていく。しかし戦況は悪化し、ハウルに危険が迫っていた……。

ソフィー	倍賞千恵子
ハウル	木村拓哉
荒地の魔女	美輪明宏
カルシファー	我修院達也
マルクル	神木隆之介
かかしのカブ	大泉　洋
国王	大塚明夫
ヒン	原田大二郎
サリマン	加藤治子

原作本紹介

◆原作：ダイアナ・ウィン・ジョーンズ『魔法使いハウルと火の悪魔』(西村醇子 訳・徳間書店刊)
◇原語版：1986年 (原題：Howl's Moving Castle)

「魔女と暮らせば」でガーディアン賞を受賞した著者の人気シリーズ。原作ではジブリ作品よりもさらに濃厚な人間模様とジェットコースターのような怒濤の展開が繰り広げられる。ハウルとソフィーは姉妹編2作にも登場する。

キャラクター

ソフィー
ハッター帽子店の長女。亡くなった父が残した店を受け継いで働いている。荒地の魔女の呪いで90歳のおばあちゃんになり、ハウルの城で暮らしはじめる。

ハウル
巨大な動く城の主で、ジェンキンス、ペンドラゴンなどの名前を使い分ける魔法使い。強大な力を持ちながら、毎日を無為に過ごしている美青年。

荒地の魔女
ハウルをつけ狙う魔女。かつてキングズベリーの王室付き魔法使いだったが、50年前に王宮を追われ、荒地に身を潜めている。

カルシファー
ハウルの城の暖炉に住み、巨大な城を動かしている火の悪魔。ハウルとの契約で暖炉から出られず、自由になりたがっている。

マルクル
ハウルの弟子の身寄りのない少年。老人に化けて、ハウルを訪ねてくる客の相手をしている。

かかしのカブ
頭がカブでできているかかし。荒地でソフィーに助けられてから、ソフィーのあとをついてくる。

ヒン
「ヒン！」とくしゃみのような鳴き方をする老犬。サリマンの使い犬だが、なぜかソフィーに懐いてしまう。

サリマン
キングズベリーの王室付き魔法使い。ハウルのかつての師匠であり、強大な力で王宮の実権を握っている。

キャラクター相関図

■ 軍隊のパレードで賑わう街で18歳のソフィーは、困っているところを魔法使いハウルに助けられた。

■ ハウルに関わったことが原因で、ソフィーは荒地の魔女により90歳のおばあちゃんにされてしまう。

■ おばあちゃんになってしまったソフィーは、ハウルの住む城があるという、荒地を目指して旅に出る。

■ ソフィーはハウルの城で家政婦として住み込みはじめるが……。

注目ポイント

この作品は、原作本のタイトルに「城が動くって面白い」と宮崎監督が惹かれたことから制作が決まった。しかし城のデザインに悩み、鈴木プロデューサーのもとへ相談に行き、話しながら大砲や屋根、煙突などを描き完成したのが、映画の中の動く城だ。足は鶏の足と戦国時代の足軽の足で悩み、鶏の足にすることになった。

ポスター
『ハウルの動く城』ではタイトルの"動く城"を描いた第1弾を含め、それぞれキャッチコピーを変えた3種類のポスターが作られた。

■ 第1弾ポスター。そのままポスターから出てきそうな動く城の迫力と、「この城が動く。」というストレートなキャッチコピーが期待感を盛り上げる。

■ 第2弾ポスター。鈴木敏夫プロデューサーの原案をもとに描かれたもので、おばあちゃんソフィーをメインにした意外性のあるビジュアルだ。

■ 第3弾ポスター。映画の後半に登場するソフィーと少年時代のハウルを組み合わせ、ドラマチックなセリフをキャッチコピーに使っている。

新聞広告
新聞広告はまず老婆のソフィーをメインにして始まり、公開に合わせ、若いソフィーとハウルを組み合わせて展開された。

■ 2004年10月22日の朝日新聞、読売新聞、毎日新聞に掲載された全15段広告をはじめ、カラー広告がふんだんに使われた。

■ ジブリ作品の名物となったカウントダウン広告は、11月15日から11月19日まで産経新聞に掲載された。犬のヒンが数字のお遊びカットに使われている。

■ 11月19日の朝日新聞など、公開が迫った11月の広告から美青年のハウルと老婆のソフィーがメインビジュアルに採り上げられた。

■イギリス版ポスター。

■絵柄の違うイギリス版ポスター。

■ロシア版ポスター。

■北米版ポスター。

■ポーランド版ポスター。

■台湾版ポスター。

■ドイツ版ポスター。

■香港版ポスター。

■メキシコ版ポスター。

■イタリア版ポスター。 ■オーストラリア版ポスター。

■ポルトガル版ポスター。
■スウェーデン版ポスター。

■12月21日読売新聞のカラー全面広告は、ソフィーの明るい笑顔が印象的だ。鈴木敏夫プロデューサーの直筆による「連日連夜、満員御礼。」の文字が追加されている。

■2005年2月4日の朝日新聞にはバレンタイン・デイを意識した広告を掲載した。ロングラン上映の作品は、ほかにもひなまつりなど季節イベントに合わせた追告がいくつも作られた。

■2月18日の朝日新聞の広告は、ベネチア国際映画祭で宮崎駿監督に贈られた、栄誉金獅子賞を祝い、世界中の観客に感謝を伝える内容になっている。

■4月15日の朝日新聞では、劇場を変えて上映が続くことが告知された。エンディングの空飛ぶ城がメインビジュアルで、「さあ、引越しだ！」というシャレの効いたキャッチコピーが付いている。

制作秘話

当初、ソフィーと荒地の魔女が王宮の長い階段を上る場面は、先に上っていたソフィーが途中で立ち止まり、荒地の魔女に手を差し伸べる予定だった。その場面を腕利きのアニメーター大塚伸治が担当することが決まると、宮崎監督はシーンを倍の長さにして、細かな芝居は彼に任せた。結果、競い合いながら必死に上る印象的なシーンになった。

103

■アシタカは村に近づくタタリ神を制止しようとする。

■傷ついたモロの君の仇を討とうとタタラ場に乗り込むサン。

『もののけ姫』

神々の住む森に生きるもののけたちと、森を切り拓き自然を侵す、人間の戦いが描かれる。サンとエボシ御前は、それぞれを代表する存在だ。アシタカはタタリ神を倒して呪いを受け、憎しみと恨みが人々を滅ぼすと知った。そして両者の戦いを止めようとする。

■見張り台からタタリ神を発見するアシタカ。

■対決するサンとエボシ御前。

■清太と節子は空襲から逃れ、河口付近に避難した。

■アシタカは右腕にタタリ神の呪いを受ける。

■2人の間に割って入るアシタカ。

■空襲で焼け落ちた町並み。まだ火が残っている。

■清太が再会した母はすでに瀕死の状態だった。

ジブリが描く "戦い"

ジブリ作品の主人公たちは、さまざまなものと戦う。人々を守り、世界を救うために敵となる存在と激しい戦いをくり広げる。現実の歴史で起きた戦争の悲劇を見つめた作品もある。純粋にアニメーションの動きの面白さを追求したアクション場面や、キャラクターの心の葛藤も"戦い"だ。そこから生まれるドラマチックな感動や興奮が、何度見ても楽しめるジブリ作品の秘密を支えている。

『火垂るの墓』

昭和の時代に日本人が経験した、太平洋戦争を背景にした物語である。神戸を襲った空襲が兄妹の幸せを奪い、2人の運命は大きく変わってしまう。焼夷弾の猛火に包まれる町並み、変わり果てた母親の姿など、戦争の恐ろしさが迫真的な映像で描かれている。

■父の死を知って逆上するナウシカ。

■都市を焼き尽くす巨神兵たち。

■トルメキア兵を奇襲するユパ。

『風の谷のナウシカ』

クシャナの率いるトルメキア軍は巨神兵を復活させ、再び戦乱を巻き起こそうとしている。それを食い止めようとするナウシカたちの戦いが描かれる。トルメキア兵をなぎ倒すナウシカや、剣の達人であるユパの活躍などアクションとしての戦いの見せ場も豊富だ。

■ユパは自分を盾にしてナウシカの暴走を止める。

■クシャナの命令で王蟲を攻撃する巨神兵。

■ユパの二刀流は人を救うための剣だ。

■歌川国芳の浮世絵から引用した巨大骸骨。

■小さな雷神に子供たちは大喜びだ。

■屋台で飲む2人の背後をお化けの行列が通過する。

『平成狸合戦ぽんぽこ』
　人間に自然を奪われた狸たちは、ついに立ち上がった。化け学で変身して人々を怖がらせ、追い出すという戦い方が、いかにものんびりした狸らしい。必死で訓練した妖怪大作戦は、テーマパーク側が自分たちの宣伝活動だったと発表し、成果を奪われてしまう。

■お辞儀をする巨大福助。

■テニスコートを通りすぎていく橋桁たち。

■超ミニサイズの阿波踊りも登場。

■ハウルは爆弾にとりつき、不発弾にしてソフィーを守った。

■ソフィーの住む町を襲う爆撃艦。

『ハウルの動く城』
　ソフィーの住む国は、大魔法使いサリマンの指導のもとで他国と戦争をしている。かつてサリマンの弟子だったハウルは、国王の命令で戦争に協力するよう要請されるが、逃げ続け、戦闘の邪魔をすることで自分の意思を表示していた。

■ポルコを取り囲む空賊連合の面々。

■大地を埋め尽くす軍用機の残骸。

■ポルコとカーチスの決闘は一大ショーになってしまう。

『紅の豚』
　賞金稼ぎのポルコと空賊たちは犬猿の仲で、いつもいがみ合っているが、実は女性や子供に優しい、気のいい連中なので大した戦いにはならない。空賊の用心棒だったカーチスとポルコが、ピッコロおやじの孫娘フィオをめぐって決闘しても、最後は腕力の勝負である。

『風立ちぬ』
　飛行機の理想を追求した二郎の努力は、戦争に呑み込まれて軍用機の残骸を生んだ。出撃していった人々の多くも帰ってこなかった。戦闘を描かずに戦争の空しさを表現した場面である。二郎は亡き妻・菜穂子の声に励まされ、なお生きて戦後の飛行機の歴史を刻んでいくのだ。

■二郎たちが見守る中、編隊が出撃していく。

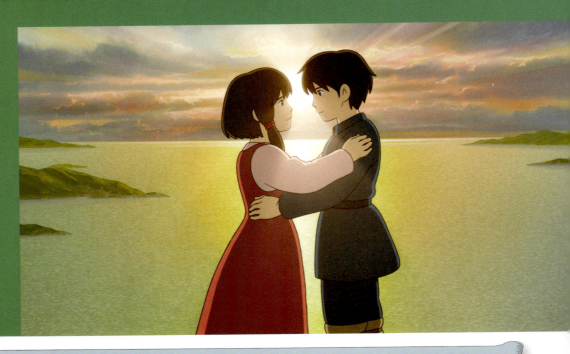

父・宮崎駿も影響を受けた
ファンタジーの名作を
息子・宮崎吾朗が
初監督でアニメーション化

ゲド戦記　　2006年

　1968年に第1巻が出版されて以来、現在も世界中で読み継がれているアーシュラ・K.ル＝グウィンの長編ファンタジー小説のアニメーション化である。原作は宮崎駿監督の愛読書で『風の谷のナウシカ』や絵物語「シュナの旅」など、自分の作品にも大きな影響を受けたと語っている名作だ。映像化を希望し、原作者に願い出たこともあった。ジブリ作品を気に入った原作者側から、逆に「宮崎監督にアニメーション化してほしい」とアプローチがあったのは2003年のことである。この原作者からの打診後に始まった、企画検討チームに初めから参加していた長男の宮崎吾朗が、最終的に監督に抜擢された。

　宮崎吾朗監督は「三鷹の森ジブリ美術館」の館長を創設以来務めていた。アニメーション映画を作ることはもちろん、その設計図となる絵コンテを描くのも初めてだ。しかし父親の仕事を自分なりに研究していたため、最初から完成度の高い絵コンテを描き上げてジブリのスタッフを唸らせた。自分の進む道を探してさまよう王子アレンが、大賢人ハイタカ（＝ゲド）や少女テルーと出会い、邪悪な魔法使いクモとの対決を通じて成長していく物語である。ストーリーは原作の第3巻「さいはての島へ」を軸に、宮崎駿の「シュナの旅」のキャラクターと美術設定を加えて再構成している。いわば、ル＝グウィンの原作を通じた宮崎父子のコラボレーションという見方もできる作品である。

ストーリー

　物語の舞台はアースシー。またの名を「多島海世界」といって、広大な海に多くの島が浮かび、人間は東に暮らし、西には竜が棲んでいる。その人間とは決して交わらないはずの竜が人間の地に姿を現し、それに呼応するように各地で作物が枯れ、家畜が死んでいった。世界の均衡が崩れつつあるのだ。

　災いの源を探して旅をしていた大魔法使いのゲドは、エンラッド国の王子アレンに出会う。アレンは心の闇に囚われ、正体不明の"影"に追われて怯えていた。アレンとともに旅を続けるゲドは、災いの背後に、クモという男がいることに気づいた。死ぬことを恐れ、永遠の命を手に入れようと企むその男は、かつてゲドと戦い、敗れた魔法使いだった。

公開日：2006年7月29日
上映時間：約115分
© 2006 Ursula K. Le Guin/Keiko Niwa/Studio Ghibli, NDHDMT

原　作	アーシュラ・K.ル＝グウィン
原　案	宮崎　駿
脚　本	宮崎吾朗　丹羽圭子
監　督	宮崎吾朗
プロデューサー	鈴木敏夫
音　楽	寺嶋民哉
作画演出	山下明彦
作画監督	稲村武志
美術監督	武重洋二
色彩設計	保田道世
映像演出	奥井　敦
主題歌	「時の歌」
挿入歌	「テルーの唄」（歌唱：手嶌葵）
制　作	スタジオジブリ
製　作	スタジオジブリ　日本テレビ　電通　博報堂DYMP　ディズニー　三菱商事

アレン	岡田准一
テルー	手嶌葵
クモ	田中裕子
ウサギ	香川照之
ハジア売り	内藤剛志
女主人	倍賞美津子
王妃	夏川結衣
国王	小林薫
ハイタカ（ゲド）	菅原文太

◆原作：アーシュラ・K.ル＝グウィン『ゲド戦記』（清水真砂子 訳・岩波書店刊）**全5巻＋外伝**
◇原語版：1968年〜2001年（原題：Earthsea）

"SFの女王"ル＝グウィンが"魔法が存在する世界"の礎を築いた傑作ファンタジー小説。宮崎駿をはじめ多くの作家や映画監督に影響を与えた。「指輪物語」「ナルニア国物語」と並ぶ世界三大ファンタジーの一つだ。また、この映画には、もう一つ内容に深く影響を与えた本がある。原案として映画本編のクレジットにも記されている宮崎駿著作の「シュナの旅」(徳間書店刊)だ。チベット民話「犬になった王子」を元に宮崎が描き下ろしたオールカラー水彩の絵物語で、ル＝グウィンの「ゲド戦記」の思想的影響が強くみられる。『風の谷のナウシカ』『もののけ姫』の原点にもなっている書籍だ。

キャラクター

アレン
エンラッド国の王子。立派な両親のもとで何不自由なく暮らしていたが、父である国王を殺し、国を出る。その後の旅の途中でゲドと出会う。

テルー
顔に火傷の痕が残る少女。かつて両親から虐待を受け、捨てられた。テナーとともに暮らし、テナー以外の人には心を閉ざしている。

ハイタカ（ゲド）
アースシーで最も偉大な魔法使いで「大賢人」と称される。世界の均衡が崩れつつあることを察知し、災いの源を探る旅をしている。

クモ
死を極度に恐れるあまり生の意味を見失い、永遠の命を手に入れるために、生死両界を分かつ扉を開けてしまう。過去の因縁からゲドを憎んでいる。

ハジア売り
"影"に怯えるアレンに近づき、ハジアを勧める。ハジアは麻薬の一種で、常習していると肉体と精神を病み、やがて死に至る。

女主人
まがい物ばかり売っている生地屋の女主人。かつてはまじない師だったが、世界の均衡が崩れたことで魔法を信じられなくなっている。

ウサギ
クモの手下のリーダーで、人狩りを生業としている。小心者だが、クモの力をかさに着て傍若無人に振る舞う。

テナー
ゲドの昔なじみ。少女の頃、巫女としてアチュアンの墓所に仕えていたが、ゲドに救い出された。夫に先立たれ、今はテルーと2人で暮らしている。

王妃
アレンの母。国を継ぐべき者として、アレンを厳しくしつける。

国王
エンラッドの国王にしてアレンの父。賢王の誉れ高く、国民を思い、昼夜を問わず国務に身を捧げている。

キャラクター相関図

■ 砂漠で狼の群れに囲まれたアレンは、怒りに任せて戦おうとするが……。

■ 窮地のところを大魔法使いゲドに救われたアレンはゲドとしばらく旅をすることになった。

■ ホート・タウンに着いたアレンは、テルーがウサギに囚われそうになる場に遭遇する。

■ 自分の影に怯え、逃げ続けるアレンは、意識を失い、魔法使いクモに助けられるのだが……。

注目ポイント

傷つき、絶望していたアレンは、ゲドと出会い、テナーのところで農作業をすることで元気になっていく。この場面は、宮崎吾朗監督が「三鷹の森ジブリ美術館」の館長として、年下のスタッフと接している中で、「太陽の下で労働をすれば、悩みなんかなくなる」と実感したことから、入れた場面だ。

ポスター

『ゲド戦記』のポスターは2種類あり、絵に合わせてそれぞれ異なるキャッチコピーが付いている。

■ 第2弾ポスター。物語の舞台となるホート・タウンを描いた宮崎駿のラフスケッチをもとにして作られた。

■ 第1弾ポスター。宮崎吾朗監督が原作のイメージで描いたラフスケッチが元になっている。

新聞広告

新聞広告はポスターのビジュアルに加えて、主人公のアレンとテルーをメインにしたものが多く作られた。

■ 7月21日の読売新聞など、当初は対照的な表情のアレンとテルーを組み合わせたビジュアルが使われた。

■ 公開前日の7月28日には産経新聞ほか、日経新聞、東京新聞、夕刊フジ、日刊ゲンダイなどにカラー広告が掲載された。

■ 2006年7月7日には毎日新聞、日経新聞、産経新聞、東京新聞の各紙にカラーの全面広告が掲載された。

■ イタリア版ポスター。

■ 北米版ポスター。

■ 韓国版ポスター。

■ 絵柄の違う香港版ポスター。

■ 香港版ポスター。

■ フランス版ポスター。

■ イギリス版ポスター。

■ 8月11日、朝日新聞と読売新聞に掲載された広告。「ゴロー」で始まるコピーは、鈴木プロデューサーの宮崎吾朗監督へのメッセージといえる。

■ 9月1日、朝日新聞と読売新聞に掲載された広告のメインビジュアルは、永遠の命を欲する魔法使いクモだった。

■ 8月25日に朝日新聞と読売新聞に掲載された広告。鈴木プロデューサー直筆のキャストへのメッセージが印象的だ。

制作秘話

　劇中で流れる「テルーの唄」を作詞する時、宮崎吾朗監督は、萩原朔太郎の「こころ」という詩を参考にした。この映画に出てくる人はみんな孤独だ。そんなこの映画の気分が、この詩に描かれていたからだ。完成した歌詞には、「いろんな人に何かを分けたりもらったりしていくことが、生きていくことだ」という監督の強い想いが込められている。

人間に恋をした
さかなの子ポニョが
奇跡を起こす、
神秘の海のファンタジー

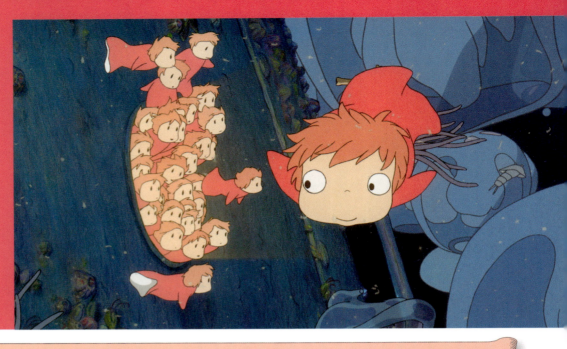

崖の上のポニョ　　　2008年

　宮崎駿監督の10作目となる劇場用長編アニメーションで、『千と千尋の神隠し』(2001年)以来のオリジナル作品である。ジブリの社員旅行で瀬戸内海のある町に滞在し、海に面した崖の上の民家を気に入った宮崎監督は、そこで改めて新作の企画を考え始めた。題名や主人公の名前のヒントになった「門」など夏目漱石の小説を読んだりしたのも、この海沿いの家だった。そして、さまざまなアイデアを加えて出来上がったのが、さかなの女の子ポニョと人間の男の子・宗介がくり広げる、小さな恋の物語だ。

　この映画で宮崎監督が目指したものは2つあった。一つは、小さな子供をはじめとして幅広い世代が楽しめる、理屈抜きの娯楽映画を作ること。もう一つは、CGを使うことが当たり前の時代に、あえて伝統的な手描き作画の味わいを生かすことだ。主人公の宗介たち保育園児だけでなく、宗介の母・リサやデイケアサービスセンターの元気なおばあちゃんたちも、それぞれに活躍して見せ場を作る。神秘的なポニョの母・グランマンマーレを含めて、特に女性キャラクターが魅力的に描かれているのが印象深い。またジブリ作品といえば、つねに細かく描き込まれた写実的な背景美術が注目されるが、この映画では全体に絵本を思わせるカラフルな色使いと素朴な絵柄が採用された。それが手描きによるキャラクターの線や動きの柔らかさとマッチして、アニメーションの原点に戻ったような楽しさが感じられる作品だ。

ストーリー

　海辺の小さな町、崖の上の一軒家に住む5歳の少年・宗介は、ある日、赤いさかなの女の子に出会い、ポニョと名づけて可愛がる。父親のフジモトに海で育てられたポニョは、外の世界に行ってみたくなり、クラゲに乗って海の上にやってきたのだ。ポニョと宗介はお互いに大好きになるが、フジモトがポニョを海に連れ戻してしまう。

　ポニョは、宗介に会いたい一心で、「生命の水」というフジモトが海から精製した危険な力を持つ液体の力を借りて人間の女の子に姿を変え、再び宗介のところへやってきた。宗介も大よろこび。ところが、生命の水があふれだしたために嵐が起こり、町は海に沈んでしまった……。

公開日：2008年7月19日
上映時間：約101分
© 2008 Hayao Miyazaki/Studio Ghibli, NDHDMT

原作・脚本・監督……宮崎　駿
プロデューサー……鈴木　敏夫
制　　作……星野　康二
音　　楽……久石　譲
作画監督……近藤　勝也
美術監督……吉田　昇世
色彩設計……保田　道世
映像演出……奥井　敦
主題歌……「海のおかあさん」
　　　　　　　　（歌：林　正子）
　　　　　「崖の上のポニョ」
　　　　　　　（歌：藤岡藤巻と
　　　　　　　　大橋のぞみ）
制　　作……スタジオジブリ
製　　作……スタジオジブリ
　　　　　　日本テレビ
　　　　　　電通
　　　　　　博報堂DYMP
　　　　　　ディズニー
　　　　　　三菱商事
　　　　　　東宝

リ　サ……山口　智子
耕　一……長嶋　一茂
グランマンマーレ……天海　祐希
フジモト……所　ジョージ
ポニョ……奈良柚莉愛
宗　介……土井　洋輝
婦　人……柊　瑠美子
いもうと達……矢野　顕子
トキさん……吉行　和子
よしえさん……奈良岡朋子

110

キャラクター相関図

ひまわりの家の老人たち
グランマンマーレ ←夫婦→ フジモト　　トキさん　のり子さん　よしえさん

親子／応援する／仲良し／世話をする

いもうと達 ←姉妹→ ポニョ ←好き→ 宗介

助ける／親子／夫婦

リサ ←夫婦→ 耕一

キャラクター

ポニョ
何かと拘束する父に反発して家出をした、好奇心旺盛なさかなの女の子。ポニョというのは宗介がつけた名で、本当の名はブリュンヒルデ。ハムが大好物だ。

宗介(そうすけ)
利発で、まっすぐな心を持つ5歳の少年。崖の上の一軒家に住んでいる。海辺で出会ったポニョを気に入り、ポニョを守ることを誓う。

リサ
宗介の母。船乗りの夫が留守がちなため、1人で息子の世話と家の切り盛りをしながら、デイケアサービスセンター「ひまわりの家」で働いている。

耕一(こういち)
宗介の父。内航貨物船「小金井丸」の船長。古いタイプの海の男で、仕事柄なかなか家に帰れないが、家族への愛は人一倍強い。

グランマンマーレ
ポニョの母。母なる海そのものともいえる偉大な存在で、大昔から海の生きものを見守ってきた。体の大きさを自由に変えられる。

フジモト
ポニョの父。かつては人間だったが、海を汚す人間に絶望し、地上を捨てて海の生きものたちとともに生きることを選んだ。

いもうと達
ポニョと同じくフジモトに育てられたさかなの女の子たち。いつも群れで行動する。姉のポニョのことが大好きで、いつも応援している。

トキさん
「ひまわりの家」に通うおばあちゃん。ひねくれた物言いをして、宗介にもぞんざいな態度をとるが、素直に愛情表現ができないだけで、根は優しい。

よしえさん
「ひまわりの家」に通うおばあちゃん。ふくよかな見た目どおりに、のんびりした性格で、宗介が来るのを楽しみにしている。

のり子さん
「ひまわりの家」に通うおばあちゃん。

■ さかなの子ポニョは、宗介と出会い、大好きになり、海から逃げ出す。

■ 夫が今日も帰らないとわかり、リサは機嫌を損ねるが、宗介に励まされ元気になる。

■ ポニョが人間のもとに行ったことを知ったグランマンマーレが出した答えは……。

■ ポニョは、人間として宗介と一緒に生きていくことに……。

注目ポイント

この作品に登場するトキさんは宮崎監督のお母さんがモチーフだ。映画の終盤、トキさんをはじめとするおばあちゃんたちが、あの世のようなところで楽しそうに遊ぶ場面は、当初、延々と絵コンテに描かれていた。最終的に短く調整されたが、そこは、監督がイメージするお母さんがいるあの世だったのかもしれない。

ポスター
『崖の上のポニョ』では2種類のポスターが作られた。どちらもキャッチコピーが入っていない点が珍しい。

■第1弾ポスター。宮崎駿監督のイメージボードをもとにした絵柄で、バケツから覗いているポニョの表情が面白い。

■第2弾ポスター。鈴木敏夫プロデューサーの原案によるもので、ポニョと宗介の出会いの部分が描かれている。

■2008年6月20日、朝日新聞と読売新聞に掲載されたカラー全面広告は、第2弾ポスターの絵に「生まれてきてよかった。」というキャッチコピーが添えられたものだった。

新聞広告
新聞広告は第2弾ポスターのほか、映画の名場面を使ってバラエティに富んだものが作られた。

■ジブリ作品では恒例となったカウントダウン広告は、7月15日から産経新聞に掲載された。

■公開前日の7月18日、日本経済新聞をはじめ各紙に水魚の群れの上を走るポニョをメインビジュアルにした広告が登場した。

112

■ フランス版ポスター。
■ 絵柄の違うフランス版ポスター。
■ イタリア版ポスター。
■ 韓国版ポスター。

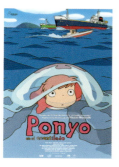

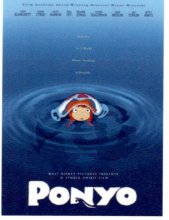

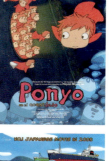
■ オーストラリア版ポスター。
■ 絵柄の違うスペイン版ポスター。

■ スペイン版ポスター。
■ 台湾版ポスター。
■ 北米版ポスター。
■ シンガポール版ポスター。

■ 8月15日の読売新聞の全5段広告には、満員御礼を超える「超満員御礼」の文字とセリフを引用したコピーが付けられた。

■ 夏休みも終わりに近づいた8月29日、朝日新聞、読売新聞の広告には、水中世界の生きものを登場させた夏気分の広告が掲載された。

■ 上映の延長を伝える10月3日の朝日新聞、読売新聞の広告は、勢いのある場面をメインビジュアルにしている。

■ 12月19日、クリスマスシーズンに合わせたデザインの広告が朝日新聞、読売新聞に掲載された。

■ 12月26日の朝日新聞の広告は、主題歌を歌った大橋のぞみと藤岡藤巻のNHK紅白歌合戦出場と、年越しのロングランを喜ぶポニョのビジュアルだ。

制作秘話

2006年2月、宮崎監督は取材旅行でイギリスへ行き、テート・ブリテンでジョン・エヴァレット・ミレイの絵画「オフィーリア」を見て、「自分たちがやりたいと思っていたことが140年以上も前にすでに絵画となっている」と衝撃を受ける。そのことがきっかけとなり、この作品は"精度を上げた爛熟さから素朴さへ"舵を切ることになった。

床下に広がる小人たちの世界。
ジブリ育ちのアニメーター、
米林宏昌の初監督作品

借りぐらしのアリエッティ 2010年

『耳をすませば』(1995年)の近藤喜文、『ゲド戦記』(2006年)の宮崎吾朗に続いて、スタジオジブリから生まれた3人目の新人監督、米林宏昌のデビュー作である。米林監督は1996年に入社。『崖の上のポニョ』(2008年)では、ポニョが水魚と共に地上へ向かうシーンで宮崎監督を唸らせるなど、アニメーターとしての実力に抜き出たものがあり、この抜擢となった。

原作の「床下の小人たち」はイギリスの女性作家、メアリー・ノートンが1952年に発表した子供向けファンタジー。東映動画時代に読んだ宮崎駿は高畑勲と共にアニメーション化を考えたこともあった。四十数年ぶりにジブリ作品として企画が実現し、宮崎駿と丹羽圭子が共同で脚本を担当した。舞台を日本に変更するなどのアレンジが加えられたが、小人たちの名前は原作のままである。また、作品の雰囲気に合っているということで、ジブリ作品では初めて主題歌に海外アーティスト(セシル・コルベル)が起用された。物語の設定はファンタジーながら、人間から"借り"た小物を工夫して生きる小人たちの暮らしが、リアルな生活感をもって描かれている点が見どころだ。小人の少女・アリエッティと人間の少年・翔の初恋にも似た触れ合いを通じて、出会うはずのなかった2つの種族、2つの世界が一時だけ交錯し、また別れていく。別離と旅立ちが重なるラストには、大人へと成長していくアリエッティの希望と同時に、人間に追われて滅んでいく小人たちの運命も感じられて切ない余韻が残る。

ストーリー

小人の少女アリエッティは、父と母と3人で、古い屋敷の床下に住んでいる。「人間に見られてはいけない」というのが小人の掟。アリエッティたちは、生活に必要なものを屋敷の人間に気づかれないように"借り"ながら、ひっそりと暮らしていた。

ある日、屋敷に病気の療養のため翔という少年がやってきた。その夜、父に連れられて初めての"借り"に出かけたアリエッティは、翔に姿を見られてしまう。おまけに、台所で"借り"た角砂糖を落としてしまったのだ。それをきっかけに、アリエッティと翔は少しずつ親しくなっていったが、人間に近づくことは、アリエッティ一家にとって危険なことだった。

公開日:2010年7月17日
上映時間:約94分
© 2010 Mary Norton/Keiko Niwa/Studio Ghibli, NDHDMTW

原作	メアリー・ノートン
脚本	宮崎 駿
	丹羽 圭子
監督	米林 宏昌
企画	宮崎 駿
プロデューサー	鈴木 敏夫
制作	星野 康二
音楽	セシル・コルベル
作画監督	賀川 愛
	山下 明彦
美術監督	武重 洋二
	吉田 昇
色指定	森 奈緒美
映像演出	奥井 敦
主題歌	「Arrietty's Song」
	(歌:セシル・コルベル)
制作	スタジオジブリ
製作	スタジオジブリ
	日本テレビ
	電通
	博報堂DYMP
	ディズニー
	三菱商事
	東宝
	ワイルドバンチ

アリエッティ	志田 未来
翔	神木 隆之介
ホミリー	大竹 しのぶ
貞子	竹下 景子
スピラー	藤原 竜也
ポッド	三浦 友和
ハル	樹木 希林

◆原作:メアリー・ノートン『床下の小人たち』(林容吉 訳・小人の冒険シリーズ1 岩波書店刊)全5巻 (※第5巻のみ猪熊葉子 訳)
◇原語版:1952年~1983年 (原題:The Borrowers)

原作本紹介: イギリス児童文学の先駆者ノートンが"魔力を持たない小人たち"の冒険物語でファンタジーの新境地を拓き、カーネギー賞を受賞した名作。過去に、イギリスBBCほかで幾度も実写化されている。ジブリ作品では舞台が現代日本に翻案されている。

キャラクター

アリエッティ
14歳の小人の少女。古い屋敷の床下で両親とともに暮らしている。明るく元気で、向こう見ずなところがある。

翔(しょう)
12歳の少年。心臓の病気の手術を控え、療養のため母が育った古い屋敷にやってきて、アリエッティに出会う。

ホミリー
アリエッティの母。一家の家事を切り盛りしている。危険な"借り"に出かける夫や、奔放なアリエッティを、いつも心配している。

貞子(さだこ)
翔の祖母の妹(翔の母の叔母)。古い屋敷の家主で、亡き父親から小人を見たという話を聞いていた。穏やかな性格。

スピラー
12歳の小人の少年。自然の中で狩りをしながら、たった1人でたくましく生きている。弓を持ち歩いている。

ポッド
アリエッティの父。生活に必要なものを手に入れるため、床上の人間の家に"借り"に行く。家具や食器などは手作りしている。

ハル
貞子の屋敷に、何年も住み込みで働いているお手伝いさん。好奇心旺盛で、翔の行動を怪しみ、アリエッティたちの家を発見する。

ニーヤ
屋敷の飼い猫で、翔になついている。屋敷の床下に小人がいることを知っている。

キャラクター相関図

小人
助ける → アリエッティ ← 助ける ← 翔 ← 可愛がる → ニーヤ
アリエッティ — 親子 → ポッド ← 夫婦 → ホミリー
翔 — 面倒を見る → 貞子 ← 飼い主 — ニーヤ
ホミリー ← 存在を信じている — 貞子
スピラー — 助ける → ポッド
ハル — 捕まえる → ホミリー
ハル — 仕える → 貞子

■ 小人のアリエッティは、住んでいる古い屋敷の庭で、花や葉っぱを集めるのが大好き。

■ 屋敷の床下の家で、アリエッティはいつも通り父と母とお茶を楽しんでいたが……。

■ 小人の掟に背き、アリエッティは人間の少年と向き合っていた。

■ アリエッティたちは小人の少年スピラーの助けを借り、屋敷を出ていくことになった。

注目ポイント

米林監督は虫が嫌いだ。そのため、この作品に登場する虫たちは、リアルさを追求せず、あえてキャラクターのようにしている。中でもアリエッティにとって友達であるカマドウマは親しみやすく描かれた。

115

ポスター

『借りぐらしのアリエッティ』のポスターは1枚のみで、劇場に飾るバナー（垂れ幕）が初めて宣伝に使われた。

■ 劇場用ポスター。葉陰から見えるアリエッティの赤い服と周囲の緑のコントラストが鮮やかだ。雨露の表現も美しい。

劇場バナー

■ 翔が住んでいる屋敷の背景画を使ったバナー。縦1.8m、横10.5mという、かなり大きな横断幕だ。

新聞広告

公開前のビジュアルはポスターを使い、公開に合わせてアリエッティのいろいろな表情を見せる広告が作られた。

■ 2010年6月11日、朝日新聞にポスターのビジュアルで、カラー全面広告が掲載された。

■ 7月23日の朝日新聞、読売新聞の広告では、公開前日から登場したポニーテールのアリエッティの絵が引き続きメインビジュアルに使われている。

■ 8月6日の朝日新聞、読売新聞の広告など、主題歌を歌うセシル・コルベルの写真が入ったビジュアルも作られた。

■ 韓国版ポスター。

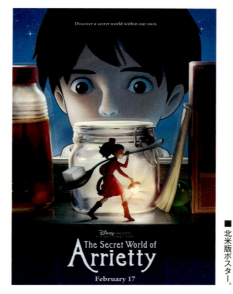
■ 北米版ポスター。

■ イタリア版ポスター。

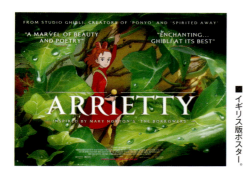
■ イギリス版ポスター。

■ 台湾版ポスター。

■ 8月13日の朝日新聞、読売新聞など夏に掲載された広告には、納涼、お盆といった季節のワードがコピーに登場している。

■ 9月17日の朝日新聞、読売新聞の全5段広告はアリエッティの後ろ姿という思い切ったビジュアルだ。ほかに米林監督のイメージボードを使った広告も作られた。

■ 8月27日の朝日新聞や読売新聞など、後期の広告では劇中の印象的な場面がメインビジュアルになっている。

制作秘話

『紅の豚』以降、ジブリ作品のほぼ全ての撮影監督を務める奥井敦が、この作品の背景の見せ方でこだわったことの一つに、ボカしがある。アリエッティたちが暮らす屋敷の庭で、カメラがアリエッティに寄ると、必然的に背景はボケなければならない。そのため、意図的に背景をボカした演出が行われたのだ。

117

1960年代の高校生たちがくり広げる明るく前向きな青春の日々

コクリコ坂から　2011年

　宮崎吾朗監督が手がけた2作目の劇場作品で、デビュー作の『ゲド戦記』（2006年）から一転してファンタジー要素のない青春物語である。原作コミック（画・高橋千鶴、原作・佐山哲郎）は1980年頃の物語だが、脚本を担当した宮崎駿（丹羽圭子と共作）は高度経済成長時代の1963年（昭和38年）に変え、舞台も具体的に横浜に設定した。この頃の日本は戦後めざましい復興を遂げ、高度経済成長と大量消費社会が本格化していた。その一方で終戦から18年が経っていたものの、戦争の影響や記憶はまだいろいろな面で残っていた。そうした時代を物語の背景に据えたいという制作意図によるものである。

　主人公である海と俊の家庭には両親たちが体験した太平洋戦争や、その後の朝鮮戦争が大きな影を落としている。2人は好意を寄せ合いながら、お互いの出生をめぐって悩む。しかし、劇中の俊のセリフにもある「まるで安っぽいメロドラマだ。」のような部分を深刻に強調するのではなく、主眼はあくまで2人を中心にして伸び伸びと成長していく若者たちの群像を描くことにあった。その意味で、明朗快活な青春映画の面白さにあふれた作品になっている。現在では珍しくなった、自転車の2人乗りやガリ版印刷の学校新聞、学生集会のコーラス、大掃除の場面の男子と女子の微妙な距離感など、ディテール豊かな学校生活の描写が楽しい。ある世代には懐かしく、今の人たちには逆に新鮮に感じられるだろう。

公開日：2011年7月16日
上映時間：約91分
© 2011 Chizuru Takahashi, Tetsuro Sayama/Keiko Niwa/Studio Ghibli, NDHDMT

原　　　作	高橋千鶴 佐山哲郎
脚　　　本	宮崎駿 丹羽圭子
監　　　督	宮崎吾朗
企　　　画	宮崎駿
プロデューサー	鈴木敏夫
制　　　作	星野康二
音　　　楽	武部聡志
キャラクターデザイン	近藤勝也
美術監督	吉田昇 大場加門 高松洋崇 大森敦
撮影監督	奥井敦
主題歌	「さよならの夏 ～コクリコ坂から～」（歌唱：手嶌葵）
挿入歌	「上を向いて歩こう」（歌唱：坂本九）
制　　　作	スタジオジブリ
製　　　作	スタジオジブリ 日本テレビ 電通 博報堂DYMP ディズニー 三菱商事 東宝

松崎海	長澤まさみ
風間俊	岡田准一
松崎花	竹下景子
北斗美樹	石田ゆり子
広小路幸子	柊瑠美
松崎良子	風吹ジュン
小野寺善雄	内藤剛志
水沼史郎	風間俊介
風間明雄	大森南朋
徳丸理事長	香川照之
松崎空	白石晴香
松崎陸	小林翼
澤村雄一郎	岡田准一
牧村沙織	増岡裕子

ストーリー

　1963年、戦後の復興を遂げた日本は、翌年に東京オリンピックを控え、高度経済成長と呼ばれる時代を迎えていた。物語の舞台は、そんな時代の横浜。丘の上の下宿屋「コクリコ荘」に暮らす高校2年生の松崎海は、幼い頃に海で亡くなった父を思い、毎朝「安全な航行を祈る」という意味の信号旗をあげている。海と同じ高校の3年生、風間俊は、毎朝その旗を見て返礼旗をあげていた。

　学校では「カルチェラタン」と呼ばれる、文化部の部室が集まる古いが由緒ある建物の取り壊しの話があり、文芸部の俊は「週刊カルチェラタン」という校内紙を作り、反対運動をしていた。海もガリ切りを手伝ううち、海と俊は、お互いに好意を抱くようになるのだが……。

原作本紹介

◆**原作：高橋千鶴 画・佐山哲郎 原作『コクリコ坂から』**（講談社刊）全2巻（角川書店刊）

「なかよし」1980年1月号～1980年8月号に連載された。当時の流行りの少女漫画らしい絵柄と表現であるものの、内容は「なかよし」読者層にはやや大人っぽい青春ドラマだ。ジブリ作品では物語の骨子を残しつつ、設定を大胆に改変している。

キャラクター

松崎 海（まつざき うみ）
港南学園の高校2年生。妹と弟の世話から下宿屋「コクリコ荘」の切り盛りまでこなす、しっかり者。フランス語の「海」にちなんで、あだ名は「メル」。

風間 俊（かざま しゅん）
港南学園の高校3年生。文芸部の部長で、文化部の部室が集まる「カルチェラタン」と呼ばれる古い建物の取り壊しに反対している。

松崎 花（まつざき はな）
海の祖母。松崎家の家長として3人の孫たちを見守り、いまだに父を思って旗をあげている海を心配している。

松崎 空（まつざき そら）
海の妹。港南学園に通うおしゃれに気を配る高校1年生。風間に憧れ、海と一緒にカルチェラタン編集部を訪れる。

松崎 陸（まつざき りく）
海の弟。松崎家の長男で、中学2年生。コクリコ荘唯一の男子で、皆から可愛がられている。広小路と仲が良い。

北斗美樹（ほくと みき）
コクリコ荘の下宿人。港南学園の卒業生で、25歳の研修医。姉御肌で、海にとっては頼りになる存在。

広小路幸子（ひろこうじ さちこ）
コクリコ荘の下宿人。貧乏画学生で、夜遅くまで絵を描いている。

牧村沙織（まきむら さおり）
コクリコ荘の下宿人。横浜の外国領事館に勤める。流行に敏感で、空とファッションや異性関係の話をよくする。

松崎良子（まつざき りょうこ）
海の母。大学の英米文学の助教授で、アメリカに留学中。海の父の澤村雄一郎と駆け落ちしてまで結婚した行動力のある女性。

澤村雄一郎（さわむら ゆういちろう）
海の父。友人の子の俊を引き取り、戸籍上の父となった後、戦車揚陸艦の船長として朝鮮戦争で輸送任務中に死亡。

小野寺善雄（おのでら よしお）
高等商船学校時代に、若くして亡くなった俊の実父や、海の父と同級生だった船乗り。

水沼史郎（みずぬま しろう）
港南学園の高校3年生。生徒会長を務める秀才。俊とともにカルチェラタンの取り壊しに反対している。

風間明雄（かざま あきお）
俊の養父。タグボートの船長をしている。ぶっきらぼうだが、家族を愛している。

徳丸理事長（とくまる）
徳丸財団を率いる実業家であり、港南学園の理事長。様々な事業で活躍する一方、若者が育つ機会を作ってやりたいと思っている。

キャラクター相関図

■ 高校2年生の海は、亡くなった父を思い、毎朝「安全な航行を祈る」意味の信号旗をあげる。同じ高校の先輩から返礼旗があがっているとも知らずに……。

■ ある日、海は学校で、海に返礼旗をあげていた先輩・風間俊と出会い、惹かれ合う。

■ 海と俊は、実は兄妹ではないか、という疑惑が持ち上がる。

■ 2人は真実を知るため、過去を知る小野寺を訪ねることに……。

注目ポイント

徳丸理事長というキャラクターは、2000年に逝去した徳間書店の創業者・徳間康快をモデルにしたキャラクターを登場させたいという宮崎駿の思いから生まれた。徳間康快は、ジブリを生み出し、宮崎駿が世に出ることを支えた人物で、逗子開成学園の理事長を務めていた。これは宮崎駿の徳間社長への感謝と供養の表れといえる。

ポスター

『コクリコ坂から』のポスターは2種類で、劇中に流れる坂本九のヒット曲のタイトルがキャッチコピーに使われた。

■ 第2弾ポスター。映画の公開中に作られたもので、ヒロインの海と亡き父親の再会シーンを思わせるビジュアルが描かれた。

■ 第1弾ポスター。企画と脚本を担当した宮崎駿のイメージイラストを使っている。キャストや公開日の文字がない、タイトルのみのバージョンもある。

新聞広告

当初はポスターのビジュアルを使い、公開後は海をはじめキャラクターを中心にした広告が作られた。

■ 7月22日の朝日新聞、読売新聞の全5段広告などでは、キャッチコピーにちなんだ海の明るい横顔を場面から切り抜いて使っている。

■ 7月29日、朝日新聞、読売新聞の広告にはキャラクターデザインの近藤勝也が描いたラフスケッチが使われた。宮崎駿の企画のための覚書の一節がコピーとして使われている。

■ 新聞広告は2011年6月24日の朝日新聞、読売新聞のカラー全面広告からスタートした。宮崎吾朗監督の名前をアピールした宣伝コピーが付いている。

■ フランス版ポスター。

■ イタリア版ポスター。

■ 香港版ポスター。

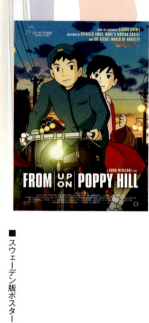
■ 北米版ポスター。

■ イギリス版ポスター。

■ 台湾版ポスター。

■ スウェーデン版ポスター。

■ 8月12日の読売新聞、朝日新聞の2紙では、場面の切り抜きでメインキャラクターを並べた広告ビジュアルが作られた。

■ 9月2日の朝日新聞、読売新聞の広告では、上映期間が延長されたことを大きく告知している。毛筆のコピーの字は鈴木敏夫プロデューサーが書いている。

■ 9月9日の朝日新聞と読売新聞の広告は、貨物船に飛び移る場面を使って、俊の格好良さを印象づけている。

■ 9月は3連休になる週末が2回あり、9月16日と9月22日の朝日新聞、読売新聞などにそれを強調した広告が掲載された。10月7日には徳丸理事長が登場する3連休広告も作られた。

制作秘話

2011年3月11日、東日本大震災が起こった。それは、この作品の制作最後の追い込み時期だった。原発事故の影響で計画停電が行われ、現場をどうするかが問題となった。その時、宮崎駿の、こういう時こそ、現場は離れちゃだめだ！ 多少無理してでもやるべしといった励ましにより、現場はシフトを組んで続けられた。

■パンに目玉焼きをのせたパズーの朝食。シータと2人分なので目玉焼きも半分ずつだ。

■パンを食べながら互いの身の上話をする2人。

『天空の城ラピュタ』
追っ手から逃れて廃坑の奥に隠れたパズーは、鞄の中から朝食に作った目玉焼き乗せパンを取り出す。2人がかじりつくと、目玉焼きだけスルスル口の中へ入ってしまう描写は思わず真似をしたくなる。デザートの青リンゴと飴玉もパズーの鞄から出てきた。

『おもひでぽろぽろ』
タエ子の子供時代、家族で初めてパイナップルを食べたエピソードが登場する。父親が銀座の高級店で買ってきたものの、誰も食べ方がわからず、しばらく飾っておくことになる。かつてはバナナやメロンも、同じように珍しがられた時代があった。

ジブリが描く "食べる"

ジブリ作品で特に話題になるのが、劇中に登場する食べ物の数々だ。ファンの間では"ジブリ飯"とも呼ばれ、レシピを研究している人もいる。もっとも、パンとチーズと卵にフライパンがあれば作れそうなものもある。手間とお金をかけた豪華な料理ではなく、手軽にすばやくというところがジブリのキャラクターの親しみやすさにも通じている。料理とそれを食べる描写は、時には作品の世界観や時代背景の表現につながる重要な要素でもあるのだ。

■居候の兄妹は食事でも差別される。

■ドロップの溶液を真剣に見つめる節子。

■兄妹は池のほとりの横穴壕で生活を始める。

『火垂るの墓』
戦争が長引き、悪化する一方の食糧事情が人々を苦しめる。食べることは生きる力の源であり、それを奪われた兄と妹はしだいに追いつめられていく。甘い物が貴重だった時代、ドロップの缶に水を入れて残ったかけらを溶かして飲む場面はあまりに切ない。

『千と千尋の神隠し』
油屋で作られる料理は、疲れを癒やしに来た神様たちをもてなすためのものだ。人間が勝手に食べると千尋の両親のように動物になってしまう。ハクがくれたおにぎりや、リンと一緒に食べたあんまんのような素朴な味が、千尋には何よりのごちそうである。

■カオナシに出す料理作りで大忙しの厨房。

■ハクのおにぎりには元気になるおまじないがかけてある。

■リンがくれたあんまんを食べる千尋。右手には、河の神からもらった浄化の力があるダンゴが握られている。

■ハイタカをもてなしたテナーのスープ。

■ある日のテナーの家の夕食。

■黒パンにチーズをのせたお昼ご飯。

『ゲド戦記』
異世界を舞台にしたファンタジーでも、その住人たちは普通に生活している。主人公アレンがハイタカとともに暮らし始めたテナーの家では、温かなスープやミルクとオートミールの朝食が出る。農作業の合間に食べる、チーズ乗せパンも美味しそうだ。

■ハムと卵、ネギを添えた即席ラーメン。

■久しぶりのちゃんとした朝食に夢中のマルクル。

■溶岩のような見た目の辛さ10倍カレー。

■喜ぶポニョを見て宗介も嬉しい。

■卵を割り入れ、殻を火に放り込む動きが鮮やかだ。

■激辛カレーに挑戦するギブリーズの3人。

『崖の上のポニョ』

宗介の母親リサが宗介とポニョのために用意したのは、お湯をかけるだけでできる即席ラーメンと蜂蜜入りのホットミルクだ。ラーメンにはポニョの大好物のハムが添えてある。ラーメンを食べているうちに眠くなってしまうポニョが可愛い。

『ハウルの動く城』

住み込みの家政婦になったおばあちゃんソフィーの前で、ハウルは手際よく厚切りベーコンエッグを作る。マルクルの豪快な食べっぷりからも美味しさがわかる。ハウルが片手割りした卵の殻は、そのまま火の悪魔カルシファーの食べ物（燃料）になった。

『ギブリーズ episode2』

最初のエピソード「カレーなる勝負」に、見るからに辛そうな辛さ10倍カレーが登場した。スタジオジブリの社員3人が昼食に訪れたカレー屋で、職人気質の店主と対決する。見事に完食して賞金1000円を手に入れたゆかりさんは、なぜか地球を何周もしてしまう。

『魔女の宅急便』

キキが親切な老婦人から依頼された孫への届け物は、パイ生地を使ったニシンとカボチャの包み焼きだ。薪を燃やす古いかまどで作るのを手伝い、雨の中を苦労して届けたが、相手の反応は冷たかった。おまけに風邪を引いてしまい、さんざんである。

『レッドタートル ある島の物語』

ウミガメは女の姿になり、男に貝の身を食べさせてくれた。男は自分の邪魔をしたウミガメを痛めつけたことを恥じ、しだいに女に惹かれていく。2人は結ばれ、島に新しい命が誕生した。3人の暮らしが始まり、やがて男の死まで物語は続いてゆく。

『思い出のマーニー』

ジブリ作品に出てくる野菜や果物は、質感までリアルに再現されている。杏奈が大岩家の菜園で収穫したトマトはその一例だ。みずみずしいトマトの輝きは料理のシーンに続き、徐々に変化していく杏奈の心境を感じさせるものになっている。

『風立ちぬ』

二郎が買ってきたシベリアを見て、同僚の本庄が「妙なものを食うなあ。」と感想をもらす。カステラで餡子や羊羹を挟んだ日本独特のお菓子だ。茶漉しで紅茶を淹れる光景も、ティーバッグが一般化する以前は、ごく普通に家庭で見られた。

『借りぐらしのアリエッティ』

床下で暮らす小人たちは、人間の食卓から材料を借りてきて調理している。お茶やチーズやパンなど、基本的には人間と同じものである。ただし、スピラーのように野生に暮らす一族は、狩りで昆虫や小動物を捕まえて食料にしている。

『コクリコ坂から』

海がお肉屋さんで買い物をしている間に、俊がコロッケを買って2人で食べる。学校帰りの買い食いは食べ盛りの年頃の特権で、高校生のありふれた日常だ。デートでも何でもない、さりげない場面が2人に淡い初恋が訪れることを予感させる。

実在の人物を主人公に、史実と空想を織りまぜた宮崎駿監督の新たな世界

風立ちぬ　　　2013年

　旧日本海軍の戦闘機「零戦」の設計者である堀越二郎をモデルにして、関東大震災、昭和恐慌から太平洋戦争へと至る激動の時代に生きた日本人の姿を描いた作品である。『紅の豚』と同じく模型雑誌に連載された宮崎監督自身の原作をふくらませたもので、堀辰雄の恋愛小説「風立ちぬ」をもう一つのモチーフにしている。設定や物語は史実に沿いながら、少年時代の二郎が奇妙な飛行物体の編隊と遭遇したり、尊敬するイタリアの飛行機設計家カプローニと話したりするシーンなど、夢や妄想の描写も随所に登場する。そのため、これまでの宮崎作品のようなファンタジーとも、一般的な人物の伝記物語とも違う、それらが入りまじった独特の雰囲気を感じさせる。

　二郎とヒロイン・菜穂子の恋愛、結婚と死別を描いた内容そのものもジブリ作品では異色だが、公開時にあえてモノラル音声を採用したのをはじめ、音響面でも意外な試みがなされている。飛行機のエンジン音やプロペラの回転音、地震の地鳴りといった効果音の多くは、なんと人間が声マネしたものを加工して使っているのだ。また二郎の声には、映画監督・庵野秀明を抜擢し、トーマス・マン「魔の山」からの引用とともに登場する謎の人物カストルプには、以前ジブリの海外事業部取締役部長だったスティーブン・アルパート（キャラクターのモデルも本人）を起用するといった具合に、既成の効果音や演技にとらわれない工夫の数々が新鮮な魅力を生み出している。

公開日：2013年7月20日
上映時間：約126分
© 2013 Hayao Miyazaki/Studio Ghibli, NDHDMTK

原作・脚本・監督	宮崎　駿
プロデューサー	鈴木敏夫
制作	星野康二
音楽	久石　譲
作画監督	高坂希太郎
美術監督	武重洋二
色彩設計	保田道世
撮影監督	奥井　敦
主題歌	「ひこうき雲」 （歌：荒井由実）
制作	スタジオジブリ
製作	スタジオジブリ 日本テレビ 電通 博報堂DYMP ディズニー 三菱商事 東宝 KDDI

堀越二郎	庵野秀明
里見菜穂子	瀧本美織
本庄	西島秀俊
黒川	西村雅彦
カストルプ	スティーブン・アルパート
里見	風間杜夫
二郎の母	竹下景子
堀越加代	志田未来
服部	國村隼
黒川夫人	大竹しのぶ
カプローニ	野村萬斎

ストーリー

　大正から昭和へ、1920年代の日本は、不景気と貧乏、病気、そして大震災と、生きるのに大変な時代だった。そんななか、堀越二郎は有名な飛行機設計家カプローニに憧れ、美しい飛行機を作りたいという、少年時代からの夢に向かって歩んでいた。
　大学を卒業した二郎は、三菱内燃機に就職し、飛行機の設計を手がけるようになった。そして30歳になったとき、休養のために訪れた軽井沢のホテルで、10年前の関東大震災のときに出会った少女、菜穂子と再会する。2人は惹かれ合い、婚約するが、菜穂子は結核という病に冒されていた。菜穂子の病が癒えぬまま2人は結婚し、ともに過ごせる残り少ない日々を精一杯生きようとするのだった。

原作本紹介　　●原作：宮崎駿　『風立ちぬ - 宮崎駿の妄想カムバック』（大日本絵画刊）
模型雑誌「モデルグラフィックス」（大日本絵画刊）に、2009年4月号〜2010年1月号まで連載された、全9話からなる宮崎駿監督による漫画。劇場公開後の2015年に大日本絵画により単行本が刊行された。

キャラクター

堀越二郎（ほりこしじろう）
子供の頃から飛行機に憧れていたが、視力が弱かったためパイロットをあきらめて、飛行機の設計家を目指し、三菱内燃機式会社の設計課に就職する。

里見菜穂子（さとみなほこ）
関東大震災のとき、大学生だった二郎と同じ汽車に乗り合わせた。ずっと音信不通だったが、軽井沢で運命の再会を果たす。美しく聡明な女性。

キャラクター相関図

カプローニ
二郎が尊敬しているイタリアの天才飛行機設計家。モデルとなる人物は実在しており、斬新な飛行機を設計している。夢を通じて二郎に出会い、彼の人生を導く。

本庄（ほんじょう）
二郎の親友。東京帝国大学工学部航空学科で学び、二郎と同じく三菱内燃機に就職。飛行機の設計を手がける。仕事上ではよきライバルでもある。

黒川（くろかわ）
三菱内燃機での二郎の上司。仕事には厳しいが、二郎の実力を認めて公私ともに世話を焼き、二郎と菜穂子の新居として家の離れを貸す。

黒川夫人（くろかわふじん）
黒川の妻。夫を支え、二郎と菜穂子を快く受け入れる。

里見（さとみ）
菜穂子の父。2年前に妻を結核で亡くし、菜穂子の体を案じている。

服部（はっとり）
二郎が働く三菱内燃機設計課の課長。黒川とともに、若い二郎や本庄の仕事に期待している。

二郎の母（じろうのはは）
上品で、たおやかな女性。二郎を優しく見守っている。

堀越加代（ほりこしかよ）
二郎の7歳下の妹。おてんばで、幼い頃から二郎を慕う「ニイ兄さま」と呼んでいる。自立心が強く、医者になった。

カストルプ
二郎が軽井沢のホテルで出会った謎めいたドイツ人。国際情勢に詳しく、日本やドイツの行く末を案じている。

■ 少年・堀越二郎は、夢の中でイタリアの飛行機設計家カプローニと出会い、さまざまな助言を受ける。

■ 30歳になった二郎は、休養で訪れた軽井沢のホテルで里見菜穂子と恋に落ち、結婚を決意した。

■ 菜穂子は、結核を患ったまま、黒川夫妻の家で結婚式を行い、そのまま離れで二郎と暮らし始める。

■ 二郎は自分が作った飛行機で空を飛ぶ夢を見ていた少年の頃のように、飛行機作りに夢中になっていく。

注目ポイント

二郎の夢の中に現れるイタリアの飛行機設計家であるカプローニが作った飛行機にCa.309という軍用偵察機がある。愛称は「GHIBLI」=ジブリ（ギブリ）だ。スタジオジブリという名前は、カプローニが設計した飛行機からきている。宮崎監督のカプローニへの愛が感じられる。

ポスター

『風立ちぬ』のポスターの「堀越二郎と堀辰雄に敬意を込めて。生きねば。」というキャッチコピーには、堀越二郎と堀辰雄に対する、制作側の尊敬の念が感じられる。

■ 第1弾ポスターはヒロイン、菜穂子をメインとしている。

■ 第2弾ポスターでようやく、主人公は堀越二郎であり、飛行機が大きなテーマの一つであることが明かされた。

■ ノルウェー版ポスター。

■ スウェーデン版ポスター。

■ 香港版ポスター。

■ 台湾版ポスター。

新聞広告

ポスターの絵柄を使ったものに始まり、大人の恋愛ドラマ、個性豊かな登場人物を使ったもの、夢見る少年と遊び心ある広告が掲載された。

■ 公開約1ヵ月前の2013年6月28日に朝日新聞と読売新聞に掲載された全面カラー広告は、宮崎駿監督の企画書の全文が載ったインパクトのあるものだった。この広告は、7月18日の産経新聞にも掲載されている。

■ 公開から約2週間後の8月2日、朝日新聞掲載の広告は、二郎と菜穂子の仲睦まじい場面カットを使い、「生きているって素敵ですね。」という希望あふれるコピーになった。

■ 8月9日、朝日新聞と読売新聞に掲載されたのは、カプローニとカストルプをメインに、楽しげな様子を前面に押し出したものだった。

■ スタジオジブリ作品でよく見られるカウントダウン広告。公開4日前の7月16日から産経新聞でカプローニ、本庄、黒川、菜穂子、二郎とキャラクターの魅力を推して盛り上げた。

■ スペイン版ポスター。
■ イタリア版ポスター。
■ イスラエル版ポスター。
■ ポーランド版ポスター。

■ イギリス版ポスター。
■ 韓国版ポスター。
■ オーストラリア版ポスター。

■ 少年二郎をメインにした8月16日の朝日新聞、読売新聞に掲載された広告では、「観客動員500万人突破!」とベネチア国際映画祭への出品報告がなされている。

■ 10月25日に朝日新聞、読売新聞に掲載されたヒロインである菜穂子の花嫁姿をメインにした広告は、その美しさが目を引いた。

■ 8月23日から9月27日頃までに多く見られたのは、この二郎の顔をアップにした広告だった。これは9月13日に朝日新聞と読売新聞に掲載されたものだ。

■ 11月1日の朝日新聞、読売新聞に掲載された広告は、宮崎駿監督と鈴木プロデューサーの写真と二郎、菜穂子、カプローニたちを合わせた面白いものだった。

制作秘話

この作品は実在した人物がモデルで、描かれる時代や舞台は七十〜九十数年前の日本が主だ。そのため、制作が始まるとすぐにデッサン講習が実施され、アニメーターは和服の描き方などを改めて学び、美術スタッフは古い街並みで知られる愛媛県喜多郡内子町でデッサン合宿を行った。

あまりにも有名な古典を現代に甦らせた高畑勲監督の意欲作

かぐや姫の物語　2013年

日本最古の物語といわれる「竹取物語」のアニメーション化で、8年の歳月をかけて完成した大作だ。監督の高畑勲は東映動画時代、この原作のアニメーション企画用のプロット募集のために企画書を書いた。その時「かぐや姫はなぜ、何のために月から地上に降りてきたのか」と考え、映画として魅力的な設定を思いつく。それから半世紀が過ぎて改めてその設定を見直し、映像化に取り組んだのである。物語はかぐや姫に求婚する貴公子たちをはじめ原作のエピソードを中心に展開するが、前半の少女時代の山の生活のようなオリジナル部分もじっくり描かれている。誰もが知っているストーリーにもかかわらず、かぐや姫と捨丸の悲恋や女童たちサブキャラクターが生む笑いなど、新たな見どころが満載の作品である。

技術的には前作『ホーホケキョ となりの山田くん』(1999年)で実践した手法をさらに発展させて、セルと背景を重ねた従来のアニメーションとは異なる映像を追究している。鉛筆で描いたスケッチのような線を生かしたキャラクターと、省略された淡彩の美術背景が一体化し、1枚の絵として動く。そうした高畑監督が理想とする表現の実現のため、『ホーホケキョ となりの山田くん』でも組んだアニメーターの田辺修、16年ぶりに美術監督に復帰した男鹿和雄ほか、ジブリの優れたスタッフが力を発揮している。

なお、高畑監督は公開から5年後に亡くなり、残念ながらこれが遺作となった。

公開日：2013年11月23日
上映時間：約137分
© 2013 Isao Takahata, Riko Sakaguchi/Studio Ghibli, NDHDMTK

原　　作	「竹取物語」
原　　案	高畑　勲
脚　　本	高畑　勲
	坂口理子
監　　督	高畑　勲
企　　画	鈴木敏夫
プロデューサー	西村義明
制　　作	星野康二
音　　楽	久石　譲
人物造形・作画設計	田辺　修
作画監督	小西賢一
美　　術	男鹿和雄
色　指　定	垣田由紀子
撮影監督	中村圭介
主　題　歌	「いのちの記憶」
	(唄：二階堂和美)
劇中歌	「わらべ唄」
	「天女の歌」
制　　作	スタジオジブリ
製　　作	スタジオジブリ
	日本テレビ
	電通
	博報堂DYMP
	ディズニー
	三菱商事
	東宝
	KDDI

ストーリー

昔々、竹取の翁(おきな)と媼(おうな)という老夫婦がいた。竹取の翁の仕事は、山で竹をとって籠などを作ること。ある日、翁が竹林で見つけた光る竹から女の子が生まれた。翁と媼は「天からの授かりもの」と喜び、女の子を「姫」と呼んで、大切に育てた。不思議なことに姫はまたたくまに成長し、1年もしないうちに美しい娘になった。

翁は姫を高貴の姫君として育てるため、都に移り住んだ。姫の美しさは評判となり、光り輝くような美しさから「かぐや姫」と呼ばれ、何人もの貴公子が求婚に訪れた。だが、かぐや姫は無理難題を押しつけて応じようとしない。じつは、かぐや姫は、月から地上に降ろされた月の世界の住人だったのだ。

かぐや姫	朝倉あき
捨丸	高良健吾
翁	地井武男
媼・語り	宮本信子
相模	高畑淳子
女童	田畑智子
斎部秋田	立川志の輔
石作皇子	上川隆也
阿部右大臣	伊集院光
大伴大納言	宇崎竜童
御門	中村七之助
車持皇子	橋爪功
(翁)	三宅裕司
北の方	朝丘雪路
炭焼きの老人	仲代達矢

◆原作：『竹取物語』　※成立年・作者ともに未詳

平安時代初期に書かれ、「源氏物語」の中で"物語の祖"と称される古典文学。日本最古のSFファンタジーとも言われる。川端康成、田辺聖子、星新一、江國香織、森見登美彦らが書き手となって、個性あふれる現代語訳を執筆し、出版されている。

キャラクター

かぐや姫
竹から生まれた女の子。山里でのびのび育ち、どんどん大きくなることから、子供たちに「タケノコ」と呼ばれる。美しく成長して都で暮らすようになる。

キャラクター相関図

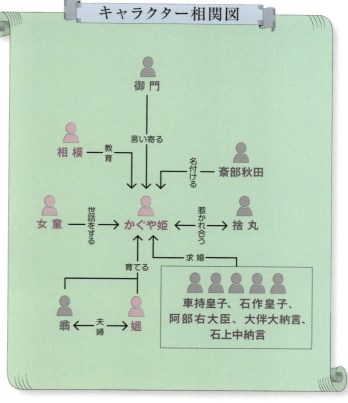

捨丸（すてまる）
かぐや姫の幼なじみ。村の子供たちのなかでは一番歳上の兄貴分。かぐや姫は「捨丸兄ちゃん」と呼んでいる。

翁（おきな）
嫗とともに、赤ん坊だったかぐや姫を育て、我が子のように可愛がる。都で身分の高い男性と結婚することが姫の幸せだと信じている。

嫗（おうな）
翁の妻。やさしい性格で、かぐや姫の気持ちを大切にしてくれる、姫のよき理解者。

相模（さがみ）
翁が宮中から呼び寄せた、かぐや姫の教育係。琴や手習い（習字）をはじめ、高貴な姫君の礼儀作法を教える。

女童（めのわらわ）
都で暮らすかぐや姫の身の回りの世話をする少女。

斎部秋田（いんべのあきた）
翁が頼んで、姫の名付け親になってもらった教養のある老人。姫の美しさに感動して「なよ竹のかぐや姫」と名付ける。

■ 年頃になったかぐや姫は、幼なじみの捨丸に好意を持つようになる。

■ 娘を高貴の姫君にしようとする翁の想いで都に移ると、姫は綺麗な着物と立派なお屋敷に大喜びするのだが……。

車持皇子（くらもちのみこ）　石作皇子（いしづくりのみこ）　阿部右大臣（あべのうだいじん）　大伴大納言（おおとものだいなごん）　石上中納言（いそのかみのちゅうなごん）
かぐや姫の求婚者たち。いずれも身分の高い貴公子だが、姫に、この世のどこかにあるという宝物を持ってきてほしいと難題を出される。

御門（みかど）
この国一番の権力者。かぐや姫の噂を聞いて、自分の許に参りたいと願っているに違いないと思いこんで、姫を宮中に呼び寄せようとする。

■ 高貴の姫君になるため、礼儀作法などを学ぶうち、姫は都での生活に息苦しさを覚える。

■ いつしか心の内で「月に帰りたい」と願った姫は、月からの迎えを受け入れざるを得なくなる。

注目ポイント

かぐや姫と捨丸の飛翔シーンは、高畑監督がこだわったカットの一つだ。
月をバックに２人が飛ぶシーンで、地球の素晴らしさを表現するために、このシーンの前までは、あまり空を描かないようにした。

ポスター

『かぐや姫の物語』では3種類のポスターが作られた。いずれも主人公の姫の姿を描いたものだ。

■ 第1弾ポスター。制作が遅れて公開日が変更されたため、日付の表記が異なる3つのバージョンがある。

■ 第2弾ポスター。幸せそうに眠る姫を描いた第1弾から一転して、雪の上に倒れ込んだ痛々しい姿で作品の雰囲気を表現している。

■ 第3弾ポスター。桜の木の下で喜ぶ姫の場面を使用している。

新聞広告

新聞広告には第3弾ポスターなど、明るいイメージの姫の絵が多く使われた。

■ 2013年11月1日、朝日新聞、読売新聞のカラー全15段広告を筆頭に、第1弾広告が大々的に掲載された。

■ 公開前日、11月22日には毎日新聞、東京新聞、産経新聞、日本経済新聞、上毛新聞など各紙にモノクロ広告が掲載された。

■ 11月29日の朝日新聞、読売新聞にもカラー広告が登場した。宣伝コピーを「〜姫がっ！」で統一したものが、いくつも作られている。

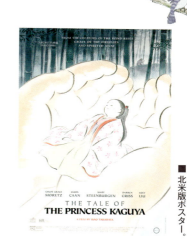

■ イタリア版ポスター。

■ 台湾版ポスター。

■ 北米版ポスター。

■ 香港版ポスター。

■ スペイン版ポスター。

■ ブラジル版ポスター。

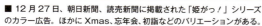

■ 12月27日、朝日新聞、読売新聞に掲載された「姫がっ！」シリーズのカラー広告。ほかにXmas、忘年会、初詣などのバリエーションがある。

■ 1月17日、朝日新聞、読売新聞の両紙に日本アカデミー賞優秀アニメーション作品賞の受賞を知らせる広告が掲載された。

■ 2014年1月10日の朝日新聞、読売新聞の広告は、日本テレビの人気番組「1億人の大質問!?笑ってコラえて！」とコラボした内容。

■ 1月31日の朝日新聞と読売新聞の広告は、入場料が安くなる毎月1日の「映画の日」に合わせたコピーが付けられた。

制作秘話

都で、姫の身の回りの世話をする侍女・女童は、設定では姫と同年代とされている。当初は侍女として、年頃の女の子として描かれていたが、高畑監督の意向で、前髪、目、口が全て水平になった。このキャラクターを高畑監督は非常に面白がり、当初より出番が増えている。

ジブリ映画の音楽は『風の谷のナウシカ』のイメージアルバムから始まった。

賀来タクト（映画・音楽評論家）

イメージアルバム＝本編音楽のたたき台

ジブリ作品は個性豊かな音楽に彩られている。音楽があってこそ、その魅力をさらに輝かせている作品が大半だろう。各劇音楽に作曲家として携わっているのは、主題歌担当を除いても、総じて十数人に及ぶ。そこに共通の手法、作風を見つけ出そうとしても答えは出てこない。ただ、それぞれの音楽が生まれた流れをたどることで、ある種のアイデンティティーを確認することは可能だろう。

ジブリ映画の音楽宇宙の起源を探るなら、1983年11月25日に徳間ジャパン（現・徳間ジャパンコミュニケーションズ）から発売された『風の谷のナウシカ　イメージアルバム　鳥の人…』に行き着く。同アルバムの内容を高畑勲が評価し、宮﨑駿の了承のもと、映画本編の音楽担当に久石譲を招いたことから、ジブリ映画の音楽は本格的にその歴史の歩みを始めたとしていい。

そもそも、久石に『風の谷のナウシカ』のイメージアルバム制作を提案したのは高畑である。当時、ソロアルバム『INFORMATION』（1982年10月25日発売）を徳間音楽工業（徳間ジャパンの前身）で制作して間もない久石は、同レーベルから推薦する声があったとはいえ、音楽家としてはまだまだ新進気鋭の存在。本当に作品に適した作曲家なのかどうか。独自に久石の経歴を調べ、本人との面談まで果たして可能性こそ感じていた高畑にとって、同イメージアルバムの制作は一種の最終確認的な意味合いがあったといっていい。それがいかに納得の行く内容であったかは『風の谷のナウシカ』本編の音楽に瞭然である。

次作『天空の城ラピュタ』でも、久石は再びイメージアルバムの制作を高畑に依頼されている。ただし、前回と異なったのは、当初から本編の音楽担当を務めることが前提でのアルバム制作だったこと。久石にとっては、いよいよ高畑、宮﨑から信頼を獲得した格好となったわけであり、同時にそれはイメージアルバム＝「本編音楽のためのたたき台」という、その後のジブリ作品の音楽制作における基本方針の確立ともなった。

続く『となりのトトロ』のイメージアルバムでは、オリジナルの童謡を創作するという発明的な試みへと発展する。普段からフォークソング、大衆歌を愛聴する宮﨑にとって「歌」は最も身近な音楽形式であり、後の監督作品を眺めても、ある意味、自然な流れであったといえるだろうか。何より、高畑勲の手引きで音楽制作が行われた前2作に対し、これは宮﨑駿が初めて久石と正面から音楽制作に取り組んだ作品であった。その面白さに初めて気づいたという宮﨑は以後、久石を音楽的な「本妻」として迎えることになる。

一方、宮﨑＆久石のカップルを「仲人」した格好の高畑勲は、宮﨑とは逆に、音楽パートナーを作品ごとに新しく招いていった。クラシック音楽に精通する理知の人は『太陽の王子 ホルスの大冒険』で組んだ現代音楽の人・間宮芳生を『火垂るの墓』に呼んだかと思えば、『おもひでぽろぽろ』に『じゃりン子チエ』で顔を合わせた星勝、『平成狸合戦ぽんぽこ』では音楽グループの上々颱風、そして『ホーホケキョ となりの山田くん』では矢野顕子というポップス畑の人に音楽開発を託したりする。どの仕事にも他にあまり類を見ぬ響きが刻まれており、理詰めで隙を埋めているように見えながら、その実、曲想の自由、開放をかなえていてスリリングこの上ない。常に新しい表現を求める性分がかなえた成果といえるが、それはそのままジブリ作品の音楽全体を貫く指針ともなっている。

「第三の男」プロデューサー 鈴木敏夫による ジブリ作品の音楽

では、両巨頭が自身で監督を務めない作品ではどうなのか。

宮﨑には若手育成をにらんだ企画・プロデュース作品が多々あり、たとえば『耳をすませば』『猫の恩返し』の音楽担当・野見祐二などには、やはり宮﨑の作家性を反映した考え方、アプローチがにじんだ。『耳をすませば』にジョン・デンバーの歌曲《カントリー・ロード》を主題歌に据えるアイデアも宮﨑の意向である。

一方、高畑にはアーティスティック・プロデューサーとして参加したマイケル・デュドク・ドゥ・ヴィット監督の『レッドタートル ある島の物語』があった。最終的に音楽担当の交代劇が起きた作品だが、それも高畑の助言による判断だったという。宮﨑にしろ高畑にしろ、監督作品同様、それぞれの個性をにじませての采配であった。

そんな高畑・宮﨑が全くかかわらない、または距離をとった後進の作品においては、もうひとりのジブリの要人が「番人」的な立場をとった。高畑、宮﨑に続く「第三の男」、プロデューサーの鈴木敏夫である。

鈴木主導による音楽担当や主題歌歌手決定の背景はさまざまだが、熱心な音楽業界からの素材提供をはじめとする他薦が反映された例も少なくない。『ゲド戦記』『コクリコ坂から』における

手嶌葵の主題歌歌唱、『借りぐらしのアリエッティ』でのセシル・コルベル、『コクリコ坂から』の武部聡志の劇音楽担当起用などはその好例である。武部に関しては、鈴木が見た武部出演のドキュメンタリー番組が起用を後押しした部分もあった。彼らがジブリ作品に新たな響きの側面をもたらしたことは無論、いうまでもない。

高畑&宮崎と鈴木の違いをあえて挙げるなら、パブリシティー効果を音楽にも求め、反映させている点か。なかでも『ゲド戦記』における《テルーの唄》の予告編での戦略的活用は今も多くの観客の記憶に鮮やかだろう。『風立ちぬ』における松任谷由実（荒井由実）の〈ひこうき雲〉の使用も、鈴木が松任谷とのトーク催事の最中にわざわざ許可を求めるという「技あり」だった。

作曲家・久石譲が高畑勲に再発見されるとき

作曲家として最も多くのジブリ作品にかかわっているのは久石譲である。そのスパンはすでに40年に及んでおり、そこに作家的変遷を眺めることができるのもジブリ作品ならではの味わいかもしれない。当初、小編成、ないしは電子楽器を駆使しての作品作りを模索していた久石は、やがて編成の大きいオーケストラを重用し、今も指揮者としてクラシック音楽演奏も定期的にこなすまでになっている。オーケストレイションの色合いや仕掛けも年を経るごとに変化しており、たとえば『もののけ姫』と『千と千尋の神隠し』ではたった4年の開きしかないものの、同じ作家の手による作品とは思えない感触が発見できるだろう。その面白さ、スリル。一方で、宮崎駿という人情的な作家との付き合いは、音楽担当にとっていかに物語の琴線に触れる歌や旋律を残すかという連続でもあった。そこから生まれたメロディーメーカーとしての認知と評価は、都会的で実験性豊かなミニマルミュージックの担い手として出発していた久石にとって、どこか自己否定につながる部分もあったのではないか。いい情緒は生み出したい、でも情緒には溺れたくない――。この作曲家ならではの二律背反的葛藤が作品内でどう機能し、結実していったのかを発見することもまたジブリ作品の楽しみといっていい。

その意味では、高畑とその監督作品『かぐや姫の物語』で音楽創作の場を共有したことは大きな事件であった。時期的には、宮崎との『風立ちぬ』、山田洋次監督との初顔合わせ作品『東京家族』の作曲と重なっており、通常ならとても引き受けられない。だが、高畑作品で音楽を書くのは久石の長年の夢。加えて、実写映画『悪人』（李相日監督）における音楽を高畑が評価したことが大きかった。状況説明や煽情効果を極力避けた『悪人』の曲想は、作曲者にとっても理想の仕事。久石からすれば、ミニマルミュージックを出自に持つ本来の自身をあらためて高畑に発見、評価してもらった心境ではなかったか。論議を尽くした果てに新たな自由を獲得していくという点で、そもそも両者は発想が似ている。『風の谷のナウシカ』から約30年。まるで円環を描くように完結した高畑と久石の運命的な結びつきに思いを馳せるのも、ジブリ作品の音楽を聴く醍醐味のひとつだろう。

『君たちはどう生きるか』をめぐる結実と出発

その高畑勲が世を去ったのは2018年4月5日のことである。精神的支柱を失った宮崎駿の動揺は激しく、その影響は『君たちはどう生きるか』の音楽制作にも少なからず及んだ。具体的には従来の絵コンテを土台にした事前打ち合わせのたぐいが一切なくなり、創作に関するほぼすべてが久石に預けられたのである。

完成映像を見た瞬間、久石はミニマル手法による楽曲作りを決意したという。音楽活動において、いよいよミニマルに重きを置き始めていた久石の背景を思えば至極、自然な選択でもあっただろう。重要なのは、これまでの宮崎作品で隠し味や薬味的な位置でしか生かすことができなかったミニマルの意匠を、全編にわたってめぐらせられる機会が得られたことである。久石にとって、それは高畑との『かぐや姫の物語』と並ぶジブリ作品におけるひとつのゴールだったといっていい。

無論、貪欲な音楽家・久石譲にとって、ゴールは完結を意味しない。むしろ「次」への出発である。常に新たな物語をつむごうとするアニメーション作家とともに、自身もいまだ見ぬ新たな音楽をさらに追求していきたい。その思いはきっと宮崎にも伝播し、近い将来、また特別な協力関係を生み出す原動力となるだろう。

まだまだジブリ作品から耳は離せない。

2人の少女の不思議な出会いが解き明かす家族の絆の物語

思い出のマーニー　2014年

『借りぐらしのアリエッティ』（2010年）でデビューした米林宏昌監督が「もう一度子供たちのためのジブリ映画を作りたい」と取り組んだ第2作。なかなか他人に心を開けないでいる中学生の主人公・杏奈が、夏休みに体験した謎の少女マーニーとの出会いを通じて、自分の家族にまつわる真実を知る物語だ。夢とも現実ともつかないミステリアスな展開を見せながら、あくまで杏奈のゆれ動く内面に寄り添い、周囲の人々と打ち解けてゆく姿を描いたハートフルな作品になっている。なお、ヒロインが2人登場する、いわゆるダブルヒロインの映画はジブリでは初めてである。

原作はイギリスの女性作家、ジョーン・G・ロビンソンが1967年に発表した児童文学。舞台をイングランドから日本に移し、主人公も絵を描くことが好きな少女に設定するなどのアレンジが加えられた。2人の少女が出会う湿地の屋敷と、周囲の海沿いの町は、洋館があっても違和感がない場所ということで北海道が舞台に選ばれている。美術監督は『スワロウテイル』『キル・ビル』など、日本のみならずハリウッドや中国の映画界でも活躍している種田陽平が担当。立体模型を造って仕上がりを検討するという、実写では一般的に使われている手法を導入して美しい情景描写を支えた。実写映画の美術監督がロケハンから設定画、全カットの背景の最終チェックまで本格的にアニメーション制作に参加するのはきわめて稀なことである。

ストーリー

杏奈は12歳。幼い頃に両親を事故で亡くし、祖母に引き取られたが、まもなく祖母も病気で亡くなってしまったため、さびしい思いをしながら、5歳まで施設で過ごした。今は、養父母のもとで暮らしているが、素直に甘えることができないでいる。

夏の初め、杏奈は喘息の療養のため、都会の札幌から空気のきれいな海辺の村の親戚の家へとやってきた。そして「湿っ地屋敷」と呼ばれる誰も住んでいないはずの古いお屋敷で、マーニーという不思議な少女と出会った。2人は一緒に楽しい時を過ごして友だちになり、他人に心を閉ざしていた杏奈は、美しく、優しいマーニーに心を開いていく。マーニーは、いったい何者なのだろうか？

公開日：2014年7月19日
上映時間：約103分
© 2014 Joan G. Robinson/Keiko Niwa/Studio Ghibli, NDHDMTK

原作	ジョーン・G・ロビンソン
脚本	丹羽圭子
	安藤雅司
	米林宏昌
監督	米林宏昌
製作	鈴木敏夫
プロデューサー	西村義明
制作	星野康二
音楽	村松崇継
作画監督	安藤雅司
美術監督	種田陽平
映像演出	奥井敦
主題歌	「Fine On The Outside」（歌：プリシラ・アーン）
制製作	スタジオジブリ
	スタジオジブリ 日本テレビ 電通 博報堂DYMP ディズニー 三菱商事 東宝 KDDI

杏奈	高月彩良
マーニー	有村架純
奈々子	松嶋菜々子
頼子	寺島進
大岩清正	根岸季衣
大岩セツ	森山良子
老婦人	杉咲花
彩香	吉行和子
ばあや	黒木瞳
十一	安田顕（TEAM NACS）

📖 原作：ジョーン・G・ロビンソン『思い出のマーニー』（松野正子 訳・岩波書店刊）全2巻
◇ 原語版：1967年（原題：When Marnie Was There）

原作本紹介　イギリス児童文学の最高傑作の呼び声が高い作品。"秘密の友だち"マーニーとのひと夏の交流を通して、孤独感から解き放たれていく少女アンナの心の軌跡を綴る。ジブリ作品では原作の前・後半のプロットを大胆に入れ替えて構成している。

キャラクター

杏奈(あんな)
他人に心を閉ざしている12歳の少女。喘息の療養のため養父母のもとを離れ、ひと夏の間、大岩家で過ごす。

マーニー
杏奈が湿っ地屋敷で出会った不思議な少女。

頼子(よりこ)
杏奈の養母。杏奈に「おばちゃん」と呼ばれている。

大岩清正(おおいわきよまさ)
夏の間、杏奈がお世話になる夫婦の夫。

大岩セツ(おおいわせつ)
夏の間、杏奈がお世話になる夫婦の妻。頼子の親戚にあたる。子供は独立して、今は夫婦2人暮らし。

老婦人
湿っ地屋敷に暮らしていた老婦人。マーニーと杏奈に深く関係がある。

彩香(さやか)
東京から湿っ地屋敷に引っ越してきた女の子。杏奈と友だちになる。

ばあや
湿っ地屋敷の使用人。マーニーにきつく当たる。

久子(ひさこ)
岸辺で湿っ地屋敷の絵を描いている女性。

十一(といち)
無口な老人。杏奈をボートに乗せてくれる。

キャラクター相関図

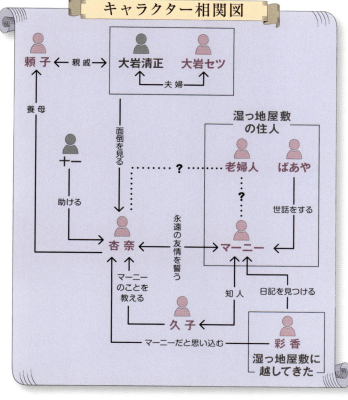

■ 喘息の療養のため、海辺の村の親戚の家にやってきた杏奈は、誰も住んでいない湿っ地屋敷でマーニーと出会う。

■ 他人に心を閉ざしていた杏奈は、マーニーと一緒に過ごすうち、彼女に心を開いていく。

■ マーニーと一緒にサイロに行った時、杏奈はマーニーに置き去りにされ、裏切られたと思う。

■ 湿っ地屋敷の新しい住人・彩香と出会い、杏奈はマーニーのことを知り、元気になっていく。

注目ポイント

十一というキャラクターには、当初、「潮の満ち引きに気をつけな」など、杏奈を気遣うセリフがあった。だが、米林監督の「優しい言葉をかけてくれる大人は、杏奈にとってはプレッシャーで、打ち解けることができないのでは」との考えから、セリフのないキャラクターになった。

ポスター

『思い出のマーニー』のポスターは、イラスト風とアニメーションという印象の異なる2種類が作られた。

■ 第2弾ポスター。ジブリ作品初のダブルヒロインをアピールして、マーニーと杏奈が描かれている。

■ 米林宏昌監督が描いたマーニーのイメージボードを使用した第1弾ポスター。これはまだ公開日が決まっていない時のものだ。公開日が決まった後は、キャッチコピーが「あなたのことが大すき。」に変更された。

新聞広告

新聞広告は7月4日からスタートし、作品の特長であるダブルヒロインや幻想性を前面に出していた。

■ 公開から約1週間後、7月25日の朝日新聞などに掲載された全5段広告には「マーニーの秘密」をキーワードにした宣伝コピーが付けられている。

■ 最初の新聞広告は2014年7月4日の朝日新聞、読売新聞にカラー全面広告で掲載された。ビジュアルは第2弾ポスターを使用している。

■ 8月1日の朝日新聞、読売新聞などに掲載された広告でも、マーニーのビジュアルとキーワードが形を変えて使われ、さらに興味をそそられるように工夫されている。

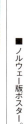

■ チリとペルー版のポスター。

■ 韓国版ポスター。

■ 台湾版ポスター。

■ タイ版ポスター。

■ ノルウェー版ポスター。

■ 8月8日、8月15日の朝日新聞や地方新聞の広告は、キーワードはそのままでメインビジュアルを杏奈の泣き顔に代え、感動作であることを印象づけている。

■ 8月29日の朝日新聞、読売新聞の広告は映画のラスト、笑顔を取り戻した杏奈のビジュアルを使って作品の新たな印象をアピールした。

■ 8月22日、朝日新聞と読売新聞に抱き合うマーニーと杏奈の場面写真を使った追告が掲載された。

制作秘話

湿っ地屋敷の外観は、制作初期段階では軽井沢の別荘を参考に米林監督が描いたスケッチのイメージで進める予定だった。だが美術監督を務めることになった、実写映画の美術監督として活躍する種田陽平の提案により、物語の舞台である北海道にある洋館の特徴を取り入れたオリジナルなものに変わった。

10年がかりで実現した
ジブリ初の合作アニメーション
無人島で繰り広げられる
人と自然の寓話

レッドタートル ある島の物語 2016年

　オランダ出身のアニメーション作家、マイケル・デュドク・ドゥ・ヴィット監督の作品に感銘を受けた鈴木敏夫プロデューサーが企画し、ジブリ作品の配給も担当しているフランスの映画会社ワイルドバンチと提携した日・仏・ベルギーの合作映画。鈴木プロデューサーと同じくマイケル作品の大ファンである高畑勲がジブリ側を代表して様々な提案を行うなど、アーティスティック・プロデューサーの肩書きで全面的にマイケル監督をバックアップしている。

　イギリスでアニメーション制作をしているマイケル監督は、シナリオと絵コンテ制作の過程で、ジブリの招きで約1ヵ月来日したりもした。無人島に流れ着いた男の運命をサバイバル物語としてではなく、人の一生、自然の美しさと過酷さ、連綿と受け継がれていく生命の営みといった普遍的なテーマを重ねて象徴的に描いた作品である。淡い色彩のシンプルな絵柄に加え、セリフを使わず、人の叫びや息づかい、鳥の鳴き声、打ち寄せる波の音などの自然音と美しい音楽のみで表現した音響設計も高く評価された。アカデミー賞短編アニメーション映画賞に輝いた『父と娘』（2000年）をはじめ、芸術性の高い短編アニメーションで知られるマイケル監督にとっては、企画の立ち上げから10年、制作に8年を費やした初の長編作品である。アニメーションとしては異例なことに、権威あるカンヌ国際映画祭の「ある視点」部門で上映され、みごと同部門の特別賞を受賞した。

公開日：2016年9月17日
上映時間：約81分

© 2016 Studio Ghibli-Wild Bunch-Why Not Productions-Arte France Cinéma-CN4 Productions-Belvision-Nippon Television Network-Dentsu-Hakuhodo DYMP-Walt Disney Japan-Mitsubishi-Toho

原作・脚本・監督	マイケル・デュドク・ドゥ・ヴィット
脚本	パスカル・フェラン
アーティスティック・プロデューサー	高畑 勲
音楽	ローラン・ペレズ・デル・マール
製作	スタジオジブリ ワイルドバンチ
プロデューサー	鈴木敏夫 ヴァンサン・マラヴァル
	スタジオジブリ ワイルドバンチ ホワイノット・プロダクションズ アルテ フランス・シネマ CN4プロダクションズ ベルビジョン 日本テレビ 電通 博報堂DYMP ディズニー 三菱商事 東宝 提携作品 日本 フランス ベルギー 合作
制作	プリマリニア・プロダクションズ

ストーリー

　嵐の中、荒れ狂う海に放り出された男が九死に一生を得て、無人島にたどり着いた。男は島から脱出しようと筏を作り、海に漕ぎ出すが、見えない力によって筏は壊され、島に引き戻されてしまう。再度試みるも結果は同じ。それでも諦めずに海に漕ぎ出し、3度目に筏が壊されたとき、男は大きな赤いカメの姿を見た。

　筏を壊したのは赤いカメのしわざだと思い込んだ男は、怒りに任せてカメを棒で打ち、体を裏返しにして浜辺に放置してしまう。やがて、死んでしまったのか動かなくなったカメを見て、男は自分のしたことを後悔するのだった。そんな男の前に、1人の女が現れた……。

イラスト／マイケル・デュドク・ドゥ・ヴィット監督

イラスト／マイケル・デュドク・ドゥ・ヴィット監督

キャラクター

男
無人島に流れ着き、脱出することもできず、孤独な日々を送っていたが、女とともに暮らし、島で天寿を全うする。

キャラクター相関図

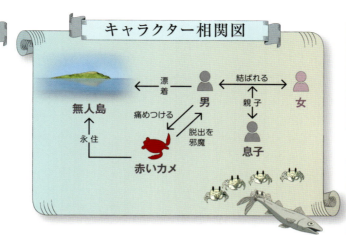

無人島 ←永住─ ←漂着─ 男 ←結ばれる→ 女
痛めつける↓↑脱出を邪魔　親子
赤いカメ　　息子

女
男の前に突然現れた女。男とともに生きる。

息子
男と女の間に生まれた男の子。幼い頃、父から広い世界があることを聞く。

赤いカメ
筏が壊されたときに男が見た、赤い甲羅の大きなウミガメ。

■ 成長した息子と男は草原を走る。幸せなひとときだ。

■ 無人島にたどり着いた男は、筏を作り、なんとか元の世界に帰ろうとするのだが……。

■ 男の前に突然現れた女に優しくされ、男は一瞬にして魅了される。

■ 親子3人、砂浜に絵を描いて過ごす。このとき、男は自分が元いた世界を絵に描いて息子に見せる。

■ 日本版のポスターは、新聞広告にも使われている絵柄のもの1種類のみだ。

■ フランス版のポスターは、海辺を歩く家族の場面カットで作られている。

■ 2016年9月17日、朝日新聞掲載。

■ 2016年9月16日、朝日新聞掲載。

新聞広告

公開の前日のもの(縦長)と、公開日に掲載されたもの(横長)。作家でもあるピースの又吉直樹のコメントと谷川俊太郎の詩が印象に残る。

注目ポイント

カメは陸に上がることができ、どこか人間的だ。古代から存在する孤独な生き物で、人間の対極の存在でもある"不死"のイメージもある。そのカメを監督はレッドで描くと決めた。レッドは「危険」と「愛」の両方を連想させる。それこそがまさにこの物語に当てはまると考えたからだ。

制作秘話

アーティスティック・プロデューサーとして高畑勲監督が行ったことは、主に監督のマイケルから送られてくる脚本やライカリール(絵コンテをつないだ確認用の映像)を検討し、1人の作り手として意見を出すこと。その際、マイケル監督の立場に立って考え、彼の意図が何かを的確につかむことに最大限の努力を傾けていた。

139

賢さと愛嬌を兼ね備えた
ヒロイン、アーヤが活躍する
ジブリ初の
フル3DCG作品

アーヤと魔女　2020年

　2020年12月30日、NHK総合テレビで宮崎吾朗監督の最新作、スタジオジブリ初の全編3DCG制作による長編アニメーション『アーヤと魔女』が放送された。この作品は2020年6月にカンヌ国際映画祭が発表した「オフィシャルセレクション2020」56作品（アニメーション映画4作のうちの1作）に選ばれ、世界から注目を集めた。

　原作は『ハウルの動く城』と同じダイアナ・ウィン・ジョーンズで、彼女の生前に刊行された最後の小説だ。主人公のアーヤは、周囲を操って、自分の思いどおりにさせてしまう賢さを持った女の子。この原作を気に入った、宮崎駿監督と鈴木敏夫プロデューサーの提案をもとに宮崎吾朗が監督を務めることになった。

　宮崎吾朗監督は、2014年から2015年にかけてNHKで放送され、国際エミー賞の子どもアニメーション部門で最優秀賞を受賞した『山賊の娘ローニャ』を、セルルックと呼ばれる、キャラクターをセルアニメ風の質感で見せる3DCGの手法で制作している。その経験から、3DCGにおけるアニメーションの可能性を感じ、本作をフル3DCGで作ることを決意した。

　宮崎吾朗監督は制作中、周囲を自分の思いどおりに動かすアーヤをどう描くかに悩んだ。人を思いどおりに動かすとは、言い換えると「人をあやつる」こと。ともすると嫌な女の子に見えてしまう。だがアーヤは人をおとしいれたり、自分は何もしないでいい思いをしているわけではない。自分も周りの人もみんなが幸せになる結果を生む、主体的に生きる女の子なのだ。そんなたくましく生きるヒロインがジブリ作品に新たに加わった。なお、この作品は2021年8月27日より全国でロードショー公開された。

放送日：2020年12月30日
公開日：2021年8月27日
上映時間：約83分
© 2020 NHK, NEP, Studio Ghibli

原　　　作	ダイアナ・ウィン・ジョーンズ
企　　　画	宮崎　駿
脚　　　本	丹羽　圭子 郡司　絵美
監　　　督	宮崎　吾朗
プロデューサー	鈴木　敏夫
音　　　楽	武部　聡志
キャラクター・舞台設定原案	佐竹　美保
キャラクターデザイン	近藤　勝也
CG演出	中村　幸憲
アニメーション演出	夕内　セキ季
背　　　景	武國　裕季
制作統括	吉土橋　勲介 星野　康二 中島　清文
制　　　作	
主 題 歌	シェリナ・ムナフ
アニメーション制作	スタジオジブリ
制作・著作	N　H　K NHKエンタープライズ スタジオジブリ

アーヤ	平澤宏々路
ベラ・ヤーガ	寺島しのぶ
マンドレーク	豊川悦司
トーマス	濱田　岳
アーヤの母	シェリナ・ムナフ

ストーリー

　赤ん坊の頃から「子どもの家」で育ったアーヤは、みんなを自分の思いどおりにして快適に暮らしている。だから誰かに貰われたいと思ったことがない。だがある日、派手な女と長身の男に引き取られる。「あたしの名前はベラ・ヤーガ。魔女だよ。あんたをうちに連れてきたのは、手伝いがほしかったからだ」。そう名乗る女に、アーヤは自分がおばさんの助手になるかわりに、魔法を教えて欲しいと取引をする。しかし、ベラ・ヤーガはアーヤをこき使うばかり。長身の男マンドレークは、いつも不機嫌そう。生まれて初めて"思いどおりにならない"壁にぶつかったアーヤは反撃を始める。

原作本紹介　●原作：ダイアナ・ウィン・ジョーンズ『アーヤと魔女』（田中薫子 訳　佐竹美保 絵　徳間書店刊）
◇原語版：2011年（原題：Earwig and the Witch）

『ハウルの動く城』原作者の児童向け小説。著者が「世界一好きな挿絵画家」と語った佐竹美保が描く"自分をかわいく見せない"アーヤの表情も絶妙で、宮崎駿は「なんという愛らしい本でしょう」と激賞している。

キャラクター

アーヤ・ツール
周囲の人を操り、自分の思いどおりにさせる才能を持つ10歳の女の子。本当の名前は「アヤツル」。

アーヤの母
仲間の12人の魔女に追われ、赤ちゃんだったアーヤを「子どもの家」に預けて姿を消す。

ベラ・ヤーガ
怪しげな呪文を売って生計を立てている魔女。助手を求めて「子どもの家」に行き、アーヤを引き取る。

マンドレーク
ベラ・ヤーガの同居人。いつも不機嫌で、口癖は私を「わずらわせるな」。怒ると歯止めが利かない。

トーマス
ベラ・ヤーガが呪文を作るときに必要な使い魔。彼女の作る呪文が嫌いで、いつも逃げようとする。

カスタード
「子どもの家」でアーヤの一番仲良しの男の子。マンドレークが怖くて、アーヤに会いに行けずにいる。

園長先生
「子どもの家」の園長。アーヤのことを特別にかわいがっている。

副園長先生
マイペースな「子どもの家」の副園長。園長とは、昔からの長いつき合い。

デーモン
マンドレークに仕える小悪魔たち。命令を受け、どこからか食事を運んでくる。

注目ポイント1

宮崎吾朗監督は、日本のマンガや手描きのアニメーションに見られる、誇張や記号的表現を3DCGに取り入れることで、アーヤの表情を豊かに見せる試みをした。

キャラクター相関図

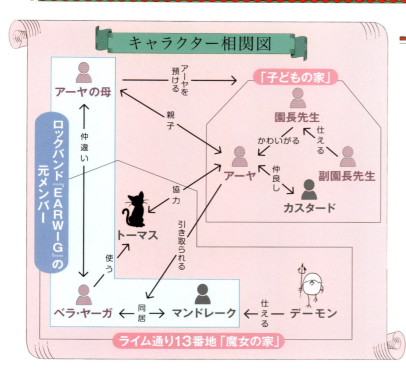

注目ポイント2

この作品では美味しそうな料理がたくさん登場する。今回は料理を実際に作り、それを3Dスキャンして3Dモデルを作成した。さらに、手描きで加筆をすることで、より美味しそうに見せることにチャレンジしている。

『アーヤと魔女』ができるまで

スタジオジブリ初のフル3DCG作品である『アーヤと魔女』はどのように作られたのだろうか？
ベラ・ヤーガの作業部屋のシーンを例に、その制作工程の一部を見てみよう。

[絵コンテ]

絵コンテとは、劇中でキャラクターがどう動き、セリフを喋るのかなどが詳細に描かれた設計図のようなもの。本作は宮崎吾朗監督が描いた絵コンテをもとに作られている。

Dialog
アーヤ「『ドッグショーで優勝する呪文』？」
ベラ・ヤーガ(off→on)「あら、もちろんですわ、──(次カットにこぼし)

Action Notes
アーヤ、ノートを覗きこみながら、訝しげに呟く、

C302
1

04:00

[キャラクター]

まずはキャラクター作り。最初は手描きのアニメーションと同様、紙にイメージやデザイン、表情集などを描くところから始まる。その後、パソコンの中で立体のキャラクターを作っていく。

1. キャラクターイメージ

宮崎吾朗監督が描いたアーヤのキャラクターイメージ。全てはここから始まる。

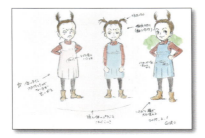

2. キャラクターデザイン

監督のキャラクターイメージをもとに、キャラクターデザインの近藤勝也がデザインを起こしていく。

3. 表情集

それぞれのキャラクターがどんな表情をするのかも近藤勝也が細かく描いて決めていく。

4. キャラクターモデル

近藤勝也が描いた絵をもとに、パソコン上で立体のキャラクターを造形する。

5. キャラクターに骨組みを作る

立体のキャラクターに、人間でいうところの骨や関節をつけて、自由自在に動かせるようにする。

6. フェイシャルテスト

骨組みの入ったキャラクターを動かし、様々な表情をつけ、不具合がないかチェックする。

[背景]

アーヤたちが暮らす部屋などの背景も、まずは絵に描いてイメージを固めていく。手描きのアニメーションと大きく異なるのは、部屋そのものを立体で作り上げていく点だ。

1. イメージボード

宮崎吾朗監督が描いたベラ・ヤーガの作業部屋のイメージボード。これが作業部屋の背景作りの指針となる。

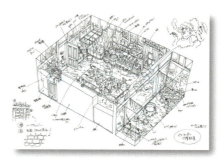

2. 美術設定

監督が描いた美術設定。舞台となる部屋をCGで作った時にどういう感じに見えるかを考え、詳細に描かれている。

3. 美術デザイン

イメージボードや美術設定をもとに、背景の武内裕季がCGスタッフへの説明用に描いたベラ・ヤーガの作業部屋。作業部屋にある壁一面の棚のデザイン画には、ほこりのたまり具合や木箱の取っ手についてなど、細かい注意書きがある。

4. CG背景

イメージボードから美術デザインまでをもとに、CGで作ったベラ・ヤーガの作業部屋。どの角度から撮影しても大丈夫なように作られている。

[小道具]

劇中の主な舞台となるベラ・ヤーガの作業部屋は物が多い。この部屋にある物は最終的には一つ一つ立体で作っていくのだが、その作業は、まずデザイン画を描くところから始まる。劇中で重要な役割を果たすベラ・ヤーガの呪文が書かれたノートもデザイン画から作られていった。

■ アーヤとベラ・ヤーガが使う道具は、調理器具や化学の実験で使用するようなものがほとんど。リアルな質感だけでなく、微妙な汚れなどもCGで再現されている。

■ ノートの厚み具合から表紙、中のイメージまで詳細に描かれたデザイン画。

■ 劇中でアップになるページは、武内裕季が紙の汚れや乱雑な文字も細かく書き込んで制作した。

[レイアウト&アニメーション]

絵コンテをもとに、完成前の仮の背景の中にアーヤのキャラクターを置き、アーヤの動作、このカットで見える背景、小道具などをチェックする。

[完成した場面カット]

絵コンテでは描き込まれていなかった背景の小道具なども、CGに起こす過程で細部まで作り込まれる。

■奇怪な菌類が生い茂る腐海の内部。

■腐海は倒れた巨神兵を飲み込み、増殖し続けている。

『風の谷のナウシカ』
腐海という有毒の森に覆われた、未来の地球の風景である。文明を滅ぼした巨神兵の化石が散らばり、内部は巨大な菌類や蟲たちが支配している。腐海は人間の命を奪う恐ろしい存在だが、実は地下で清浄な空気を作り、自然を再生させる力を持っていた。

ジブリが描く "自然と風景"

ジブリ作品は優れた美術スタッフが描く背景画、特に自然の風景の描写に定評がある。それは主にロケハンによる取材、実感にもとづくスタッフの研究の成果だ。しかし、単に色彩や光と影のコントラストをリアルに表現しているというだけではない。時には細部まで緻密に、時には大胆に省略した線と色使いで、作品ごとにふさわしい手法を使ってテーマや世界観を反映させる。そうして描かれた背景画が、物語の説得力とキャラクターの存在感を支えているのだ。

■和洋折衷の文化住宅。裏手に井戸がある。

■母に会おうとしてメイが走る田の道。

『おもひでぽろぽろ』
山形駅に着いたタエ子は、トシオの車で紅花摘みの手伝いにやって来る。町の中心部から田園地帯へ車外の風景が移り変わり、やがて見えてくる紅花畑が美しい。早朝の光や朝もや、朝露などの表現も見逃せない。

『となりのトトロ』
物語の舞台は、まだ田畑が多かった1950年代おわりの東京郊外をイメージしている。樹齢を重ねた巨木が生い茂る森を中心に、豊かな自然が広がる風景は郷愁を誘う。サツキたちが引っ越してきた家の周囲も緑にあふれ、そこにはトトロの森へ通じる道がある。

■人間の生活を羨ましそうに見る狸たち。

■空き家の解体作業で追い出されてしまう。

■化け学で甦ったかつての自然。

『平成狸合戦ぽんぽこ』
狸たちが平和に暮らす多摩丘陵は、人間にとっても四季の変化に富む美しい土地だった。宅地造成の波が押し寄せ、その自然も消えてゆく。妖怪大作戦が失敗した後、狸たちが最後の化け学で団地の中にかつての風景を甦らせる場面が胸を打つ。

■踏切で待っている影のような人たち。

『千と千尋の神隠し』

ハクを助ける方法を教えてもらうため、千尋は海原電鉄で銭婆の住む沼の底へ向かう。油屋から続く海の上を電車が走り、車内の乗客や踏切で待つ親子は影のような姿である。シュールレアリズムの絵画を思わせる、不思議な風景が印象的だ。

■千尋たちが降りた沼の底の無人駅。

■夕日を浴びてあかね色に染まった雲が美しい。

■宗介とポニョはポンポン船でリサを探しに行く。

■船が凧のように浮かんでいる水中の町。

■水の中は古代の生きものであふれている。

■宮崎駿監督が創造した古代魚、デボネンクスが泳いでいる。

■ひまわりの家を包む巨大クラゲ。

『崖の上のポニョ』

ポニョは父親が集めた生命の水で人間の姿になり、宗介のもとにやって来た。ところが、その水があふれて町一帯を水没させてしまう。陸と海が一つになった風景の中に、古代魚や巨大クラゲなどユニークな生きものが次々と登場する。

■物語の重要な舞台となる竹林。

■川で怪我をしていた甲六たちを助けたアシタカは、タタラ場へ向かう途中、森でシシ神と出会う。

■水彩で描かれた山里の風景。

『かぐや姫の物語』

かぐや姫が月に帰りたくないと嘆くのは、地上の豊かな自然と人々の愛を知ったからだ。姫が懐かしむ山里の風景は、育ててくれた翁夫婦や初恋の相手・捨丸との思い出そのものである。この風景は主に京都近辺の自然をモデルにしている。

『もののけ姫』

シシ神の森は古代の神々が住む世界だ。大樹海の奥深く、人間に荒らされる以前の太古の姿を残している。苔に覆われた巨木と岩の間にはきのこや草花が群生している。世界遺産にもなった鹿児島県・屋久島の自然林を参考に描かれた風景である。

■愛嬌のあるコダマは、木の精霊だ。

Director's Profiles
スタジオジブリ作品の監督たち

宮﨑 駿
【みやざき・はやお】

アニメーション映画監督。1941年1月5日、東京都生まれ。1963年、学習院大学政治経済学部卒業後、東映動画（現・東映アニメーション）入社。『太陽の王子 ホルスの大冒険』（'68）の場面設計・原画等を手掛け、その後Aプロダクションに移籍、『パンダコパンダ』（'72）の原案・脚本・画面設定・原画を担当。1973年に高畑勲らとズイヨー映像へ。日本アニメーション、テレコム・アニメーションフィルムを経て、1985年にスタジオジブリの設立に参加。その間『アルプスの少女ハイジ』（'74）の場面設定・画面構成、『未来少年コナン』（'78）の演出などを手掛け、『ルパン三世 カリオストロの城』（'79）では劇場用映画を初監督。雑誌「アニメージュ」に連載した自作漫画をもとに、1984年には『風の谷のナウシカ』を発表、自ら原作・脚本・監督を担当した。

その後はスタジオジブリで監督として『天空の城ラピュタ』（'86）、『となりのトトロ』（'88）、『魔女の宅急便』（'89）、『紅の豚』（'92）、『もののけ姫』（'97）、『千と千尋の神隠し』（'01）、『ハウルの動く城』（'04）、『崖の上のポニョ』（'08）、『風立ちぬ』（'13）といった劇場用アニメーションを発表している。また、米林宏昌監督作品『借りぐらしのアリエッティ』（'10）、宮崎吾朗監督作品『コクリコ坂から』（'11）の企画・脚本も担当。2023年7月には『君たちはどう生きるか』を発表。中でも『千と千尋の神隠し』では第52回ベルリン国際映画祭 金熊賞、第75回米国アカデミー賞長編アニメーション映画部門賞などを受賞しており、『ハウルの動く城』では第61回ベネチア国際映画祭でオゼッラ賞を、続く第62回同映画祭では、優れた作品を生み出し続けている監督として栄誉金獅子賞を受賞。2012年には文化功労者に選出された。2014年11月、米国映画芸術科学アカデミーよりアカデミー賞名誉賞を受賞。2014年7月アメリカで最も権威のある漫画賞の一つウィル・アイズナー漫画業界賞「漫画家の殿堂」入りをしている。さらに2024年には『君たちはどう生きるか』で第96回米アカデミー賞長編アニメーション映画部門賞、第81回ゴールデングローブ賞アニメーション映画賞などを受賞。

また、2001年に開館した三鷹の森ジブリ美術館では企画原案・プロデュースを担当し、現在は名誉館主を務めている。

著書に「シュナの旅」「何が映画か」（黒澤明氏との対談集）「もののけ姫」「出発点」「虫眼とアニ眼」（養老孟司氏との対談集）（以上、徳間書店刊）、「折り返し点」「トトロの住む家 増補改訂版」「本へのとびら」（以上、岩波書店刊）、「半藤一利と宮崎駿の 腰ぬけ愛国談義」（文春ジブリ文庫）などがある。

高畑 勲
【たかはた・いさお】

アニメーション映画監督。1935年10月29日、三重県伊勢市に生まれ、岡山で育つ。1959年、東京大学仏文科卒業後、東映動画入社。テレビシリーズ「狼少年ケン」で初演出。劇場用映画『太陽の王子 ホルスの大冒険』（'68）で初監督。同社を退社後、『アルプスの少女ハイジ』（'74）、「母をたずねて三千里」（'76）、「赤毛のアン」（'79）（以上、テレビ）、『じゃりン子チエ』（'81）、『セロ弾きのゴーシュ』（'82）等を演出・監督。1985年、スタジオジブリの設立に参加。以後『火垂るの墓』（'88）、『おもひでぽろぽろ』（'91）、『平成狸合戦ぽんぽこ』（'94）、『ホーホケキョ となりの山田くん』（'99）を発表。2013年には待望の新作『かぐや姫の物語』が公開され、毎日映画コンクールアニメーション映画賞、ロサンゼルス映画批評家協会賞（アニメーション映画部門）等を受賞し、米国アカデミー賞長編アニメーション映画部門賞にノミネートされた。

『風の谷のナウシカ』（'84）、『天空の城ラピュタ』（'86）ではプロデューサーを、2016年公開の『レッドタートル ある島の物語』ではアーティスティック・プロデューサーを務めた。

1998年、紫綬褒章を受章。2009年にはロカルノ国際映画祭で名誉豹賞を受賞。2010年にはアニメアワード功労賞、2012年には米・ロードアイランドスクールオブデザイン（RISD）名誉博士号、2014年には東京アニメアワードフェスティバル2014 特別賞・アニメドール、アヌシー国際アニメーション映画祭名誉功労賞（Cristal d'honneur）を受賞。2015年4月、フランス芸術文化勲章オフィシエを受章。2016年2月にはウィンザー・マッケイ賞を受賞。

著書に「映画を作りながら考えたこと」「十二世紀のアニメーション」（以上、徳間書店刊）、「ジャック・プレヴェール ことばたち」（訳および解説と注解、ぴあ刊）、「ジャック・プレヴェール 鳥への挨拶」（編・訳、ぴあ刊）、「一枚の絵から 日本編」「一枚の絵から 海外編」「アニメーション、折りにふれて」（以上、岩波書店刊）などがある。

2018年4月5日逝去。享年82。

望月智充 【もちづき・ともみ】

アニメーション監督。1958年、北海道生まれ。1982年、「ときめきトゥナイト」で演出デビューする。1993年にスタジオジブリ作品『海がきこえる』を監督。

主な監督作品に「ここはグリーン・ウッド」('91)、「勇者指令ダグオン」('96)、「ふたつのスピカ」('03)、「絶対少年」('05)、「さらい屋五葉」('10)、「バッテリー」('16)などがある。監督のほか、多くのアニメーション作品のシリーズ構成、脚本、音響監督なども務める。

近藤喜文 【こんどう・よしふみ】

1950年、新潟県五泉市生まれ。1968年、新潟県立村松高校卒業後、Aプロダクションに入社。アニメーターとして「巨人の星」『ルパン三世』「ど根性ガエル」『パンダコパンダ』などで活躍。「未来少年コナン」を経て、1978年、日本アニメーションに入社。1979年放映の「赤毛のアン」(演出：高畑勲)でキャラクターデザイン、作画監督に抜擢される。1980年、テレコム・アニメーションフィルムに入社。『名探偵ホームズ』の後、日米合作映画『NEMO/ニモ』('89)の共同監督の1人として準備を進めたが、降板。

1987年、スタジオジブリに入社し『火垂るの墓』('88)のキャラクターデザイン、作画監督を務める。高畑勲、宮崎駿の信頼も厚く、以後も『魔女の宅急便』('89)、『おもひでぽろぽろ』('91)、『紅の豚』('92)、『平成狸合戦ぽんぽこ』('94)などで活躍。1995年公開の『耳をすませば』で、初めて劇場用長編映画の監督を務めた。

1998年、47歳の若さで永眠。

メリハリのあるアクションから細やかな生活芝居まで手掛ける高い技術と、仕事に妥協を許さない姿勢は、多くのアニメーターに影響を与えた。

森田宏幸 【もりた・ひろゆき】

アニメーション監督。1964年、福岡県生まれ。『AKIRA』('88)、『パーフェクトブルー』('98)、『ホーホケキョ となりの山田くん』('99)など多数の作品のアニメーターを経て、スタジオジブリ作品『猫の恩返し』('02)を初監督。その後、テレビシリーズ「ぼくらの」('07)を監督する。2017年公開の3DCG映画『GODZILLA 怪獣惑星』では副監督を、2019年の映画『二ノ国』では助監督を務めた。

著書に「日本心理学会心理学叢書　アニメーションの心理学」(共著、誠信書房刊)がある。

東京造形大学で非常勤教員、日本工学院八王子専門学校で講師を務めている。

百瀬義行 【ももせ・よしゆき】

アニメーション演出家。1953年、東京都生まれ。高畑勲監督作品『火垂るの墓』('88)での原画担当を機に、スタジオジブリへ入社。

以降、『おもひでぽろぽろ』('91)、『平成狸合戦ぽんぽこ』('94)で絵コンテ作画を担当。『もののけ姫』('97)では、CG制作、『ホーホケキョ となりの山田くん』('99)では演出を担当。『ギブリーズ episode2』('02)で劇場作品初監督を務めた後、「ハウス食品 おうちで食べよう シリーズCM」の演出('03)、capsuleや新垣結衣のPV監督も務め、高畑勲監督作品『かぐや姫の物語』('13)で特任シーン設計を担当。スタジオポノックでは、JR西日本CM「Summer Train」の演出を担当し、スタジオポノック作品の短編レーベル第1弾となる『ちいさな英雄―カニとタマゴと透明人間―』('18)の一篇『サムライエッグ』を監督。また、演出、キャラクターデザインを担当したゲーム「二ノ国」の映画化『二ノ国』('19)、短編作品『Tomorrow's Leaves』('21)、長編アニメーション映画『屋根裏のラジャー』('23)で監督を務める。

宮崎吾朗 【みやざき・ごろう】

1967年、東京都生まれ。信州大学農学部森林工学科卒業後、建設コンサルタントとして公園緑地や都市緑化などの計画、設計に従事。その後1998年より三鷹の森ジブリ美術館の総合デザインを手掛け、2001年より2005年6月まで同美術館の館長を務める。また、2005年開催の愛知万博では「サツキとメイの家」の制作を担当した。

2006年公開のスタジオジブリ作品『ゲド戦記』でアニメーション映画を初監督。2011年『コクリコ坂から』で2作目の監督を務める。2014年秋から翌春にかけて、NHK・BSプレミアムでテレビアニメーションシリーズ初監督作品「山賊の娘ローニャ」(制作・著作：NHK、ドワンゴ)を発表。中国アニメーション映画『西遊記 ヒーロー・イズ・バック』(2018年日本公開)では日本語吹替版制作監修を務めた。

最新作は、2021年公開の長編3DCGアニメーション『アーヤと魔女』。愛知県長久手市の愛・地球博記念公園に2022年に開業したジブリパークの監督も務めている。

2004年度芸術選奨文部科学大臣新人賞芸術振興部門を受賞。

2016年、世界の優れたテレビ番組に贈られる国際エミー賞で「山賊の娘ローニャ」が子どもアニメーション部門最優秀賞を受賞。

米林宏昌 【よねばやし・ひろまさ】

アニメーション映画監督。1973年、石川県石川郡野々市町生まれ。金沢美術工芸大学商業デザイン専攻。1996年にスタジオジブリに入社し『もののけ姫』('97)、『ホーホケキョ となりの山田くん』('99)では動画を、『千と千尋の神隠し』('01)で初めて原画を担当。その後、『ギブリーズ episode2』('02)、『ハウルの動く城』('04)、『崖の上のポニョ』('08)で原画を、『ゲド戦記』('06)では作画監督補を務めた。2010年に公開の『借りぐらしのアリエッティ』で初監督に抜擢。その年の邦画No.1となる、観客動員数765万人・興行収入92.5億円を記録。2作目の『思い出のマーニー』('14)は米国アカデミー賞長編アニメーション映画部門にノミネートされた。

ジブリ退社後にスタジオポノック長編第1回作品となる『メアリと魔女の花』('17)、ポノック短編劇場『ちいさな英雄―カニとタマゴと透明人間―』('18)の一篇『カニーニとカニーノ』を監督。

マイケル・デュドク・ドゥ・ヴィット 【Michael Dudok de Wit】

1953年、オランダ生まれ。オランダで教育を受けた後、スイスとイギリスの美術大学でエッチングとアニメーションを学び、1978年に卒業制作で「インタビュー」を制作。スペインでアニメーターとして働いた後、1980年からイギリスに居を構える。ディズニー作品『美女と野獣』('91)ではストーリーボード・アーティストとして、『ファンタジア2000』('00)ではアニメーターとして作品に参加するなど、1980年代から1990年代にかけてフリーランスとして複数のスタジオで働く。また、ユナイテッド航空やAT&T、ネスレ、フォルクスワーゲン、ハインツなど世界各国のCMを多数制作し、多くの賞を受けている。

1990年代以降は、短編アニメーション作品を発表し、世界に高く評価されるようになる。1992年に『掃除屋トム』を制作、1994年に完成した『お坊さんと魚』は米国アカデミー賞短編アニメーション映画賞にノミネートされる。彼の最も著名な作品『父と娘』(旧邦題『岸辺のふたり』)('00)は第73回米国アカデミー賞短編アニメーション映画賞を受賞、アヌシー国際アニメーション映画祭ではグランプリを受賞。2006年に『アロマ・オブ・ティー』を完成させた後、2016年に初監督の長編アニメーション映画『レッドタートル　ある島の物語』は米国アカデミー賞長編アニメーション映画部門にノミネートされ、カンヌ国際映画祭「ある視点」部門特別賞を受賞。児童向け絵本の文・イラストも手掛けており、欧州や北米の美術大学・専門学校等で授業や講義を行っている。

監督たちの言葉

宮崎駿、高畑勲両監督をはじめ、スタジオジブリの作品を作った監督たちが映画に込めた想い、映画を作りながら考えたこととは、どんなものだったのか？
映画制作時の監督たちの企画書や発言の数々を、当時の原稿のまま掲載する。

『風の谷のナウシカ』

宮崎　駿（原作・脚本・監督）

劇場用パンフレット(1984年)より
原作を知らない人でも楽しめる映画を…

「管理社会の窒息状況の中で、自立への道を閉ざされ、過保護の中で神経症になっている現代の若者たちに、こころの解放感を与える映画」——この数年、この方向で映画企画を提出してきたのですがなかなか実らず、その気持ちを月刊「アニメージュ」にコミックとして描きはじめたわけです。

「風の谷のナウシカ」は、人類の黄昏期の地球を舞台に、人間同士の争いに巻き込まれながら、より遠くを見るようになっていく少女を主人公にした物語です。とはいっても、戦いそのものを描くのではありません。人間を取りかこみ、人間が依存する自然そのものとのかかわりが、作品の重要な主題になるはずです。

——黄昏のときにおいても希望は見い出せるのだろうか。もしそれを求めるとしたら、どういう視点が必要なのか。その問題も今後何年も続くだろう連載の中で、徐々に明らかにしようと思っていました。

原作のコミックは、あくまでアニメーションを前提としては描いていなかったので、アニメ化の話があったときは、正直悩みました。ただ、もし前述したような主題が映画で消化できるものなら作ってみたいという気持ちは強く起きました。

映画作りの機会を与えてくれた徳間書店、博報堂の人たちに感謝するとともに、自分の原作に謙虚に立ち向かい、一度も原作を読んだことがない人でも楽しめる映画を作りあげたつもりです。

『天空の城ラピュタ』

宮崎　駿（原作・脚本・監督）

劇場用パンフレット(1986年)より
子供たちの心に語りかけたい

古典的骨格を持つ冒険物語を、今日の言葉で語れないだろうか。

正義は方便になり、愛は遊びになり、夢が大量生産品になったこの時代だからこそ、無人島が消され、宇宙が食いつくされ、宝物が通貨に換算されてしまう時代だからこそ、少年が熱い想いで出発する物語を、発見や素晴らしい出会いを、希望を語る物語を子供達は待ちのぞんでいる。

自己犠牲や献身によってのみ獲得される絆について、何故、語ることをためらうのだろう。

子供達のてらいや、皮肉や諦めの皮膜の下にかくされている心へ、直に語りかける物語を心底つくりたい。

これがラピュタの原点だ！　（企画製作メモから）

　スウィフトがガリバー旅行記第3部『ラピュタ』に描いた天空の島にはモデルが存在した。プラトンの失われた地理誌『天空の書』に記載されていたラピュタリチスがそれである。

　ラピュタリチスは、かつて地球上に一大技術文明（現代は2度目である）が栄えた時、戦争をきらい、天空へ逃れた一族によって築かれたのであった。しかし、あまりに高度に発達しすぎた文明生活の末、ラピュタ人は生命力を失い、次第に人口を減じ、紀元前500年頃に突如発生した奇病により滅亡した。

　ラピュタ人の一部は、地上へ降りて姿をかくし、生きのびたとも伝えられるが、詳細は不明である。

　ラピュタの宮殿は無人と化し、王の帰りを待つロボット達によって守られつづけた。しかし、永い年月の間に次第に領土は損壊し、今はその一部のみが空中を漂泊しているだけである。島は常に低気圧の源となって雲の峰にかくれ、偏西風と共に移動するので、地上から目撃された事は一度もない。

　尚、現代の機械文明以前に、かつて核エネルギーすら恣にした文明が地球上に存在したという説は、現代でもわずかな人々によって唱えられている。インドの民族抒事詩「ラーマーヤナ」「マハーバーラタ」を根拠にして、特にインドにその説を信ずる者が多い。

『となりのトトロ』

宮崎　駿（原作・脚本・監督）

劇場用パンフレット（1988年）より
日本が舞台の楽しい素敵な映画を作りたい。

　長編アニメーション作品「となりのトトロ」の目指すものは、幸せな心暖まる映画です。楽しい、清々しした心で家路をたどれる映画。恋人達は、いとおしさを募らせ、親達はしみじみと子供時代を想い出し、子供達はトトロに会いたくて、神社の裏の探険や樹のぼりを始める。そんな映画をつくりたいのです。

　つい最近まで「日本が世界に誇れるものは？」との問いに大人も子供も「自然と四季の美しさ」と答えていたのに、今は誰も口にしなくなりました。日本に住み、紛れもなく日本人である自分達が、出来るだけ日本を避けてアニメーションをつくりつづけています。この国はそんなにみすぼらしく、夢のないところになってしまったのでしょうか。

　国際化時代にあって、もっともナショナルなものこそインターナショナルのものになり得ると知りながら、なぜ日本を舞台にして楽しい素敵な映画をつくろうとしないのか。

　この素朴な問いに答えるには、新しい切口と新鮮な発見を必要とします。しかも、懐古や郷愁でない快活なはつらつとしたエンターテイメント作品でなければなりません。

忘れていたもの

気がつかなかったもの

なくしてしまったと思い込んでいたもの

でも、それは今もあるのだと信じて「となりのトトロ」を心底作りたいと思っています。

トトロとは

　この映画の主人公のひとり4歳のメイが、彼等に命名してしまった名前です。本当の名前は誰も知りません。

　ずーっと昔、この国にほとんど人が居なかった頃から、彼等はこの国の森の中に棲んで来ました。寿命も千年以上あるらしいのです。大きいトトロは2メートル以上にもなります。フワフワの毛につつまれた大きなミミズクかムジナか熊か、このいきものは妖怪といえるかもしれませんが、人を脅かすことはせず、のんびり、気ままに生きて来ました。森の中の洞や、古い樹のウロに棲み、人の目には見えないのですが、どうしたわけか、この映画の主人公、サツキとメイの小さな姉妹には見えてしまいました。

　騒がしいのがきらいで、人間につきあった例など一度もなかったトトロ達でしたが、サツキとメイには心をひらいてくれます。

『火垂るの墓』

高畑 勲 (監督)

記者発表用資料 (1987年)／劇場用パンフレット (1988年) より
「火垂るの墓」と現代の子供たち

〈1〉

　池のほとりの横穴に、十四歳の少年が四歳の妹を連れ、ふたりきりで住んでいる。七輪ひとつと布団蚊帳をもちこみ、冒険ごっこかママゴトか、枯木を拾って飯を炊き、塩気が足りぬと海水を汲む。池で体を洗い、泳いだついでにタニシをとる。

　時は夏。陽は天地を焦がし、雨は水面を叩き、滝となって流れ下る。たちのぼる蒸気、流れる汗。はげしい明暗が眼を射る天地に夜が訪れ、夏草におびただしい螢が舞う。兄妹は蚊帳のなかに百を超える螢をはなす。淡い光にうかびあがるのは、まるで夢のような昔のおもいで。昔といっても、それはひと月前までつづいていた……。

　身を寄せあう兄と妹がふたりきりで織りなす奇妙で切ない日常の世界。まわりにたちのぼる不思議なオーラ。

　しかし、ここは難破船のうちあげられた無人島ではない。まわりには田畑がひろがり、人も居れば立派な家も沢山ある。池の土手から見下ろせば、眼下に街がなだらかにつづき、そのまま海へ落ちこんでいる。街は炎天下の焼野原と、ひっそり昔ながらのたたずまいをみせる住宅地の一画とが交じりあい、しかし、そのあらわな断絶は、兄妹をおそった突然の災厄の前と後とが心のなかで決してつながらないのとおなじだった。むき出しの高架線路ばかりが目立つ街を、川に沿ってくだり、三本の鉄道と国道を横切れば、かげろうの燃えたつ夏の砂浜に出る。

　昭和二十年七月六日より敗戦後の八月二十二日までのひと月半、父の出征中空襲で母を失った清太と節子の兄妹は、山腹の貯水池わきの防空壕に住み、この瀬戸内の街がふたりの生活圏、ふたりのシマだった。

　幼い妹に、ままごと遊びと実生活の区別がどのようにつくものなのか。それを教えるのは、容赦なくおそいかかる空腹。

　無人島ではない。人は大勢いた。人との接触もあった。配給米もうけとった。預金おろした十円札を何枚もポケットに突っこみ、兄は母の残した着物をもって買い出しにでかけた。しかし、近所の人々は、水を汲む井戸で出会っても、兄妹の横穴を訪れることはなかった。中学三年生の兄を立派な大人とみなし、ふたりを独立した家族として干渉を慎んだのか。ただみずからと家族のくらしに忙しく、兄妹をふりかえるゆとりを失っていたのだろう。それどころか、兄がわずかな食物を求めて畑を荒らしでもしようものなら、たちまち殴る蹴る、そして警察に突き出した。

　空襲警報の鳴るたびに、兄は焼け残った街の一画へと出動する。すさまじい爆音爆撃機銃掃射の音の交錯するなかを少年は走り、待避中の留守宅へとびこみ、食べ物や交換用の衣類などを盗みだす。空にB29の姿がきらめこうが、もはや恐怖はなく、ワーイと手でも振りたい気持ちだった。

〈2〉

　もしいま、突然戦争がはじまり、日本が戦火に見舞われたら、両親を失った子供たちはどう生きるのだろうか。大人たちは他人の子供たちにどう接するのだろうか。

　「火垂るの墓」の清太少年は、私には、まるで現代の少年がタイムスリップして、あの不幸な時代にまぎれこんでしまったように思えてならない。そしてほとんど必然としかいいようのない成行きで妹を死なせ、ひと月してみずからも死んでいく。

　中学三年生といえば、予科練や陸軍幼年学校へ入ったり、少年兵になる子供もいた年齢である。しかし、清太は海軍大尉の長男でありながら、全く軍国少年らしいところがない。空襲で家が焼けて、妹に「どないするのん？」と聞かれ、「お父ちゃん仇とってくれるて」としか答えられない。みずからお国のため、天皇のために滅私奉公する気概はまるでなく、人並みにはもっていた敵愾心も、空襲のショックでたちまち消しとぶ。

　当時としてはかなり裕福に育ち、都会生活の楽しさも知っていた。逆境に立ち向かう必要はもちろん、厳しい親の労働を手伝わされたり、歯を喰いしばって屈辱に耐えるような経験はなかった。卑屈な態度をとったこともなく、戦時下とはいえ、のんびりとくらして来た部類に入るはずである。

　清太は母を失い、焼け出されて遠縁にあたる未亡人の家に身をよせる。夫の従兄である海軍大尉にひがみでもあったのか、生来の情の薄さか、未亡人はたちまち兄妹を邪魔者扱いし、冷たく当たるようになる。清太は未亡人のいやがらせやいやみに耐えることが出来ない。妹と自分の身をまもるために我慢し、ヒステリィの未亡人の前に膝を屈し、許しを乞うことが出来ない。未亡人からみれば、清太は全然可愛気のない子供だったろう。

　「よろし、御飯別々にしましょ、それやったら文句ないでしょ」「そんなに命惜しいねんやったら、横穴に住んどったらええのに」浴びせかけられる言葉もそれを口にする心もたしかに冷酷そのものではあるが、未亡人は兄妹が本当にそんなことが出来るとは思っ

ていなかったかもしれない。清太はしかし、自分に完全な屈服と御機嫌とりを要求する、この泥沼のような人間関係のなかに身をおきつづけることは出来なかった。むしろ耐えがたい人間関係から身をひいて、みずから食事を別にし、横穴へと去るのである。卑屈に自分にすがって来ることをしないこの子は、どこまでも憎らしく、未亡人は厄介払いしてもあまり良心が痛まなかっただろう。

清太のとったこのような行動や心のうごきは、物質的に恵まれ、快・不快を対人関係や行動や存在の大きな基準とし、わずらわしい人間関係をいとう現代の青年や子供たちとどこか似てはいないだろうか。いや、その子供たちと時代を共有する大人たちも同じである。

家族の絆がゆるみ、隣人同士の連帯感が減った分だけ、二重三重の社会的保護乃至管理の枠にまもられている現代。相互不干渉をつき合いの基本におき、本質に触れない遊戯的な気のつかい合いに、みずからのやさしさを確かめあっている私たち。戦争でなくてもいい、もし大災害が襲いかかり、相互扶助や協調に人を向かわせる理念もないまま、この社会的なタガが外れてしまったら、裸同然の人間関係のなかで終戦直後以上に人は人に対し狼となるにちがいない。自分がどちらの側にもなる可能性を思って戦慄する。そして、たとえ人間関係からのがれ、清太のように妹とふたりだけでくらそうとしても、いったいどれだけの少年が、人々が、清太ほどに妹を養いつづけられるだろうか。

物語の悲惨さにもかかわらず、清太にはいささかもみじめたらしさがない。すっと背をのばし、少年ひとり大地に立つさわやかささえ感じられる。十四歳の男の子が、女のように母のようにたくましく、生きることの根本である、食べる食べさせるということに全力をそそぐ。

人を頼らない兄妹ふたりきりの横穴でのくらしこそ、この物語の中心であり、救いである。苛酷な運命を背負わされたふたりにつかの間の光がさしこむ。幼児のほほえみ、イノセンスの結晶。

清太は自分の力で妹を養い、自分も生きようと努力し、しかし当然、力及ばず死んでいく。

〈3〉

何はともあれたくましく力強く生き抜くことが至上であった戦後の復興から高度成長への時代「火垂るの墓」の哀切さに心うたれても、そのあまりの悲惨な結末を認めたがらない人々がいた。

しかしいま「火垂るの墓」は強烈な光を放ち、現代を照らしだして私たちをおびえさせる。戦後四十年を通じて、現代ほど清太の生き方死にざまを人ごととは思えず、共感し得る時代はない。

いまこそ、この物語を映像化したい。

私たちはアニメーションで、困難に雄々しく立ち向かい、状況を切りひらき、たくましく生き抜く素晴らしい少年少女ばかりを描いて来た。しかし、現実には決して切りひらくことの出来ない状況がある。それは戦場と化した街や村であり、修羅と化す人の心である。そこで死ななければならないのは心やさしい現代の若者であり、私たちの半分である。アニメーションで勇気や希望やたくましさを描くことは勿論大切であるが、まず人と人がどうつながるかについて思いをはせることのできる作品もまた必要であろう。

『魔女の宅急便』

宮崎　駿（プロデューサー・脚本・監督）

劇場用パンフレット（1989年）より
今日の少女達の願いと心

　原作「魔女の宅急便」（作・角野栄子、福音館書店刊）は、自立と依存のはざまで、今日の少女達の願いと心を暖かく描いた、すぐれた児童文学作品です。かつての物語の主人公達にとっては、艱難辛苦の末、獲得する経済的自立が精神的自立そのものでした。今日、フリーアルバイター、モラトリアム、トラバーユ等の流行語が示すように、経済的自立は必ずしも精神の自立を意味しません。貧困は、物質的貧しさよりも、心についてより多く語られるべき時代なのです。

　親元を離れるのも通過儀礼というには軽すぎ、他人の中で生活するにも、1軒のコンビニエンスストアで足りてしまう時代に、少女達が直面する自立とは、いかに自分の才能を発見し、発露し、自己実現するかという、ある意味でより困難な課題なのです。

　主人公の魔女、13歳のキキには空を飛ぶ力しかありません。しかも、この世界では魔女はもう珍しくないのです。彼女は一年の間見知らぬ町で暮らして、人々に魔女として認知してもらわなければならぬという修業の課題を背負っています。

　そこには、マンガ家を夢見る少女が、単身大都会に出てくるおもむきがあります。今日、潜在的なマンガ家志望の青少年の数は三十万人といわれています。マンガ家そのものも、特に珍しい職業ではありません。デビューも比較的簡単、生活もなんとかやっていけます。その後くりかえす日常の中で初めて自分の壁に突き当た

るのが当世風なのです。母さんの使い込んだホーキに守られ、父さんの買ってくれたラジオで気晴らしをし、分身としての黒猫につきそわれてはいますが、キキの心は孤独と人恋しさにふるえます。両親の愛に恵まれ、その経済的援助すら受けつつ、都会のはなやかさに憧れ、都会で自立しようとする多くの少女達の姿がキキにだぶってきます。キキの覚悟の甘さも、認識の浅さすらも、今日の世間のあり様をよく反映させているのです。

　原作の中で、キキは持前の心根のよさで、難問を解決していきます。それは同時に、多くの味方を周囲に広げてもいきます。映画化に当たり、私達は若干の変更をせねばならなくなっています。彼女の才能が見事に開いていく姿は、たしかに心地良いのですが、今、私達の都会で生きる少女達の心はもっと屈折しています。自立の壁を突破する戦いは、多くの少女達にとって困難そのものであり、一度の祝福すら受けていないと感じる人々が多すぎるからです。映画では、私達は自立の問題をより深く追及しなければならないと考えています。映画はいや応ない現実感を持ってしまう為ですが、キキは原作よりも、より強い孤独や挫折を映画の中で味わうでしょう。

　キキと出会ったとき、私達に見えた最初のイメージは、都会の夜景のうえをとぶ小さな少女の姿でした。きらめく沢山の灯。でも、そのひとつとして、彼女を暖かくむかえ入れてくれる灯はない………。空をとぶ孤独。空をとぶ力は地上からの解放を意味しますが、自由はまた不安と孤独を意味します。空をとぶことで、自分自身であろうときめた少女が私達の主人公なのです。いままで、TVアニメを中心に沢山の"魔法少女"ものが作られてきましたが、魔法は少女達の願望を実現する為の手立てにすぎません。彼女達は、何の苦もなくアイドルになって来ました。「魔女の宅急便」での魔法は、そんなに便利な力ではありません。

　この映画での魔法とは、等身大の少女達の誰もが持っている、何らかの才能を意味する限定された力なのです。

　私達は、キキが街の上を飛ぶ時、屋根々々の下の人々に強い絆を感じつつ、前よりずっと自分であることをかみしめている——そんな幸福な終章を用意するつもりです。その終章が単なる願望でなく、映画の描写の過程がそれだけの説得力のあるフィルムにならなければとも、覚悟しています。

　今の世界に生きる少女達の、若さのはなやぎを否定するのではなく、はなやぎのみに目を奪われることなく、自立と依存のはざまでゆれる若い観客に、連帯の挨拶を贈る映画として（何故なら、私達自身がかつては少年であり、少女だったからであり、若いスタッフにとっては自分自身の問題だからですが）この作品を完成せねばならないと考えています。同時に、この映画がすぐれたエンタテインメント作品として、多くの共感と感動を獲得する基礎が、そこにあると考えます。

『おもひでぽろぽろ』

高畑　勲（監督・脚本）

劇場用パンフレット（1991年）より
演出ノート

　——私は、小学校5年生の私を連れて旅に出た。

　可愛い子には旅をさせろ、という。

　現代では、昔のような苦労もなく、したがって人情にふれることもなく、能率的な旅をすることが多い。しかしやはり、旅は人生を学び、己をみつめるまたとない機会であることにかわりはない。

　旅には、空間を移動する旅もあれば、時間を移動する旅もある。自分という「可愛い子」に時間と空間の旅をさせれば、自分をさがしたり、脱皮させたり、本当の自分を見つけたりする事ができるかもしれない。

　映画「おもひでぽろぽろ」は、そういう旅に出た27歳のOL、岡島タエ子の中間報告（ルポルタージュ）である。

1. 原作について

　映画「おもひでぽろぽろ」は同名の漫画の映画化アニメーション化である。

　「おもひでぽろぽろ」は、小学校5年生のとき、ある少女がクラスや家庭で体験したごく些細な出来事を、それぞれ独立した20数篇の思い出として綴った漫画である。

　時代は昭和41年、ビートルズの来日した年。話者である主人公岡島タエ子は当時10歳、三人姉妹の末っ子。両親と祖母の6人家族で、住まいは東京の郊外。

　エピソードには、昭和41年ごろという年代に特有なものも数篇含まれているものの、いわゆる「レトロもの」とは言えず、むしろ

相当巾の広い時代に共通する少女時代の切実な体験談が中心をなしている。

主人公の少女に、とりたてていえるほどの特徴はない。きわだった個性があるようにも見えず、ごく普通の平均的な子供というしかない。作文が得意で、算数がにがてである。彼女の属するクラスや家庭にも、大きな特色はない。夫唱婦随の昔型の両親で、夫は当時高度成長時代の企業戦士であったと思われる。生活程度は中流の上、クラスメイトの差は感じられない。

エピソードそのものも、まさに誰にでも起り得た、または起り得るようなエピソードが平凡な日常の時間の中で、きわめて淡々と物語られていく。そこはかとないユーモアとペーソスが快いが、特に心をゆさぶられるほどの出来事ともいえず、そこからひき出されるべき教訓もありそうにない。

おそらく、漫画「おもひでぽろぽろ」を読んでいない人には、そんなシロモノに魅力がある事など想像もつかないだろう。

しかし、「おもひでぽろぽろ」は、あきらかに魅力的な漫画である。

なぜか。

第一に、思い出の切り取り方のあざやかさである。

人は自分にとっての大事件だけを記憶し、他は忘れ去ってしまう。また、記憶の中では、事件にいたるまでのプロセスさえもが、事件によってもたらされた結果やその時の感情によって影響を受け、しばしばゆがんだ形で脳裏に定着する。さらに大人になってからの感慨や意味づけによってもゆがむ。むしろそのゆがんだものを、人は「思い出」と呼ぶのだと言っても良いだろう。思い出はしたがって、たとえほろ苦いものであっても、しばしばおぼろでなつかしいものになりがちである。

ところが、漫画「おもひでぽろぽろ」には、10歳児の少女のありのままの現実と感じ方が、じつにありありとすくいとられている。人はまるでタイムマシンで連れ戻されたように、——つい昨日の事のように、10歳の頃の自分の居た世界に連れ戻される。そして人は、出来事の内容によってではなく、そのまざまざと立ち現れた世界感覚に心をゆさぶられるのである。

それは当時の客観的現実の再現がここにあるという意味ではない。むしろここには10歳の岡島タエ子の眼に映り、耳にきこえたこと、感じたことだけが主観的にとらえられているといっていい。おそらく「客観的」現実とは微妙にズレているにちがいない。漫画「おもひでぽろぽろ」は、まさにその主観性によって「思い出」であることを保証しつつ——人を10歳の感性と観察の世界に連れ込みつつ、表現はあくまで客観主義の節度を貫くことにより、「奇妙な生々しい思い出」を漫画のかたちに定着させたのである。

遠去かった過去を感傷にくもった眼でふりかえった時見えてくるもの、それがいわゆる「思い出」であるとするならば、この「おもひでぽろぽろ」は、タイムマシンに乗って思い出の発生現場を本人

がいわば「ルポルタージュ」してきたもの、とでもいえばよいだろうか。

漫画「おもひでぽろぽろ」の第一の魅力はここにある。

第二に、誰にでもありそうな思い出ばかりがとりあげられていることである。

すぐれた文学作品には、まさに語るに価する思い出があざやかに切りとられているものがある。「おもひでぽろぽろ」の場合、切り取り方のあざやかさが直接万人に感じとれるのは、切りとってきた思い出が万人のものだからである。万人のものとは、それが誰にでもありそうで、ありふれていることを意味する。

この漫画を読んだ多くの人が、ああ、あの頃私もそうだった、とか、まるで小学校時代に帰ってきたような気がする、という。多くの人が自分のこととして受けとり、またこの漫画に触発されて、みずからの思い出をよみがえらせる経験をしている。

人はこのような思い出を、語るに価することだとは考えもしなかった。いや、忘れ去っていたのだ。それを「おもひでぽろぽろ」は見事によみがえらせてくれた。

第三に、これは一般に10歳児の「ルポルタージュ」ともなり得ていることである。

10歳の少女にとって単に些細なこと、というようなものが存在するだろうか。大人がそう価値づけるのは、大人の価値基準からみてのことである。また、10歳の少女にとっては、一日一日の日常がそのまま新鮮な体験である、ということを忘れているからである。まして、ここにとりあげられているのは、多くがごく普通の少女にとって大変切実な、また大いにつらかったであろう出来事ばかりである。

ごく普通の10歳の少女は、まだ万事に受身である事が多く、自分をとりまく現実に強く働きかけ、みずからの言動で状況を切りひらくまでには至らない。とても「アニメ」や児童文学の主人公のようにはいかないのだ。

成長しつつある自我は、親や学校の保護や抑圧としばしばマサツを起こすが、むしろそのマサツが自我の成長をさらに促し、来たるべき思春期を準備するにとどまるのが普通である。思春期こそ、自我の確立の試練の時期であり、この試練があまりに大きいため、多くの人はそれ以前の小さなマサツの経験を忘れてしまう。

忘れるとは、ある意味で克服することと同じである以上、この時期の普通の子供の姿がみえにくいのもまた当然である。自我が不充分であれば、個性もまた不明瞭で表に見えてこない。内では感性を全開していても、外にはくすんだ10歳だけがみえる。

漫画「おもひでぽろぽろ」は、この時期の少女の姿をありありと描きだして画期的である。

事実、現代の10歳前後の少女もまた、この漫画のなかに直接己れの似姿を見出し、共感反発交々の末、大人も自分たちと同じ

だったのだ、ということだけは少なくとも確認するのである。

2. 題名について

漫画「おもひでぽろぽろ」は、題名に歴史的仮名遣いをわざと使っている。これはいまはやりの若者たちのレトロ気分と大いに関係がありそうである。

ビートルズの来日、ミニスカート、少女フレンド、マーガレット、バービーちゃんのドレス、「ひょっこりひょうたん島」、スカートめくり、びっくりしたなあもう、などなど、直接のレトロを含め、この漫画はたしかにレトロ気分にアピールする力を持っている。

青年のうちから盛んに同窓会をやり、昔の話をして盛り上がる。小グループでも共通の話題の第一は昔の話。そしてみんな同じだったんだ、と安心する。その安心感を与えるうえでも、漫画「おもひでぽろぽろ」はうってつけの漫画といわねばならない。

3. レトロ気分はどこから来るか

伝統的価値体系が崩れて、共通の価値観を持ちえないために、社会、男女間、家庭など、あらゆる人間関係がいま、大変不安定なものになりつつある。すでに「人間関係」は、人を結束させたり、絆を強めたり慰めあったりする時に持ちだされる言葉ではない。「破綻」と結びつく。

自分の価値観からすれば相手が勝手にみえ、ということはみんながワガママになって、マサツがすぐ生じる。遊びでさえ、いや遊びだからこそ、マージャンのような個性がちがうもの同士の絡み合いは御免こうむりたい。いまならひとりで勝手気ままに遊べる機械がいくらでもある。他人に干渉もしないけど、干渉されたくもない。人は人。オレはオレ……。ところがちがうのだ。みんな人みしりがはげしいくせに実は人恋しい。甘えたくてたまらない。だが、人を甘えさせないから自分も甘えられない。

ものと情報があふれ、自由と享楽的気分のただなかで、私たちはみんなさびしがっている。不安がっている。自分にとって何がほんとうに大切なものか、何を価値あるものとして自分を支えればよいのか、そのみきわめがつかない。自己が確立しない。他人はどうであろうと、世界がどうであろうと自分はこう、というものがない。他人や世界の繁栄が崩れれば自動的に自分もなくなってしまいそうな気がする。だから私たちは、少しでも自分が他人と同じであることを確認したがり、それで安心しようとする。

人間関係を厭うからといって、孤独が好きでは全然ない。ひとりでテレビを見るからといって、それを孤独とはいえない。むしろ私たちは、マサツが生じないことがわかっている所では群れるのが大好きだ。何々同好会や同窓会が盛んになる。流行のひとり遊びさえ群れてやる。群れてはいても向き合わない。円陣を組まない。同じ方向を向いて並ぶ。テレビを見るときと同じだ。共有するものは自分たちのなかにではなく、前にある。そしてみんな同じであることに少し安心する。

じつのところ、レトロ気分というのも、全くこういう現象のひとつの現れにすぎない。過去をふりかえり、あれこれ細かいことを数え上げ、みんな同じだったんだ、と安心する。いわゆるアイデンティティーとか帰属意識とかいうものが人間の精神的安定に必要だとして、私たちはこれほど微弱なものにもすがらなければならないのだろうか。残念ながらそうらしい。

4. 映画「おもひでぽろぽろ」を構成するにあたって

映画「おもひでぽろぽろ」は、レトロ気分が現代を生きるうえでの精神安定剤のひとつとなっていることを認めるところから出発する。そして、漫画「おもひでぽろぽろ」をとりあげることが、その気分に訴える側面をもっていることを認める。出来るかぎり原作の魅力を生かそうとすれば、自然とそうなるはずだ。(映画には漫画のエピソードのうち、10篇ほどをとりあげることになる。)

しかし、レトロ気分を満たすために我々は映画をつくりたいとは思わない。むしろその逆である。レトロ気分のよってきたるところを、私たち現代人の自己確立のむつかしさと考えるからには、その傾向を助長することに組みしたくない。

精神の病いを治すには、まず患者の過去を掘りおこし、無意識の領域までさぐりを入れる。そして患者が自己を対象化し、自己分析をやりとげたとき、病いは自然に癒えるという。そのために、どのようなかたちであれ、過去をふりかえるのは決して悪くない第一歩のはずだ。

すでにみたとおり、漫画「おもひでぽろぽろ」には、世にレトロ気分があろうがなかろうが、過去をまざまざとよみがえらせる点で消えることのない魅力をもっている。

映画はそこに基盤をおき、主人公岡島タエ子が27歳になった時点を想定して、そこから10歳の自分をふりかえらせようと思う。27歳のタエ子は病んでいるわけではない。むしろ人前で明るく振舞えるいい娘に成長している。

女性の自立が叫ばれた時代の子として、タエ子は大学に進み、腰掛けというのでなく就職し、仕事に精を出す。生き生きと働いている間に恋愛のひとつやふたつは経験した。しかしいま27歳、独身。

仕事も覚えたての頃ほどの新鮮な魅力を感じることはなくなった。母からはこれが最後のチャンスよと見合いを迫られる。いままでその方面からの話には、主体性を奪われそうで一度ものったことがない。

表面上は相変らず快活に日々の勤めに出、男性以上にアフターファイブを楽しんでいるが、このままいくとしても、新たに気持の整理や決断をしなければ、力強く前へは進めないような気がしている。

10歳のタエ子同様、27歳のタエ子もそういう普通の女性として登場させたい。当然私たちとおなじ、先にのべた自己確立のむつかしい現代人のひとりである。

そのタエ子が、ふと10歳の頃の自分を思いだしてしまったら……、というのが映画「おもひでぽろぽろ」の第一の設定である。

　映画の第二の設定は、そういうタエ子を田舎に行かせて農業を体験させる、ということである。（これには根拠がある。タエ子は親の代からの東京人で田舎を知らなかった。田舎持ちの友達がうらやましかったのである。姉の夫が田舎出身であるという新設定を加えれば、タエ子が田舎持ちになったことを喜んでも不思議はない）

　私たちは都会に住み、食べ物を運んで来てくれるのを待っている。そして自分たちが動物であることを忘れている。おそらく本能につき動かされてであろう。自然や緑や水は欲しがるが、それは美しく衛生無害の、そして純度100%の幻想の自然であってほしいと思っている。そして時々その手つかずの自然に触れて命の洗濯をしたいと思っている。しかし、動物は本来自然のなかでしか生きられない。自然の脅威にさらされながら、自然から奪い、もらい、それを食べ、そして生きる。人間の営みの根本もまたそこにあった。この営みの中で現実感を喪失したり、自己確立が行えないのは、それこそ精神の病人だけである。

　現代、そのような人間の営みの根本に最も近いところに生きているのは、いうまでもなく農業者である。

　タエ子を田舎に行かせ、生き生きと農業に生きているひとりの青年と出会わせる。自己確立のために自己を対象化できる最も基本的な試金石は、人間の営みの根本をいまなお伝える田舎にあると確信するからである。

『おもひでぽろぽろ』準備稿（1990年1月8日）

『紅の豚』

宮崎　駿（原作・脚本・監督）

記者発表用資料より
演出覚書

●マンガ映画の復活

　国際便の疲れきったビジネスマン達の、酸欠で一段と鈍くなった頭でも楽しめる作品、それが「紅の豚」である。少年少女達や、おばさま達にも楽しめる作品でなければならないが、まずもって、この作品が「疲れて脳細胞が豆腐になった中年男のための、マンガ映画」であることを忘れてはならない。

　陽気だが、ランチキさわぎではなく、
　ダイナミックだが、破壊的ではない。
　愛はたっぷりあるが、肉慾は余計だ。
　誇りと自由に満ち、小技のしかけを廃してストーリーは単純に、登場人物達の動機も明解そのものである。

　男達はみんな陽気で快活だし、女達は魅力にあふれ、人生を楽しんでいる。そして、世界も又、かぎりなく明るく美しい。そういう映画を作ろうというのである。

●人物の描写は、氷山の水上部分と心得よ

　ポルコ、フィオ、ミスター・カーチス、ピッコロおやじ、ジーナ、マンマユート団の面々、その他の空賊達、これ等主要な登場人物が、みな人生を刻んで来たリアリティを持つこと。バカさわぎは、つらい事をかかえているからだし、単純さは一皮むけて手に入れたものなのだ。どの人物も大切にしなければならない。そのバカさを愛すべし。その他大勢の描写に手ぬきは禁物。よくある誤り──自分よりバカな者を描くのがマンガという誤解──を犯してはならない。さもないと、酸欠の中年男達は納得しない。

●書き込みより、枚数かけたダイナミズムを

　海、波しぶき、飛行艇群、人物達すべてを、線を増やすより、動きでみせよう。フォルムは単純にして、作画を楽にし、その分を動きにまわす。陽気さ、動くことの楽しさを発見しよう。

●色彩について

　鮮やかに、だがどぎつくなく上品に
　陽気で賑やかだが、眼が疲れないバランスを‼

●美術について

　こんな町に行ってみたい町。こんな空を飛んでみたいと思える空。自分も欲しい秘密のアジト。悩みなく、壮快に明るい世界。地球は昔、美しかったのだ。

以上のような映画をつくりましょう。

『海がきこえる』

望月智充（監督）インタビュー

パンフレット（1993年）より
氷室作品を是非アニメ化してみたかった。

──この作品に参加することになったきっかけは何なんでしょう。

望月 じつは、ぼくは「海がきこえる」の連載中にアニメ化の企画を出したことがあるんですよ。前から氷室さんの作品がすきで、単行本はほとんど読んでいたんです。「なんて素敵にジャパネスク」とか「なぎさボーイ」とか、氷室さんの作品は本当に話の展開がうまいんですよね。それで、是非一度氷室作品をアニメ化してみたいとずっと考えていたんです。「海がきこえる」を選んだのは、ちょうど連載中というタイミングの良さと、掲載誌が「アニメージュ」ということで（笑）、アニメ化の実現可能性が高そうに思えたから。その時は結局実現しませんでしたけど……。

今回ジブリからお話をいただいたのは、全くの偶然です。原作でイラストを描いていた近藤勝也さんが全面的に参加してくれるということで、心強かったですね。やっぱり、「海がきこえる」のアニメ化は、勝也さん抜きでは考えられなかったですから。

──この作品はリアルな青春を描いていると思うのですが、監督自身はこの作品をどう捉えていらっしゃるのでしょう。

望月 確かにリアルな青春ドラマなので、丁寧な描写を心掛けようと思っています。ただ、リアルな内容だと「実写で撮った方がよい」というようなことをいう人が必ずいますが、そういう意見には反対です。現実的な題材は実写の方が向いているとは、必ずしも思わない。絵で描くことによって、カメラで撮るのとは別の面白さが出てくるんですよ。

例えば、「おもひでぽろぽろ」で紅花が揺れるシーンがあるけど、絵で描かれているからこそ、実写で本物の花が揺れているよりも大きな感動を与えられるのだと思う。リアルなアニメーションの魅力というのは、そういう部分にあるような気がするんですね。ぼくは現実とあまりにもかけ離れた設定のアニメーションには全く魅力を感じないんです。「海がきこえる」もやっぱり、リアリティーある演出を目指したいと思っています。この作品では特に、キャラクターの描写がポイントになるでしょうね。

──監督が最も魅力を感じているキャラクターは。

望月 やっぱり里伽子かな。里伽子というのは、とにかく一言ではいい表せないタイプなんですよ。実際の人間は複雑で多面的なものですから、ああいうタイプには描写する上で魅力を感じます。まあ、かわいいからというのもありますけどね（笑）。

『平成狸合戦ぽんぽこ』

高畑 勲（原作・脚本・監督）

演出ノート（劇場用パンフレット［1994年］より）
当世タヌキの事情

ある日、近くの地主さんちの裏の竹藪が忽然と姿を消し、更地と化してしまった。夕暮れ時、巣に帰ったスズメたちのかしましさは大したもので、みんなこの竹藪を「雀のお宿」と呼んでいたのだが、更地になってまず気になったのが、いったいあのスズメたちはどこへ行ったのだろう、ということだった。

多摩、千里、筑波などのニュータウンや各地のゴルフ場など、大規模に山林を開発し、短期間に地形まですっかり変えてしまった地域で、生き物たちは生活圏を失い、その多くが滅びたことは言うまでもないが、その周辺地域でも、この受難のあおりを受けて、人間の気付かないところで生き物たちの激しい生存競争がくりひろげられたのではないだろうか。異種間はもとより、テリトリーをめぐって同種間の争いも熾烈だったはずである。きっと多くの命が失われ、子孫を残せなかった個体も多かったにちがいない。

昔から里山に棲みつき、人間と交渉の深かったわれらがタヌキたちも、この恐るべき災厄を逃れることは出来なかったことと思わ

れる。最近、人里どころか町中にさえタヌキたちが出没し、交通事故などに遇いながらも、人間たちの捨てた残飯をあさり、子供たちから餌をもらうなどしてしぶとく生き抜いている姿が各地で報告されているが、これもまた、開発の荒波をまともにかぶったタヌキたちの、止むに止まれぬ生き残り作戦なのではないだろうか。

この激動と戦乱の時代をタヌキたちはどう生き、どう死んでいったのか、苛酷な運命に抗し、彼らの特技たる「化け学」はどう活用されたのか、それは感覚の鈍い現代の人間たちに少しは通じたのか、そしてこんな時代にあっても、恋の花はやはり咲いたのか、無事子孫は残せたのか、そのあたりの事情を『平成狸合戦ぽんぽこ』によって探ってみたい。

『耳をすませば』

宮崎　駿（プロデューサー・脚本・絵コンテ）

記者発表用資料（1994年）／劇場用パンフレット（1995年）より
なぜ、いま少女マンガか？　この映画の狙い

　混沌の21世紀の姿が、次第にはっきりして来た今、日本の社会構造も大きくきしみ、ゆらぎ始めている。時代は確実に変動期に入り、昨日の常識や定説が急速に力を失いつつある。これまでの物的蓄積によって、若い人々がその波に直接さらされることは、まだ始まっていないとしても、その予兆だけは確実に届いている。

　こんな時代に、我々はどんな映画を作ろうとするのだろう。

　生きるという本質に立ち帰ること。

　自分の出発点を確認すること。

　変転する流行は一段と加速するが、それに背をむけること。

　もっと、遠くを見つめる目差しこそがいま要るのだと、高らかに大胆に唱いあげる映画を、あえて作ろうというのである。

　この作品は、若い観客の今のあれこれに、理解を示して歓心を買おうとしない。彼等、若い人々が置かれている今日的状況について、疑問や問題意識をひけらかす事もしない。

　この作品は、自分の青春に痛恨の悔いを残すおじさん達の、若い人々への一種の挑発である。自分を、自分の舞台の主人公にすることを諦めがちな観客──それは、かつての自分達でもある──に、心の渇きをかきたて、憧れることの大切さを伝えようというのである。

　自らを高めてくれる異性との出会い──チャップリンの作品は、一貫してそうだった──その出会いの奇蹟の復活が、この作品の意図するものだ。

　原作は、ごくありふれた少女マンガの、よくあるラブストーリーにすぎない。この世界には、ふたりの間を邪魔するものは何もない。無理解な大人達や規制はなく、屈折や挫折も、まだ遥かに遠く、これから始まるはずの、自分の物語を夢見ている少女が、主人公なのである。今日の少女マンガがそうであるように、この原作も、大切なのは双方の気持ちだけで、何事も事々しく起こらない。ふたりは、互いに好きだと確認しあうが、それ以上は何も始まらない。少女マンガは、いつもそこで終るのであり、だからこそ支持もされて来た。

　主人公の相手の少年は、絵描きを夢見て、イラスト風の絵を描いている。これも少女マンガの典型で、切迫した激しい芸術を志向する人物では決してない。物語の書き手になることを夢見る少女のそれも、国籍不明のメルヘン作りであって、少年と同様、少女もまた傷を負う危険のない範囲にかこわれている。

　では、なぜ「耳をすませば」の映画化を提案するのか。

　おじさん達がどんなに力を込めて、その脆弱さを指摘し、現実性にとぼしい夢だと論じたてても、この原作にすこやかに、素直に描かれた出会いへの憧れと、純な思慕の念が、青春の重要な真実であることを否定できないからである。

　すこやかさとは、庇護の元でのもろさであるとか、障害のない時代に純愛は成立しないとか、皮肉に指摘するのは簡単だ。それなら、もっと強く、圧倒的な力で、すこやかであることの素晴らしさを表現できないであろうか。

　現実をぶっとばすほどの力のあるすこやかさ……。その試みの核に、柊あおいの「耳をすませば」はなり得るのではないか？

　もしも、その少年が職人を志していたら……。中学卒業と共に、イタリアのクレモナに行き、そこのヴァイオリン製作学校に入って修業をしようと決めていたら、この物語はどうなるだろう。

　実は、「耳をすませば」の映画化構想は、この着想から全て始まったのである。

　木工の好きな少年。自らもヴァイオリンを弾く少年。原作に登場する古美術商の祖父の屋根裏部屋を、地下の工房に変え、祖父も古い家具や美術品の修理を趣味とし、音楽の演奏をたしなむ人物にしたら……。少年は、その工房でヴァイオリン造りへの夢を育ま

れたのだ。

　同世代の少年や少女達が、未来をむしろ忌避して生きている時（大人になったら、碌なことはないと信じている子供達が多い）、ずっと遠くを見つめて、少年は着実に生きている。われらがヒロインが、そんな少年に出会ったらどうするのだろう。

　そう設問した時、ありきたりの少女マンガが、突然今日性を帯びた作品に変身する原石——カットし、研磨すれば輝く原石に、変身したのである。

　少女マンガの世界が持つ、純（ピュア）な部分を大切にしながら、今日豊かに生きることはどういうことかを、問う事も出来るはずである。

　この作品は、ひとつの理想化した出会いに、ありったけのリアリティーを与えながら、生きる事の素晴らしさを、ぬけぬけと唱いあげようという挑戦である。

以　上

『もののけ姫』

宮崎　駿（原作・脚本・監督）

記者発表用資料（1995年）／劇場用パンフレット（1997年）より

荒ぶる神々と人間の戦い　— この映画の狙い —

　この作品には、時代劇に通常登場する武士、領主、農民はほとんど顔を出さない。姿を見せても脇の脇である。

　主要な主人公群は、歴史の表舞台には姿を見せない人々や、荒ぶる山の神々である。タタラ者と呼ばれた製鉄集団の、技術者、労務者、鍛冶、砂鉄採り、炭焼。馬借あるいは牛飼いの運送人達。彼等は武装もし、工場制手工業ともいえる独自の組織をつくりあげている。

　人間達と対する荒ぶる神々とは、山犬神、猪神、熊の姿で登場する。物語のかなめとなるシシ神とは、人面と獣の身体、樹木の角を持つまったく空想上の動物である。

　主人公の少年は、大和政権に亡ぼされ古代に姿を消したエミシの末裔であり、少女は類似を探すなら縄文期のある種の土偶に似ていなくもない。

　主要な舞台は、人を寄せつけぬ深い神々の森と、鉄を作る城砦の如きタタラ場である。

　従来の時代劇の舞台である城、町、水田を持つ農村は遠景にすぎない。むしろ、ダムがなく、森が深く、人口のはるかに少ない時代の日本の風景、深山幽谷、豊かで清冽な流れ、砂利のない土の細い道、沢山の鳥、獣、虫等純度の高い自然を再現しようとする。

　これらの設定の目的は、従来の時代劇の常識、先入観、偏見にしばられず、より自由な人物群を形象するためである。最近の歴史学、民俗学、考古学によって、一般に流布されているイメージより、この国はずっと豊かで多様な歴史を持っていた事が判っている。時代劇の貧しさは、ほとんどが映画の芝居によって作られたのだ。

　この作品が舞台とする室町期は混乱と流動が日常の世界であった。南北朝からつづく下克上、バサラの気風、悪党横行、新しい芸術の混沌の中から、今日の日本が形成されていく時代である。戦国もののような常備軍が組織戦を行う時代とはちがうし、一所懸命の強烈な鎌倉武士の時代ともちがう。

　もっとあいまいな流動期、武士と百姓の区別は定かでなく、女達も職人尽しの絵にあるように、より大らかに自由であった。このような時代、人々の生き死にの輪郭ははっきりしていた。人は生き、人は愛し、憎み、働き、死んでいった。人生は曖昧ではなかったのだ。

　21世紀の混沌の時代にむかって、この作品をつくる意味はそこにある。

　世界全体の問題を解決しようというのではない。荒ぶる神々と人間との戦いにハッピーエンドはあり得ないからだ。しかし、憎悪と殺戮のさ中にあっても、生きるにあたいする事はある。素晴らしい出会いや美しいものは存在し得る。

　憎悪を描くが、それはもっと大切なものがある事を描くためである。

　呪縛を描くのは解放の喜びを描くためである。

　描くべきは、少年の少女への理解であり、少女が、少年に心を開いていく過程である。

　少女は、最後に少年にいうだろう。

「アシタカは好きだ。でも人間を許すことはできない」と。

　少年は微笑みながら言うはずだ。

「それでもいい。私と共に生きてくれ」と。

　そういう映画を作りたいのである。

『ホーホケキョ となりの山田くん』

高畑　勲（脚本・監督）

演出ノート（記者発表用資料[1997年]から、チラシに掲載された原稿より）
「となりシリーズ」第二弾

　これは、スタジオジブリが送る「となりシリーズ」第二弾です。いいえ、けっして冗談ではありません。至極大真面目な特別企画です。

　わたしたちは、となりの木々や林にトトロが住んでいてほしいと思います。

　トトロが身近にいてくれる気配を感じると、しあわせになります。自然に包まれて、自分がいい人になれるような気がします。

　しかしまた、わたしたちは、となりにやまだ君たちが住んでくれるのも大歓迎です。

　やまだ家の人たちが身近にいてくれるのを感じると、なぜかラクになります。元気が出ます。頬がゆるみ、息がつけて、今日一日もなんとかやって行けそうな気がします。

　やまだ家の人たちとは、朝日新聞連載の『となりのやまだ君』（現在は『ののちゃん』に改題）の主人公一家のことです。毎朝、他の記事は後回しにしても、この四コマ漫画だけは読んで家を出る、という購読者が多いと聞きます。

　プロデューサーの鈴木敏夫氏は『となりのやまだ君』の大ファンで、以前から「となりシリーズ第二弾」としてこの四コマ漫画をアニメ化できないかと周囲の人間に問いかけていましたが、誰も冗談としてしか聞かず、だいいち、やりたい仕事ではないので、本気で考えようとはしませんでした。

　この企画に乗れなかったのは当然です。『となりのやまだ君』が最近の新聞連載漫画のなかでは出色の傑作であることは認めても、そのアニメ化企画はスタジオジブリのイメージとあまりにも違いすぎますし、普通に考えればジブリスタッフの持ち味や力量を生かせそうにもありません。しかも四コマギャグ漫画を説得的にアニメ化（とくに長編化）することは至難の業、いや、ほとんど不可能事です。四コマ漫画を引き伸ばしたり組み合わせてアニメ化したものといえば、人気のある『サザエさん』や成功作の『がんばれ!!タブチくん!!』などがありますが、原作のひきしまった面白さは残念ながら犠牲になっています。

　それなのになぜ、いまこの時点で、あえて危険を冒してまで、『となりのやまだ君』を「緊急特別企画」として取り上げようとするのでしょうか。成算はあるのでしょうか。

　なによりもまず、鈴木氏の「となりシリーズ第二弾」というコンセプトが語呂合わせでも冗談でもなく、時宜に適した妥当なものかもしれないと気づいたからです。この冗談みたいな語呂合わせに含まれる「不真面目のすすめ」こそ、いま必要なのかもしれない、と真面目に思いはじめたからです。すなわち、冒頭に書いたように、いまこそ「人々のとなりにやまだ一家を住まわせたい」と本気で考えるようになったからです。

『千と千尋の神隠し』

宮崎　駿（原作・脚本・監督）

劇場用パンフレット（2001年）より
不思議の町の千尋　── この映画のねらい ──

　この作品は、武器を振りまわしたり、超能力の力くらべこそないが、冒険ものがたりというべき作品である。冒険とはいっても、正邪の対決が主題ではなく、善人も悪人もみな混じり合って存在する世の中ともいうべき中へ投げ込まれ、修行し、友愛と献身を学び、知恵を発揮して生還する少女のものがたりになるはずだ。彼女は切り抜け、体をかわし、ひとまずは元の日常に帰って来るのだが、世の中が消滅しないと同じに、それは悪を滅ぼしたからではなく、彼女が生きる力を獲得した結果なのである。

　今日、あいまいになってしまった世の中というもの、あいまいな

くせに、浸食し喰い尽くそうとする世の中を、ファンタジーの形を借りて、くっきりと描き出すことが、この映画の主要な課題である。

かこわれ、守られ、遠ざけられて、生きることがうすぼんやりにしか感じられない日常の中で、子供達はひよわな自我を肥大化させるしかない。千尋のヒョロヒョロの手足や、簡単にはおもしろがりませんよゥというブチャムクレの表情はその象徴なのだ。けれども、現実がくっきりし、抜きさしならない関係の中で危機に直面した時、本人も気づかなかった適応力や忍耐力が湧き出し、果断な判断力や行動力を発揮する生命を、自分がかかえている事に気づくはずだ。

もっとも、ただパニックって、「ウソーッ」としゃがみこむ人間がほとんどかもしれないが、そういう人々は千尋の出会った状況下では、すぐ消されるか食べられるかしてしまうだろう。千尋が主人公である資格は、実は食い尽くされない力にあるといえる。決して、美少女であったり、類まれな心の持ち主だから主人公になるのではない。その点が、この作品の特長であり、だからまた、10才の女の子達のための映画でもあり得るのである。

言葉は力である。千尋の迷い込んだ世界では、言葉を発することはとり返しのつかない重さを持っている。湯婆婆が支配する湯屋では、「いやだ」「帰りたい」と一言でも口にしたら、魔女はたちまち千尋を放り出し、彼女は何処にも行くあてのないままさまよい消滅するか、ニワトリにされて食われるまで玉子を産みつづけるかの道しかなくなる。逆に、「ここで働く」と千尋が言葉を発すれば、魔女といえども無視することができない。今日、言葉はかぎりなく軽く、どうとでも言えるアブクのようなものと受けとられているが、それは現実がうつろになっている反映にすぎない。言葉は力であることは、今も真実である。力のない空虚な言葉が、無意味にあふれているだけなのだ。

名前を奪うという行為は、呼び名を変えるということではなく、相手を完全に支配しようとする方法である。千は、千尋の名を自分自身が忘れていく事に気がつきゾッとする。また、豚舎に両親を訪ねて行くごとに、豚の姿をした両親に平気になっていくのだ。湯婆婆の世間では、常に喰らい尽くされる危機の中に生きなければならない。

困難な世間の中で、千尋はむしろいきいきとしていく。ぶちゃむくれのだるそうなキャラクターは、映画の大団円にはハッとするような魅力的な表情を持つようになるだろう。世の中の本質は、今も少しも変わっていない。言葉は意志であり、自分であり、力なのだということを、この映画は説得力を持って訴えるつもりである。

日本を舞台にするファンタジーを作る意味もまたそこにある。お伽話でも、逃げ口の多い西欧ものにしたくないのである。この映画はよくある異世界ものの一亜流と受けとられそうだが、むしろ、昔話に登場する「雀のお宿」や「鼠の御殿」の直系の子孫と考えたい。パラレルワールド等と言わなくとも、私達のご先祖は雀のお宿でしくじったり、鼠の御殿で宴を楽しんだりして来たのだ。

湯婆婆の棲む世界を、擬洋風にするのは、何処かで見たことがあり、夢だか現実だか定かでなくするためだが、同時に、日本の伝統的意匠が多様なイメージの宝庫だからでもある。民俗的空間──物語、伝承、行事、意匠、神ごとから呪術に至るまで──が、どれほど豊かでユニークであるかは、ただ知られていないだけなのである。カチカチ山や桃太郎は、たしかに説得力を失った。しかし、民話風のチンマリした世界に、伝統的なものをすべて詰め込むのは、いかにも貧弱な発想といわねばならない。子供達はハイテクにかこまれ、うすっぺらな工業製品の中でますます根を失っている。私達がどれほど豊かな伝統を持っているか、伝えなければならない。

伝統的な意匠を、現代に通じる物語に組み込み、色あざやかなモザイクの一片としてはめ込むことで、映画の世界は新鮮な説得力を獲得するのだと思う。それは同時に、私達がこの島国の住人だという事を改めて認識することなのである。

ボーダーレスの時代、よって立つ場所を持たない人間は、もっとも軽んぜられるだろう。場所は過去であり、歴史である。歴史を持たない人間、過去を忘れた民族はまたかげろうのように消えるか、ニワトリになって喰らわれるまで玉子を産みつづけるしかなくなるのだと思う。

観客の10才の女の子達が、本当の自分の願いに出会う作品に、この映画をしたいと思う。

『猫の恩返し』

森田宏幸（監督）

記者発表用資料（2002年）より
ハルの感じたもの

誰だって自分の人生を楽しみたい。カッコイイ恋人や、やりがいのある仕事…、地位や名誉を得て、人生に勝利したいもの。

でも我らが主人公、吉岡ハルの生活はいまひとつ波に乗れない。

女子高生っていえば、彼氏の一人ぐらい欲しいし、スポーツに打ち込んだり、夢を持って勉強したり、もっと充実してるはずなのに…。
「猫の国もいいかもね。日がな一日ごろごろしてるんでしょう？　イヤなことなんかみーんな忘れてさぁ。天国かもねー」
　ありゃりゃ、なんてだらしない。それが十代の女の子のセリフ？　この子は駄目な子？　ヤケクソな可哀想な子なの？
　いえいえ、そんなことはありません。ハルだっていろいろ考えているのです。
　多くの人と同じようにハルも、何か面白いことはないかしら？　もっと自分を輝かせる生き方があるはずなんだけどなーと思ってるんです。
　けれどカッコイイ恋人？　やりがいのある仕事？　と頭で考えてみても、なんか空々しい、型にはめられそうな気がしないでもない。そういう目に見えるものよりも、本当の幸せのカギは「猫の国もいいかも！」って感じられる心の中にあるかもしれません。
　猫の事務所のバロンはそんなハルを面白いと思ったようです。このちっちゃなドールハウスに住む謎の猫人形はなーんにも持ってませんが、なぜかカッコよさだけは持っていたのでした。(不思議!?)
　猫の国で繰り広げられる無知蒙昧なアドベンチャー(所詮は猫のやること！)からハルを守り導くことぐらい、快男児バロンにとってはたやすいこと。そんな中でバロンは、こんな風に颯爽と生きてみてはどうだい？　とハルにメッセージを送り続けるのでした。
　ハルの経験することといえば、ダンスを踊り、剣を交え、迷路をくぐり抜ける一見無駄なことばかり。でも生き方を探すって、それぐらい大変なことってことね。100パーセント確実を待って、部屋にひきこもってってはじまらない。「なんかいいかも！」っていうぐらいで走り出せる、ハルぐらいが一番かっこいいのかも。
　人を愛する気持ちは尊いけれど、恋するためだけに生まれてきたワケじゃない。仕事や勉強は頑張んなきゃいけないし、何かしら成長はしていかなくちゃいけないけれど、みんながみんな偉くなれるワケじゃない。だいたい成長するって難しいし、成長できなくて当たり前だし、安易な成長ならしないほうがマシかもしれない。未熟な自分をまずは許して、善意や思いやりや、風や香りを感じられる気持ちを大事にしよう。
　朝気持ちよく目を覚まして、美味しいお茶を飲み、温かな空気を感じるってことが実は一番むずかしい。それさえ出来れば、昨日とはちがう明日がきっと見えてくるはず！
「猫の恩返し」はそんな感じの映画です。

『ギブリーズ episode2』

百瀬義行(監督)

記者発表用資料(2002年)より
メッセージ

　普通の人びと(特に有名人ではない人々)の似顔絵キャラクターで、日常を描き、普通と言われる人々を主人公にする、それがギブリーズのテーマです。このテーマでアニメーション映画を成立させるためにどうするかがすべての出発点でした。

　この作品ではショートストーリーを並べた構成にして、さらに各話の内容で絵のスタイル、音楽などを変えています。これは、表情が乏しくなりがちなキャラクターの気分を画面全体で代弁させようと考えたからです。たとえば水彩調、油彩調、らくがき調といった調子で話の内容に合わせて絵柄のスタイルを変えてゆくのです。そして、恐ろしく単純で強烈なキャラクターにはフラットな色面で塗るような従来のセルアニメーション仕上げをせず、キャラクター自体にもマチエルを与えて背景との質感を同一化させることで一枚の絵が動いているような気分を意識させたかったのです。そうすれば違和感なく物語に入り込めるのではないかと思ったのです。
ひとつの作品で各話ごとに絵のスタイルを変えていくという手法は、普通、技術的な実験と捉えられがちですが、あくまでもギブリーズの開放的世界観を演出するためにもっとも効果的であると考えたからに過ぎません。この映画的技術は、ひとつの短編映画として普遍的なストーリーを表現するために必要なものを選択した結果なのです。このように実験的な映像表現とエンタテインメントの融合ができたのもギブリーズのキャラクターたちと出会えたお陰とも言えるでしょう。

　普通でないようなキャラクターを使って普通では無いような映画を作りましたが、描きたかったのはあくまでも普通といわれるような主人公たちのフツーの日常なのです。そして、この作品を通じて、自分の日常を振り返り、さらにこれからも続く変わりない日常が少しでも彩りのあるものになるような気分になってくれれば本望です。

『ハウルの動く城』

宮崎　駿（脚本・監督）

映画制作のための資料（2002年）より
ハウルの動く城　準備のためのメモ

◎あらすじは、原作の訳者西村醇子氏が上手にまとめているので、一部訂正加筆して、ここに引用します。

『帽子屋の長女ソフィーは、荒地の魔女に呪いをかけられ、おばあさんにされます。しかも、そのことを誰にも喋べることが出来ないように封印されてしまいました。呪いを解く方法を求めて、ソフィーは家を出て、悪名高い魔法使いハウルの城にもぐり込み、掃除婦になります。

城のなかは不思議なものや奇妙なことだらけ。窓の外には見えないはずの遠い町の風景が、扉の外はいろいろな場所に通じています。また暖炉には火の悪魔がいて、ハウルに力を提供しているというではありませんか。

やがてソフィーは、ハウルをひそかに恋するようになります。しかもハウルもまた荒地の魔女に、ねらわれているのです。戦争も始まります。魔法使いといえども戦争の勝利のために協力せよと、国王からの呼び出しもかかります。

はたして、ソフィーは呪いを解く方法を見つけ、無事に幸せをつかめるでしょうか？』

○原作について

この作品は、子供向けのクリスマス劇として構想されたのではないかと思われます。伝統というには大げさですが、イギリスにはクリスマスに子供達が演劇を楽しむという習慣があるようです。この作品の構成には、ファージョンの「銀色のしぎ」に似たところがあり、「銀色のしぎ」も、たしかクリスマス劇の脚本としてはじめ書かれたものでした。

クリスマス劇として原作を把えてみると、この作品がよく理解できますが、だからといって映画化に役に立つわけではありません。むしろ途方にくれてしまいます。

ハウルの家とはどんな所でしょう。舞台の中央にカルシファーの暖炉があり、着ぐるみの炎がしゃべったり、のびあがったりしています。左右に四つのドアとひとつの窓、ドアをあけると次々と別の世界があらわれます。劇は説明的なセリフ（ひとり言も多い）で進行します。あとは、四つのドアから沢山の登場人物が出たり入ったり、大声で喋り、ののしり、笑い、泣き、大団円では、すべてがその舞台に登場してたたかったり、だきあったり大ドタバタでハッピーエンドになるわけです。映画というより、関西新喜劇向きの原作といっても過言ではないでしょう。

ソフィーとハウルのありように、今日性はあります。若さを呪縛のように感じているソフィーや、バーチャルリアリティー（つまり魔法）の中にいて、おしゃれと恋のゲームしかできないハウルは、目的とか、動機が持てない若者の典型ともいえるでしょう。だからといって、この作品が今日性があり、作るにあたいする内容があるとはいえません。時代はもっと激しく、沢山のハウル達やソフィー達を踏みつぶして進むはずです。この映画の公開が予定されている二〇〇四年に、世界がこの関西新喜劇風ファンタジーを許すとはとても思えません。

○さて、どうするか

この作品は一種のホームドラマといえます。ソフィーがハウルに恋する前に、ソフィーは主婦としての立場を確立しています。

火の悪魔や弟子のマルクル、犬人間やかかし、それにハウルを結びつけ、家族にする鍵はソフィーの存在です。動く城の中のマイホーム。そこへ戦争がおこるのです。おとぎ話の戦争ではありません。個人の勇気や名誉をかけた戦闘ではありません。近代的な国家間の総力戦です。

ハウルは徴兵はまぬがれているようですが、戦争に協力することを求められます。要請ではありません強要です。

ハウルは自由に素直に、他人にかかわらず自分の好きなように生きたい人間です。しかし、国家はそれを許しません。「どちらにつく？」とハウルもソフィーも迫られるのです。その間にも、戦争は姿をあらわします。動く城のドアのひとつがある港町にも、ソフィーの生家のある町にも、王宮にも、荒地そのものにも、火が降り、爆発がおこり、総力戦のおそろしさが現実のものとなっていきます。

いったい、ソフィーとハウルはどうするでしょう。この点をキチンと描いた時、『ハウルの動く城』は、二十一世紀に耐える映画になるでしょう。但、ハウルとソフィーが力を合わせて、戦争をやめさせたとか、人々を救ったというような展開は、もっと空虚なものになります。自分達のこれからの生き方も問われる形で、この難題にいどまなくてはなりません。

○原作の変更点

① 舞台について（土地、時代）

　日本の明治維新の頃、フランスで活躍したカリカチュアの画家ロビダが描いた近未来空想画に、多くのヒントを得て舞台をつくります。十九世紀の後半に、多分に皮肉をこめて空想された機械文明社会には、魔法も科学も混在しています。

　愛国主義の全盛期でもあり、兵士が戦場へ行く時は、花束が投げられ、銃には花がかざられ歓呼の声の中を行進しました。

　ソフィーの生家のある古い町はアルザス風の民家、表通りには万国博覧会のパビリオンが並び、蒸気機関がありとあらゆる所に使われ、黒煙を吐き出しています。

　人々の住む町の空はすすけ、青空すら鉛色にかすんでいる一方、人のよりつかない荒地は、青空は澄みきっていますが、寒く、風が強く、いつも雲が湧いて流れ、南米のパタゴニア地方のようでもあります。

② 動く城

　原作の動く城は、魔法の出口のひとつで、出入口として移動するだけで実体はありません。舞台劇ではそうするしかないのでしょうが、映画ではおもしろくないでしょう。私達の城は機械や建物の断片の奇怪な集合体で、十本もの鉄の足で、ヨタヨタと荒地をさまようものになるでしょう。ハウルの家はその中にあります。ですから、カルシファーが契約から解放されて煙突からとび出してしまうと、ハウルの家は姿をあらわします。みすぼらしく、屋根や壁の一部さえ欠けていて、あちこちに、クズ鉄の棒やら板やらのガラクタがくっついている姿で、荒地に転がることになるでしょう。

　以上、ストーリーはまだはっきりしませんが、この方向で進みたいと考えます。

二〇〇二年十月二十八日

『ゲド戦記』

宮崎吾朗（脚本・監督）

チラシより
演出ノート「人間の頭が、変(ヘン)になっている。」

　私がル＝グウィンさんの「ゲド戦記」シリーズに出会ったのは、今から20年以上も前、まだ高校生の頃だったと思います。当時の私が最も心引かれたのは、第1巻と第2巻でした。第1巻では、ハイタカの傲慢さと挫折、そして自身の影との合一に自分を重ね、第2巻では、テナーの暗い墓所からの開放に喜びと悲しみを感じました。

　ところが、映画の企画に参加するために、あらためて「ゲド戦記」を全巻読み直した時、私は第3巻、第4巻、そして外伝に強く心惹かれることに気づき、驚きました。私自身が年齢を重ねて変わったこともあるでしょうが、私たちを取り巻く状況が大きく変わったことがその最も大きな理由だと思います。

実在感を失った街ホート・タウンに生きている。

　今、私たちの暮らしている世界は、まるで第3巻に登場するホート・タウンやローバネリーのようです。みな、必死にせわしなく動き回っていますが、それは目的があってのことではないように見えます。目に見えるもの、見えないもの、それら全てを失うことを、ただただ恐れているようです。人々の頭がおかしくなってしまった感じです。

　一つひとつ例を挙げることはしませんが、その原因は国内外の様々な社会状況の激変にあるのは明らかです。けれど、どうすれば社会が良くなるのか、目指すべき方向は誰も提示できずにいます。そして大人たちは誇りや寛容さ、いたわりの心を失い、若者たちは未来に希望を見出せず、無力感におそわれています。

　結果、生きることの現実感は失われ、自分や他人が死ぬことの現実感も失われています。自分の存在を曖昧にしか感じられないのならば、他者の存在も希薄にしか感じられないのは当然で、減らない自殺や理由なき殺人の増加は、その象徴に思えます。

生と死、そして再生の物語。

　そうしたことを目の当たりにしながら、私たちはこの時代をどうやって生きていけばよいのだろうかと考えていたとき、映画「ゲド戦記」の企画が始まりました。「ゲド戦記」第3巻を今回の映画の中心にしようと考えたのは、このためです。世界の均衡が崩れつつある原因が人間の内にあること、その根源を辿れば生と死の問題に行き着くこと、そこに、私たちにいま最も必要なテーマがあると思うのです。

　第3巻の中では、繰り返しハイタカとアレンの対話が描かれています。アレンの問いはそのまま私の問いであり、ハイタカの答えは

私の胸に深く落ちました。もしかすると、ハイタカの答えは、私のアレンへの答えだったのかもしれません。なぜなら、私はハイタカとアレンのちょうど中間の年齢だからです。かつて自分が少年だったときより、ハイタカの言葉が理解でき、一方でアレンの気持ちもわかるのは、自分の年齢と関係があるのでしょう。その意味で、老境を迎えようとする男が若者へバトンを渡そうとする物語であったことも、私が第3巻を選んだ理由なのだと思います。

また、第4巻、外伝とつながる後期の作品の中で描かれている「人間の再生」に、私は深く打たれました。それは、魔法を失ったハイタカとテナーの再出発であり、傷ついた少女の回復であり、傲慢な魔法使いの再生であり、若者たちの出会いと新たな門出です。そこに共通するのは、男女が対等に支えあって生きる姿であり、若者はもちろん年齢を重ねた人間にも回復と再生はあるのだという人間肯定の視点だと思いました。さらに加えるならば、そこには必ず大地と共に生きる暮らしがあります。

私たちが行くべき道を見失っているのは、過度に文明化し、都市化した暮らしの中で、世界の全ては予見可能でコントロールできるのだと思い込んでいるからではないかと思います。人間の力ではどうにもならない自然の流れがあることを知り、それを受け入れていくことで、人は心豊かに生きていけるのではないか、そんなふうに考えています。

ハイタカたちと旅に出る。

こうして、私は「いま、まっとうに生きるとはどういうことか？」という自分自身の問いを「ゲド戦記」に投げかけ、ハイタカをはじめとする多くの登場人物たちの声に耳を傾け、再び問い返すということを続けてきました。それがこの映画の主題になっていることは間違いありません。

まもまく映画は完成します。私は、ずいぶん長いあいだハイタカやアレンたちと旅をし、話をしてきたような不思議な気持ちでいます。

今は、この映画を観ていただいた皆さんが喜んでくださることを、そして叶うことならば、皆さんがそれぞれにハイタカたちと旅をされることを願ってやみません。

『崖の上のポニョ』

宮崎　駿（原作・脚本・監督）

劇場用パンフレット（2008年）より
海辺の小さな町

　海に棲むさかなの子が、人間の宗介と一緒に生きたいと我儘をつらぬき通す物語。同時に、5才の宗介が約束を守りぬく物語でもある。

　アンデルセンの「人魚姫」を今日の日本に舞台を移し、キリスト教色を払拭して、幼い子供達の愛と冒険を描く。

　海辺の小さな町と崖の上の一軒家。少い登場人物。いきもののような海。魔法が平然と姿を現わす世界。誰もが意識下深くに持つ内なる海と、波立つ外なる海洋が通じあう。そのために、空間をデフォルメし、絵柄を大胆にデフォルメして、海を背景ではなく主要な登場物としてアニメートする。

　少年と少女、愛と責任、海と生命、これ等初源に属するものをためらわずに描いて、神経症と不安の時代に立ち向かおうというものである。

『借りぐらしのアリエッティ』

宮崎　駿（企画・脚本）

企画書／製作委員会資料（2010年）より
長編アニメーション企画『小さなアリエッティ』80分

　メアリー・ノートン作『床下の小人たち』より。
舞台を1950年代のイギリスから、現代2010年の日本に移す。場所は見慣れた小金井かいわいで良い。

古い家の台所の下にくらす小人の一家。アリエッティは14歳の少女、そして両親。

くらしに必要なものはすべて床の上の人間から借りて来る「借りぐらし」の小人たち。魔法が使えるわけでもなく、妖精でもない。鼠とたたかい、ゴキブリや白蟻になやまされつつ、バルサンや殺虫スプレーをかわし、ゴキブリホイホイや硼酸ダンゴの罠をのがれ、見られぬよう目立たぬよう慎ましくも用心深く営まれる小人たちのくらし。

危険なかりに出かける父親の勇気と忍耐力、工夫し切り盛りし家庭を守る母親の責任感、好奇心とのびやかな感受性をもつ、少女アリエッティ。ここには古典的な家族の姿がのこっている。

見慣れたはずのありきたりの世界が、身の丈10cmほどの小人たちから眺めるとき、新鮮さをとり戻す。そして、全身を使って働き動く小人たちのアニメーションの魅力。

物語は、小人たちのくらしからアリエッティと人間の少年の出会い、交流と別れ。そして、酷薄な人間のひきおこす嵐をのがれて、小人たちが野に出ていくまでを描く。

混沌として不安な時代を生きる人々へこの作品が慰めと励ましをもたらすことを願って…。

2008.7.30

『コクリコ坂から』

宮崎吾朗（監督）

劇場用パンフレット(2011年)より
諦めや打算からは、なにも生まれない

僕が生まれたのは1967年だ。高度経済成長期に生まれ育ち、青春時代はバブルの真っ只中だった。消費と享楽のお気楽な時代。僕らがティーンエイジャーだった80年代、ヒットソングは「大人への反抗」「自由」「夢」「レボリューション」といった言葉を歌っていた。

何もかもが出来上がった後の、何かが変わるかもしれないという改革願望。それは、バブルの崩壊とともに、何も変わらないという絶望感に変わっていった。繰り返し改革が叫ばれたけれど、どれもがインチキだった。20年たって、夢や希望はいつの間にか、お金と安定願望にすり替わっていた。

物心つく頃から消費者であった僕らにとって、全ては与えられたもので、自分で作り出したものじゃなかった。文学も映画も音楽も、マンガもアニメーションも、仕事だってそうだ。目の前にあったのはいつだって前の世代が作ったものだった。

新しくオリジナルなものなど生み出しようがない。だから、出来上がった枠の中で、「個性」とか「自由」「夢」のような言葉に過剰に憧れたのだと思う。深いところで僕はいつでも諦めを抱えていたと思う。

告白すると、『コクリコ坂から』で、僕は今までの人生で初めて必死になった。これまでだって、どの仕事も一生懸命やってきたと思う。けれど、どこかで最後の一線を越えないようにしていた。自分を守るための打算と諦めが常にあった。『ゲド戦記』のときですら、それはあった。

去年の夏、色々な事情で僕は追い詰められた。二作目のプレッシャー、企画の挫折、親父が書いたシナリオ、厳しいスケジュール、『アリエッティ』の成功、等々。しかし、あれこれ考えている時間はなかった。とにかくガムシャラにやるしかなかった。

親父の書いたシナリオに負けたくなかった。シナリオは良かったのに、映画は駄目だったとだけは言われたくなかった。「こんなものだろう」という、いつもの考えは捨てなければならないと思っていた。

絵コンテを描いている間、今までにないぐらいガタガタになった。歳もあると思うけれど、歯が駄目になり、髪も減ったし、目も老眼になりはじめ、生れて初めてぎっくり腰にもなった。それでも、いくらやっても目指すところに行き着いている感じがしなかった。

絵コンテが完成し、制作が佳境に入っても、ずっと不安に苛まれていた。少しでもましなものができているのだろうか？ シナリオから見劣りしないものになっているのだろうか？ もっと絵が描けて、もっと知識や経験があればと切実に思った。常に何かが足りないような気がしてならなかった。全ては『ゲド』の時には感じなかったことだった。

5月に制作はいよいよ追い込みに入り、アフレコが始まった。長澤まさみさんや岡田准一くん、沢山のキャストによって声が吹き込まれていくのに立ち会いながら、僕はふいに妙な感慨を覚えていた。いつの間にか『コクリコ坂から』は僕の予想した以上のものになっていた。どうしてこんなものができたんだろう？

出来上がりつつある映画は自分の力量以上のものに思えた。どうしてこんな映画ができたのだろうと、アフレコの間中、そればかり考えていた。自画自賛に聞こえて、馬鹿みたいだと思われるかもしれない。でも、そう思わずにはいられなかった。本当のところは、

運が良かっただけかもしれない。優れたシナリオ、恵まれたスタッフ、武部聡志さんの素晴らしい音楽、そして役者さんたち。沢山の幸運な出会いに助けられて、ここまで来られた。プロデューサーには再三、「運が良い」と言われ続けたけど、そのとおりだと思う。

でも、それでも良いのだ。ここまで来られたのだから。やれば、できるじゃん。僕はそう思うことにした。

僕にとって『コクリコ坂から』は忘れていた何かを思い出し、諦めていた何かと向かい合う道程だった。あるインタビュアーに根掘り葉掘り質問されている時に思い出したことがあった。少年時代、僕はアニメーションに憧れていた。でも、父親の存在を前にして、思春期の僕はそれを諦め、心の奥底にしまいこんでいたのだった。

時代や世代のせいにしていたけれど、諦めて、臆病になっていたのは僕自身だ。これは僕の個人的な問題かもしれないけれど、それだけじゃない気がしてならない。僕らと僕らの後に続く世代の問題なのだ。前の世代によって築かれたものは大きくて、頑丈で、歯が立たないかもしれない。でも、乗り越えていけないものというわけじゃないんだ。

海ちゃん、俊君たちが生きた1963年という時代。あの頃の空は広くて、上を向いて歩くことができたのだろうと思う。今、僕らの空を覆うものは多くて、広く見えない。けれど、登ってさえいけば広い空は相変わらず、そこにあるはずなのだ。今はスクリーンの中の海ちゃんと俊君がこう言っているように思える。「諦めや打算からは、何も生まれないんだよ」と。

『風立ちぬ』

宮崎　駿（原作・脚本・監督）

『風立ちぬ』映画製作時資料（2011年）／
劇場用パンフレット（2013年）より

企画書「飛行機は美しい夢」

零戦の設計者堀越二郎とイタリアの先輩ジャンニ・カプローニとの同じ志を持つ者の時空をこえた友情。いくたびもの挫折をこえて少年の日の夢にむかい力を尽すふたり。

大正時代、田舎に育ったひとりの少年が飛行機の設計者になろうと決意する。美しい風のような飛行機を造りたいと夢見る。

やがて少年は東京の大学に進み、大軍需産業のエリート技師となって才能を開花させ、ついに航空史にのこる美しい機体を造りあげるに至る。三菱Ａ６Ｍ１、後の海軍零式艦上戦闘機いわゆるゼロ戦である。1940年から三年間、ゼロ戦は世界に傑出した戦闘機であった。

少年期から青年期へ、私達の主人公が生きた時代は今日の日本にただよう閉塞感のもっと激しい時代だった。関東大震災、世界恐慌、失業、貧困と結核、革命とファシズム、言論弾圧と戦争につぐ戦争、一方大衆文化が開花し、モダニズムとニヒリズム、享楽主義が横行した。詩人は旅に病み死んでいく時代だった。

私達の主人公二郎が飛行機設計にたずさわった時代は、日本帝国が破滅にむかってつき進み、ついに崩壊する過程であった。しかし、この映画は戦争を糾弾しようというものではない。ゼロ戦の優秀さで日本の若者を鼓舞しようというものでもない。本当は民間機を作りたかったなどとかばう心算もない。

自分の夢に忠実にまっすぐ進んだ人物を描きたいのである。夢は狂気をはらむ、その毒もかくしてはならない。美しすぎるものへの憧れは、人生の罠でもある。美に傾く代償は少くない。二郎はズタズタにひきさかれ、挫折し、設計者人生をたちきられる。それにもかかわらず、二郎は独創性と才能においてもっとも抜きんでていた人間である。それを描こうというのである。

この作品の題名「風立ちぬ」は堀辰雄の同名の小説に由来する。ポール・ヴァレリーの詩の一節を堀辰雄は"風立ちぬ、いざ生きめやも"と訳した。この映画は実在した堀越二郎と同時代に生きた文学者堀辰雄をごちゃまぜにして、ひとりの主人公"二郎"に仕立てている。後に神話と化したゼロ戦の誕生をたて糸に、青年技師二郎と美しい薄幸の少女菜穂子との出会い別れを横糸に、カプローニおじさんが時空を超えた彩りをそえて、完全なフィクションとして1930年代の青春を描く、異色の作品である。

■映像についての覚書

大正から昭和前期にかけて、みどりの多い日本の風土を最大限美しく描きたい。空はまだ濁らず白雲生じ、水は澄み、田園にはゴミひとつ落ちていなかった。一方、町はまずしかった。建築物についてセピアにくすませたくない、モダニズムの東アジア的色彩の氾濫をあえてする。道はでこぼこ、看板は無秩序に立ちならび、木の電柱が乱立している。

少年期から青年期、そして中年期へと一種評伝としてのフィルムを作らなければならないが、設計者の日常は地味そのものであろう。観客の混乱を最小限にとどめつつ、大胆な時間のカットはやむを得ない。三つのタイプの映像がおりなす映画になると思う。

　日常生活は、地味な描写の積みかさねになる。

　夢の中は、もっとも自由な空間であり、官能的である。時刻も天候もゆらぎ、大地は波立ち、飛行する物体はゆったりと浮遊する。カプローニと二郎の狂的な偏執をあらわすだろう。

　技術的な解説や会議のカリカチュア化。航空技術のうんちくを描きたくはないが、やむを得ない時はおもいっきり漫画にする。この種の映画に会議のシーンが多いのは日本映画の宿痾である。個人の運命が会議によって決められるのだ。この作品に会議のシーンはない。やむを得ない時はおもいきってマンガにして、セリフなども省略する。描かねばならないのは個人である。

リアルに、
　　幻想的に
　　　　時にマンガに
　　　　　　全体には美しい映画をつくろうと思う

　　　　　　　　　　　　　　　　　２０１１．１．１０

『かぐや姫の物語』

高畑　勲（原案・脚本・監督）

映画『かぐや姫の物語』公式サイト／監督の言葉（2013年）より

半世紀を経て

　昔々、五十五年足らず前、東映動画という会社で、当時の大監督、内田吐夢さんを立てて、『竹取物語』の漫画映画化が計画されました。結局実現はしませんでしたが、監督の意向もあって、社員全員からその脚色プロット案を募る、という画期的な試みがなされたのです。選ばれた案のいくつかは謄写印刷のブックレットになりました。

　私は応募しませんでした。事前に演出・企画志望の新人たちがまず企画案を提出させられたのですが、そのときすでに、私の案はボツになっていたからです。私は、物語自体を脚色するのではなく、この奇妙な物語を成り立たせるための前提として冒頭に置くべきプロローグ、すなわち、月世界を出発するかぐや姫と父王との会話シーンを書いたのです。

　原作の『竹取物語』で、かぐや姫は、月に帰らなければならなくなったことを翁に打ち明けたとき、「私は"昔の契り"によって、この地にやってきたのです」と語ります。そして迎えに来た月の使者は、「かぐや姫は、罪を犯されたので、この地に下ろし、お前のような賤しいもののところに、しばらくの間おいてやったのだ。その罪の償いの期限が終わったので、こうして迎えにきた」と翁に言います。

　いったい、かぐや姫が月で犯した罪とはどんな罪で、"昔の契り"、すなわち「月世界での約束事」とは、いかなるものだったのか。そしてこの地に下ろされたのがその罰ならば、それがなぜ解けたのか。なぜそれをかぐや姫は喜ばないのか。そもそも清浄無垢なはずの月世界で、いかなる罪がありうるのか。要するに、かぐや姫はいったいなぜ、何のためにこの地上にやって来たのか。

　これらの謎が解ければ、原作を読むかぎりでは不可解としか思えないかぐや姫の心の変化が一挙に納得できるものとなる。そしてその糸口はつかめた！とそのとき私の心は躍ったのですが、半世紀を経て今回取り上げるまで、この"昔の契り"コンセプトは、長年埃をかぶったままでした。

　私にはいまも、月での父王とかぐや姫のシーンがありありと見えています。父王は姫の罪と罰について重大なことを語り聞かせています。かぐや姫はうわの空で、父王の言葉も耳に入らず、目を輝かせながら、これから下ろされる地球に見入るばかりです……。

　しかし、私はこのシーンを冒頭につけることはしませんでした。『竹取物語』には描かれていない「かぐや姫のほんとうの物語」を探り当てさえすれば、プロローグなどなくていい。物語の基本の筋書きはまったく変えないまま、笑いも涙もある面白い映画に仕立てられる。そしてかぐや姫を、感情移入さえ可能な人物として、人の心に残すことができるはずだ。私はそんな大それた野心を抱いて、『かぐや姫の物語』に取りかかりました。

　このような物語に、いわゆる今日性があるのかどうか、じつのところ、私にはまったくわかりません。しかし少なくとも、このアニメーション映画が見るに値するものとなることは断言できます。なぜなら、ここに結集してくれたスタッフの才能と力量、その成し遂げた表現、それらは明らかに今日のひとつの到達点を示しているからです。それをこそ見て頂きたい。それが私の切なる願いです。

『思い出のマーニー』

米林宏昌（脚本・監督）

企画意図（映画制作時資料）／劇場用パンフレット（2014年）より

メッセージ

今から2年前、鈴木さんから一冊の本を手渡されました。
「思い出のマーニー」
宮崎さんも推薦しているイギリス児童文学の古典的名作です。
鈴木さんはこれを映画にしてみないかと言いました。

読んでみて思ったのは"映画にするのは難しそうだな"ということでした。
文学作品としてはとても面白く読んだし、感動しました。
ただ、アニメーションとして描くのは難しい内容でした。
物語の醍醐味はアンナとマーニーの会話です。
その会話によって、ふたりの心に微妙な変化が生じていきます。
そこが何より面白いのですが、どうやってアニメーションとして描けばいいのか。
少なくとも僕には面白く描ける自信がありませんでした。

でも、原作を読んでからずっと頭に残るイメージがありました。
美しい湿地に面した石造りの屋敷の裏庭で、
手を取りあって寄りそっているアンナとマーニー。
月光に照らされながらワルツを踊ってもいいかもしれない。
ふたりの気持ちが繋がるその傍らにはいつも、
美しい自然と、心地良い風と、昔馴染みの音楽があります。
僕はイメージ画を何枚か描いているうちに、
この映画に挑戦してみたいと思うようになりました。

物語の舞台は北海道です。
12才の小さな身体に大きな苦しみを抱えて生きる杏奈。
その杏奈の前に現れる、悲しみを抱えた謎の少女マーニー。
大人の社会のことばかりが取り沙汰される現代で、
置き去りにされた少女たちの魂を救える映画を作れるか。

僕は宮崎さんのように、この映画一本で世界を変えようなんて思ってはいません。
ただ、『風立ちぬ』『かぐや姫の物語』の両巨匠の後に、
もう一度、子どものためのスタジオジブリ作品を作りたい。
この映画を観に来てくれる「杏奈」や「マーニー」の横に座り、
そっと寄りそうような映画を、僕は作りたいと思っています。

『レッドタートル ある島の物語』

マイケル・デュドク・ドゥ・ヴィット（監督）インタビュー

劇場用パンフレット（2016年）より

私は無人島にいる男がどのようにして
生き延びたのかという話には
興味がありませんでした。
今回の映画では、それ以上の何かを
描きたかったのです。

本作を監督するきっかけ

2006年の11月にスタジオジブリからメールが来ました。そこには質問が二つ書いてありました。
一問目は「『岸辺のふたり』は日本で配給されていますか？ ぜひうちで配給させてもらいたい」。二問目が「長編作品を作ってみませんか？」でした。まず一問目に答えたあと、二問目について「一体どういうことでしょうか？」。このやりとりが発端でした。あまりに光栄なことで数か月信じられませんでした。だってジブリ映画の大ファンですから！ 一週間ほど考えて、是非会ってお話ししましょう、と返事を出しました。

スタジオジブリとのやりとり

2007年の2月にロンドンの自宅でジブリの海外事業部の方と打ち合せをしました。まずはあらすじを書いてほしいという提案でした。長編企画案はなかったのですがいくつかのテーマ案はあり、そのひとつが南の島の遭難者でした。同年7月頃にあらすじを完成させ、数点の絵を添えてジブリに送りました。あらすじを送った後、ジブリから「面白そうなので脚本に着手してください」とすぐに返事がきて、脚本を書き始めました。セーシェル島のロケハンを

経て 2008 年の 4 月に初稿を完成させ、それを持ってジブリに行き
ました。その後、2010 年の 3 月と 4 月にも訪問。3 度目の 4 月の時は、
ジブリの近くに住んで、5 月の連休をはさんで 4 週間ほど滞在し、
ライカリール（絵コンテを順番につないだ確認・検証用の映像。カ
ットが完成したら順次差し替えていく）を完成させました。

南の島の遭難者の話を映画にしようと思った理由

無人島にいる一人の男の題材は、私がずっと温めていたもののひ
とつでした。このような題材はありふれていますが、私はこういっ
た典型的なものが好きなのです。ただ、無人島にいる彼がどのよ
うにして生き延びたのかという話には興味がありませんでした。今
回の映画では、それ以上の何かを描きたかったのです。

セーシェル島のロケハンについて

セーシェル島は小さな島です。私はそこで、10 日間、地元の人々と
暮らす質素な生活を体験しました。一人で散策したり、周囲をくま
なく観察し、大量の写真を撮りました。私にとって、観光パンフレ
ットのような美しさは必要ありませんでした。私の構想の中の漂流
者は、漂流した地を愛せない。何としても故郷に帰ろうと望みます。
なぜならその島は訪問者を受け入れるような場所ではなかったか
ら。そこには危険と極限の孤独、雨と虫たちがいるだけなのです。

脚本作りについて

脚本で、私は古典的な間違いを犯しました。私の脚本はあまりに
も詳細すぎるのです。映画はとても長いものになりそうでした。し
かし話の土台は固まっている。そこで私は次のステップであるライ
カリールを作ったのです。この作業により、私はストーリーを映画
的言語に変換するのは容易ではないと気がつきました。私はパス
カル・フェランと会い、映画全体にわたる綿密な討論を重ねました。
彼女は私に何が問題かを理解させ、物語をより明瞭で力強いもの
にしてくれたと思っています。

この作品における時間の概念

私がこの映画で描いている木々や空、雲、鳥たちの場面には、私
たちにとってとてもなじみの深い、純粋で簡素な瞬間があります。
そこには過去も未来もなく、時がじっと立ち止まっているのです。
この映画は、直線的にも円形的にも私たちに語りかけてきます。
音楽が沈黙を際立たせるのと同じく、時間を用いて時間の不在を
物語るのです。この映画は死の本質についても語りかけています。
人間は死に抗い、それを恐れ、戦いますが、これは健全で自然な
こと。それなのに、私たちは生命の純粋さや、死に抗う必要がな
いことを美しく直観的に理解しています。映画がその感覚を伝えて
くれていることを望んでいます。

この作品が持つ神秘性について

この映画を大きなカメが出てくる話にするという構想は、かなり早
くからありました。その上で、神秘性をどれほど保ちたいか、とい
う点について、私たちはかなりの考慮を重ねました。この作品には
セリフがないので、言葉に拠ることなく、神秘性を巧妙に用いる
必要があったのです。セリフがないということは、登場人物の息吹
も自然とより豊かになるのです。

セリフをなくしたことについて

当初はセリフが少しありました。ほぼ完成したものを高畑勲監督
に見せると、もっと思い切ってセリフを全部削るようアドバイスをい
ただきました。アニメーションの完成度に非常に満足していたので、
私も同じことを考えていました。その後、鈴木敏夫プロデューサーに
も相談したところ「セリフがない方が絵に集中できるからなくしてい
いと思う」と言ってくれましたので、セリフなしでいくことにしました。

自然との共存について

シナリオが完成してから 2 年後に、東日本大震災が起きました。
津波のシーンを外すべきかどうか悩み、ジブリとも相談しました。
「確かにデリケートな問題ではあるが、この映画は自然対人間を描
くものではなく、人は自然の一部なのだということをテーマにして
いるので、このシーンはこのままでよいのではないか」とのことで
したし、この物語には必要なシーンだと私自身も考えていたので描
きました。

音楽について

セリフがないので、音楽は重要な要素です。私は当初、特定の音
楽スタイルのアイデアはありませんでした。ローラン・ペレズ・デル・
マールが、メインテーマに最適、とても美しい旋律が含まれた
楽曲を幾つか提案してくれ、とても楽しませてもらいました。音楽
をどこにつけるべきかも、彼は私が思いもしなかったシーンも含め
てすばやく提案してくれ、正しい道へと導いてくれたのです。彼に
は本当に何度も驚かされました。

スタジオジブリそして高畑勲監督との関係について

2004 年に広島国際アニメーションフェスティバルの国際審査員の
一員として日本へ行きました。その時にスタジオジブリを訪問し、
高畑勲監督、鈴木プロデューサーとお会いしました。今回お話を
いただいた際、長編アニメーション制作に関して高畑監督とスタジ
オジブリの協力が条件だとお願いしました。シナリオ作りにはじまり、
ライカリール、効果音、音楽に至るまで、高畑監督をはじめ、ジブ
リのスタッフと意見交換しました。スタジオジブリとの意見交換は
素晴らしい経験でした。その間、手紙やメールのやりとりを重ねま
したが、何かを強制されることもなく、常に私の意見を尊重してく
れました。高畑監督はじめジブリのスタッフに感謝しています。

高畑監督との仕事について

高畑監督とは、この作品で何を表現したいのかということを徹底
的に議論しました。時折、キャラクターの衣服についてなど、細か
な点について論議しましたが、多くの時間は、ストーリーや象徴
性、哲学的な点について用いられました。時には双方の文化的な
違いに気づかされることもありました。例えば火のシーンは、象徴
的価値が私と高畑監督とで若干異なっていたのです。でもありが
たいことに、私たちはもともと考え方の波長が合っていたので、繊
細かつ情熱的な対話ができました。高畑監督はこのプロジェクト
に極めて熱心に取り組み、アーティスティック・プロデューサーとし
て充分関わっていただいたと思っています。

※これは複数のインタビューから抜粋したものです。

『アーヤと魔女』

宮崎吾朗（監督）

企画書（2017年3月 映画制作時資料）より
企画意図

　今、私たちの社会は不安と不信に満ち溢れています。
　世界中で経済格差が大きくなった結果、社会は不安定になり、この先に何が待ち受けているのか誰にも予測ができません。つけ回しの時限爆弾に目をそむけたがゆえに到来した超高齢化時代。加速度的に発達した情報化社会による、異様なまでの同調圧力。大人たちの生み出した世界で、子どもたちは溺れまいと必死にもがき、それを助けるべき大人たちは沈みこんで手を差し伸べられずにいます。
　今こんな時代に、作り手としての私たちに何ができるのか？
　子どもたちにむかって何を作り、何を手渡すべきなのか？
　そう問わずにはいられません。
　この作品の主人公は、人を『たらしこむ』魔力をもった、アーヤという10歳の少女です。彼女は困難にあっても、泣き寝入りすることなどありません。自分の魔力を最大限に使い、人の心を操って、相手を自分の思うとおりにしてしまうのです。
　『たらしこむ』という言葉は、一般的にはあまり肯定的な意味では使われません。しかし言いかえれば、『たらしこむ』魔力とは、観察力や洞察力、機転や度胸、そして愛嬌を必要とする、生き抜く術だと言えるのです。
　誠実さや勤勉さを貫くのでもなく、正義や勇気を振りかざすのでもない。アーヤは人をたらしこんで世の中を渡っていきます。これからの時代を生きる子どもたちにとって必要なのは、そんな逞しさではないでしょうか。
　誰かが正しい道を示してくれるのではなく、自らが正しい道を決めなければならない時代。私たちはどう生きるのか。アーヤという一人の少女を描くことで、困難な時代を生きる子どもたちへエールを送りたいと考えます。

『君たちはどう生きるか』

宮﨑　駿（原作・脚本・監督）

長編企画 覚書
劇場長編を造るか？

監督の問題

　年齢を理由に打ち止めを世間に宣言した者が、またゾロ手を出すのはいかにもみっともない。みっともないのを覚悟の上でひらきなおっても本当にできるのか？　老人性健忘症でまだまだ出来ると錯覚するのは老人の証拠ではないのか？　まったくそのとおりなのだ。
　まわりをまき込み、散々迷惑をかけても映画ができあがればともかく、これからというときに寝込んだり、死んじゃったりすることもおおいにあり得るのである。本人は覚悟の上だからいいとして、中途半端な作品のきれっぱしをのこされる側はたまらない。
　長編は、最短でも3年かかる。四十代では1年で出来たが、七十五にもなると3年だって大忙しで、八十までやらせろなどと言い出しかねない。まあこれはパクさん（編注：高畑勲監督）で経験ずみのことなので、それはそのときのプロデューサーの気迫で押しきってもらうとして、問題はこれからの3年に世界がどうなっているのかである。
　われわれの映画は、どんな状況下のどんな気分の人々に出会うのだろう。
　今の、ボンヤリと漂っているような形のはっきりしない時代はおわっているのではないのか。もっと世界全体がゆらいでいるのか。
　戦争か大災害か、あるいは両方という可能性もある。

　こんな時代に、3年がかりの映画を作るとしたらどんな形の映画が望ましいか…。

一、うんと平和な映画。たとえばトトロのようなもの。トトロのⅡは可能か？
　可能性としてはある。おもしろいものをつくれるかもしれないと思うが、思うだけで、戦争が始まったら作ることに意味が出て来るだろう。
二、戦時下を舞台にした映画。時代を先取りして、作りながら時代に追いつかれるのを覚悟してつくる映画。

　時代に迎合した映画は作ってはならない。人非人(にんぴにん)になれるなら、日清戦争の黄海海戦を映像化したいが、これは個人の趣味だ。ダメ。

問題点
　お金は鈴木プロデューサーがなんとかしてくれるだろう。たぶん腰痛はなおります。
　原画は若手からひっぱりあげる。いるか？　あまりあてにならないが。　ウ——ム
　やっぱり監督の高齢がいちばん問題だとおもう。
　　　　　ウ——ム
　ストーリーがまとまるのか
　　　　　　　ウ———ム
　みじかく作らなければ
　　　　　　ウ————ム
　　　　　　　　　　　以上

2016.7.1
宮崎　駿

長編アニメーション　企画書

題名
「君たちはどう生きるか」—120分—

内容
　エディプスコンプレックスの罠に捕われ少年は闇濃い世界をさまよい、死せる母をとり戻すためにたたかい成長し、ついに死せる母と生ける母をとり戻し生還する物語。
　幾重にもかくされた扉を開きたどりつく最後の長編映画。
　題名は、昭和12年（1937年）に吉野源三郎によって書かれた少年のための哲学書によっている。

意図
　世界は膨れ上がっている。予測もつかない大破裂がいつ生ずるのか。今、私達が生きるこの社会全体が息をとめてその瞬間を待っているかのようだ。

　君たちはどう生きるか

　それは、自分はどう生きるかであり、何をもって観客にむかいあうかである。人生の危機にあって、見たくないもの、あばかれたくないものを見すえ、跳躍しなければならない。
　この作品には、楽しく心あたたまる肌ざわりを求めない。悪感、夢魔、血まみれの世界に耐える勇気こそ描かなければならない。
　いままでの作品よりはるかに遠い場所へ、ようやく、私達はスタートの地に立つのだ。

舞台と時代
　昭和18年～19年（1943～1944）太平洋戦争のただ中。
　とある地方都市の郊外の古い屋敷と山にいだかれた広壮な苑池。戦火はようやく届こうとしている。

物語
　戦争の一年目に母が死んだ。
　戦争の二年目に、眞人は父と共に東京を離れ、母の実家に移った。実家を守るのは母の末の妹の夏子。若く美しく、朗らかな夏子は、すでに父の子をはらんでいる。父はその土地に工場を疎開させるために、何度も訪れていたのだった。
　眞人の孤独は深まる。眞人の部屋の隣りは立派な図書室で、頭が良すぎて行方不明になってしまった大叔父の部屋だった。その窓からは、山の懐にだかれた池のある庭が見おろせて、そこにいつも青鷺が一羽来ていた。
　眞人に異変が生ずる。はじめはかすかに次第に大きく、母が助けを求めているのだ。くり返しくり返し夢にあらわれる母の病院の火災。灯火管制の闇の中でもえ盛る劫火。母の呼ぶ声。必死に走る眞人。くり返し、くり返し見る夢。
　異変は、弟が誕生するのをきっかけに、いちだんとひどくなる。見えるはずのないものが見え、きこえるはずのない声がきこえ、動くはずもないものが動きだす。　～以上導入部です～

宮崎　駿

ジブリがいっぱいセレクション

もっとジブリを楽しもう！書籍だけでなく、DVDやCD、レコードなどを鑑賞して、ジブリの世界に魅了されてみませんか？　このコーナーでは、代表的なものを中心に、最新の関連書籍などをセレクトしました！

BOOK

宮崎駿とジブリ美術館
編／スタジオジブリ
¥27,500／978-4-00-024893-8
岩波書店

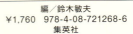

スタジオジブリ物語
編／鈴木敏夫
¥1,760　978-4-08-721268-6
集英社

新装版 ジブリパーク公式ガイドブック
編／スタジオジブリ
¥1,540　978-4-19-8658755
徳間書店

ジブリ美術館ものがたり
写真／Kanyada
¥4,180／978-4-7993-2580-3
ディスカヴァー・トゥエンティワン

ジ・アート・オブ シリーズ
イメージボードをはじめ、キャラ、メカのアートを収録した資料集。
¥2,724 ～ ¥4,620
徳間書店

ロマンアルバム シリーズ
映画の魅力を、スタッフインタビューや資料などをもとに解説したムック。
¥1,257 ～ ¥3,300
徳間書店

徳間アニメ絵本シリーズ
映画を、読みやすい子ども向けの絵本の形でまとめたストーリーブック。
著／宮崎駿 他
各 ¥1,870
徳間書店

スタジオジブリ 絵コンテ全集シリーズ
絵コンテを完全収録。映画ができる過程や描かれなかった細部までわかる。
著／高畑勲、宮崎駿 他
¥2,640 ～ ¥3,960
徳間書店

文春ジブリ文庫 シネマ・コミックシリーズ
映画の場面写真を使い、コミックのように物語を楽しむことができる。
著／宮崎駿 他
¥1,485 ～ ¥2,200
文藝春秋

文春ジブリ文庫 ジブリの教科書シリーズ
スタッフや、さまざまな論者の話から、映画の世界を読み解く。
¥715 ～ ¥1,518
文藝春秋

※販売価格は、すべて税込みです。※掲載情報は、2024年8月21日現在のものです。※ □ で囲んだ書籍は、シリーズになっています。

DVD ブルーレイ ジブリがいっぱい COLLECTION

※DVDの発売元は、ウォルト・ディズニー・ジャパン株式会社です。
「アーヤと魔女」の映像ソフトは、株式会社ポニーキャニオン。
Ｂマークがついている作品は、ブルーレイディスクでも発売しています。販売価格や特典などが異なります。
※CDとレコードの発売元は、株式会社徳間ジャパンコミュニケーションズ。
「アーヤと魔女」サウンドトラックは、株式会社ヤマハミュージックコミュニケーションズ。

風の谷のナウシカ
¥5,170

天空の城ラピュタ
¥5,170

となりのトトロ
¥5,170

火垂るの墓
¥5,170

魔女の宅急便
¥5,170

おもひでぽろぽろ
¥5,170

紅の豚
¥5,170

海がきこえる
¥5,170

平成狸合戦ぽんぽこ
¥5,170

耳をすませば
¥5,170

もののけ姫
¥5,170

ホーホケキョ となりの山田くん
¥5,170

千と千尋の神隠し
¥5,170

猫の恩返し／ギブリーズ episode2
¥5,170

ハウルの動く城
¥5,170

ゲド戦記
¥5,170

崖の上のポニョ
¥5,170

借りぐらしのアリエッティ
¥5,170

コクリコ坂から
¥5,170

風立ちぬ
¥5,170

かぐや姫の物語
¥5,170

思い出のマーニー
¥5,170

レッドタートル ある島の物語
¥5,170

ジブリがいっぱい COLLECTION スペシャル

アーヤと魔女
¥5,170

君たちはどう生きるか
¥5,170

ジブリがいっぱいSPECIAL
ショートショート 1992-2016
¥4,180

夢と狂気の王国
¥5,170

ジブリパークができるまで。
［第１期］
¥10,560

宮崎駿と青サギと…
～「君たちはどう生きるか」への道～
¥4,180

CD

スタジオジブリ
宮崎 駿 & 久石 譲 サントラBOX
¥22,000

スタジオジブリ
高畑 勲 サントラBOX
¥16,500

スタジオジブリの歌
増補盤
¥4,180

「君たちはどう生きるか」
サウンドトラック
¥3,300

レコード

「君たちはどう生きるか」
サウンドトラック
¥5,280

キャラクター索引

この本に掲載されているスタジオジブリのキャラクターを五十音順に紹介します。

読み方が難しい名前は（　）内に読みがなを、名前が同じキャラクターについては〈　〉内に作品名を示しています。[　]は詳細の説明です。

あ

- アーヤ・ツール　49,140,141,142,143
- アーヤの母　140,141
- あいちゃん　98
- 青蛙　88,90,91
- 青サギ・サギ男　6,7,8,11,171
- 赤いカメ[ウミガメ]　123,138,139
- アシタカ　48,76,77,78,79,80,81,104,145,158
- アスベル　32,33
- 兄役　88,90,91
- 阿部右大臣（あべのうだいじん）　128,129
- 天沢聖司（あまさわせいじ）　49,72,73,86
- アリエッティ　114,115,116,117,164,165
- 荒地の魔女　62,100,101,103,162
- アレン　48,106,107,108,122,163,164
- 杏奈　123,134,135,136,137,168
- 石作皇子（いしつくりのみこ）　128,129
- 石上中納言（いそのかみのちゅうなごん）　129
- 隠神刑部（いぬがみぎょうぶ）　66,68,69
- いもうと達[ポニョのいもうと達]　87,110,111
- インコ大王　6,7
- 斎部秋田（いんべのあきた）　128,129
- ウサギ　106,107
- 牛飼い　76
- ウルスラ　50,51,53,86
- エボシ御前（えぼしごぜん）　48,76,77,78,79,104
- 園長先生　141
- 媼（おうな）　128,129
- 王妃　106,107
- 大岩清正（おおいわきよまさ）　134,135
- 大岩セツ　134,135
- 大伯父（おおおじ）　6,7,8
- 大伴大納言（おおとものだいなごん）　128,129
- 大ババ（おおばば）　32,33
- 王蟲（オーム）　33
- お母さん〈おもひでぽろぽろ〉　54,55
- お母さん〈千と千尋の神隠し〉　88,90,91
- 岡島タヱ子　54,55,56,152,154,155
- おかみ　36
- 翁（おきな）　128,129,145,167
- オキノ　50,51
- 荻野千尋（おぎのちひろ）　48,63,88,89,90,91,92,93,122,145,159,160
- おキヨ　66,68,69
- オクサレさま　88,90,91
- 奥ちゃん　98,99
- おしらさま　90,91
- おソノさん　50,51,53
- お玉　66,68,69
- 乙事主（おっことぬし）　76,77,78,79
- お父さん〈おもひでぽろぽろ〉　54,55
- お父さん〈千と千尋の神隠し〉　88,90,91
- 男　123,138,139,168,169
- 小野寺善雄（おのでらよしお）　118,119
- おばあちゃん　54,55
- 親方[ダッフィ]　36,37
- おろく婆（おろくばば）　66,68,69,71
- 女　123,138,139
- 女主人　106,107

か

- かあさん[草壁ヤス子（くさかべやすこ）]　40,41
- カオナシ　88,89,90,91,92,93,122
- かかしのカブ　100,101
- かぐや姫　62,87,128,129,130,131,145,167
- 風間明雄（かざまあきお）　118,119
- 風間 俊（かざましゅん）　49,86,118,119,121,123,166
- 頭（かしら）　90,91
- カスタード　141
- カストルプ　124,125,126
- カプローニ　124,125,126,127,166,167
- 釜爺（かまじい）　88,90,91
- カルシファー　100,101,123,162,163
- 河の神　122
- カンタ[勘太]　41
- キキ　49,50,51,52,53,62,63,67,86,123,151,152
- キクチババ　82
- キクチマミ　83
- 北の方　128
- 巨神兵（きょしんへい）　32,33,35,104,144
- キリコ　6,7,8,11
- 空賊連合（くうぞくれんごう）　49,59,105
- クシャナ　32,33,104
- クモ　48,106,107
- 車持皇子（くらもちのみこ）　128,129
- グランマンマーレ　110,111
- 黒川（くろかわ）　124,125,126
- 黒川夫人（くろかわふじん）　124,125
- クロトワ　32,33
- 警官　63,75
- 耕一（こういち）　110,111
- 甲六（こうろく）　76,78,79,145
- コキリ　50,51,53
- 国王〈ゲド戦記〉　106,107
- 国王〈ハウルの動く城〉　100,105,162
- コダマ　77,78,79,81,145
- 小浜祐実（こはまゆみ）　65
- 小春　68,69
- ゴンザ　76,78,79
- 権太（ごんた）　66,68,69,71

さ

- 相模（さがみ）　128,129
- 佐助（さすけ）　68,69
- 貞子（さだこ）　114,115
- サツキ　40,41,42,63,86,144,149
- 佐渡の長老狸　68,69
- 里見（さとみ）　124,125
- 里見菜穂子（さとみなほこ）　105,124,125,126,127,166
- 彩香（さやか）　134,135
- サリマン　62,100,101,105
- 澤村雄一郎　118,119
- サン　76,77,78,79,80,104
- シータ　36,37,38,39,48,63,86,122
- しげ　82,83,87
- ジコ坊（じこぼう）　76,78,79
- ジジ　50,51,53
- シシ神　76,77,78,79,81,145,158
- 清水明子（しみずあきこ）　65
- 社長　68,69
- 翔（しょう）　114,115
- 勝一（しょういち）　6,7,10
- 小学5年生のタヱ子　54,55,56,57,63,122,152,153,154
- 正吉（しょうきち）　66,68,69
- ジル　32,33
- 二郎の母　124,125
- 城オジ5人衆（しろおじごにんしゅう）[ムズ、ミト、ギックリ、ゴル、ニガ]　33,62
- 杉村　72,73
- ススワタリ〈千と千尋の神隠し〉　88,90,91
- ススワタリ〈となりのトトロ〉　40,41
- 捨丸（すてまる）　62,128,129,145
- スピラー　114,115,123
- 炭焼きの老人　128
- 青左衛門（せいざえもん）　66,68,69
- 清太（せいた）　44,45,104,150,151

174

節子(せつこ) ……… 44,45,47,104, 122,150	夏子(なつこ) ……… 6,7,8,171	ヒン …………… 100,101,102	ムーン ………………… 73,74
銭婆(ぜにーば) …… 88,89,90,91,93	ナトリ ………………… 94,95	フィオ・ピッコロ ……… 58,59,60, 105,155	ムスカ ………………… 36,37
宗介(そうすけ) ……………… 87,110, 111,112,123,145,164	ナトル ………………… 94,95	副園長先生 ……………… 141	息子 …………………… 139
ソフィー …………… 62,100,101, 102,103,105,123,162,163	ナナ子 ………………… 54,55	フジモト ……………… 110,111	ムタ ………………… 94,95,96
	ニーヤ …………………… 115	藤原先生 ……………… 82,83,85	武藤里伽子(むとうりかこ) ……… 49, 64,65,156
た	西 司朗 ………………… 72,73	婦人 …………………… 110	メイ ………………… 40,41,42, 63,86,144,149
たかし ……………… 82,83,87	猫王 ………………… 49,94,95	文太 ………………… 66,68,69	眼鏡の女 ………………… 82
拓の母(たくのはは) …………… 65	ネコバス …………… 40,41,42,86	ベラ・ヤーガ ……… 140,141,142,143	女童(めのわらわ) ……… 128,129,131
太三郎禿狸(たさぶろうはげだぬき) ……………… 66,68,69	野中くん ……………… 98,99	坊 ………………… 88,89,90,91	モウロ将軍 ……………… 36,37
タタリ神 ………… 76,77,78,104	のの子 ……………… 82,83,87	北斗美樹 ……………… 118,119	モトロ ……………………… 37
立花 洋 ………………… 119	のぼる ……………… 82,83,87	蛍ちゃん ……………… 98,99	杜崎 拓(もりさきたく) …… 49,64,65
ダッフィ[親方] ………… 36,37	のり子さん ……………… 111	ポチ …………………… 82,83	モロの君 ……… 76,78,79,80,104
玉三郎(たまさぶろう) ……… 68,69	**は**	ポッド ………………… 114,115	**や**
父王 …………………… 167	バーサ ………………… 50,51	ポニョ …………… 87,110,111,112, 113,114,123,145	ヤエ子 ………………… 54,55
父役 ………………… 88,90,91	ばあちゃん[カンタの祖母] ……… 40, 41	ホミリー ……………… 114,115	山犬 …………………… 76
月島朝子(つきしまあさこ) …… 72,73	ばあや ……………… 134,135	ポムじいさん …………… 36,37	山尾忠志(やまおただし) ……… 65
月島 雫(つきしましずく) … 49,72, 73,74,86,94	ハイタカ[ゲド] ……… 106,107,122, 163,164	堀越加代 ……………… 124,125	ゆかりさん …………… 98,99,123
月島 汐(つきしましほ) …… 72,73	ハウル ………… 62,100,101,102, 105,123,162,163	堀越二郎 …… 63,105,123,124,125, 126,127,166,167	ユキ …………………… 94,95
月島靖也(つきしまやすや) … 72,73	ハク …………… 63,88,89,90, 91,93,122,145	ポルコ・ロッソ …… 49,58,59,60, 63,67,105,155	ユパ・ミラルダ …… 32,33,62,104
翼の生えた少女 …………… 63,75	ハク竜(はくりゅう) ………… 90,91	ぼん吉 ……………… 66,68,69	湯バード ……………… 89,90,91
鶴亀和尚(つるかめおしょう) ……… 66, 68,69	ハジア売り …………… 106,107	本庄 ………… 123,124,125,126	湯婆婆(ゆばーば) …… 48,63,88,89, 90,91,93,160
ディダラボッチ ………… 78,79	パズー ……………… 36,37,38,39, 48,63,86,122	**ま**	よしえさん …………… 110,111
デーモン ………………… 141	ぱっちゃ …………………… 55	マーニー …………… 134,135,136, 137,168	米ちゃん(よねちゃん) ……… 98,99
テト ……………………… 33	服部 ………………… 124,125	牧村沙織 ……………… 118,119	頼子(よりこ) ………… 134,135
テナー ……… 106,107,122,163,164	母[清太・節子の母] ……………… 44,45,104,150	マダム・ジーナ ……… 49,58,59, 60,61,155	**ら**
テルー ………… 48,106,107,108	林さん ………………… 68,69	まつ子 ……………… 82,83,87	里伽子の父 ……………… 65
十一(といち) ………… 134,135	原田夕子 ……………… 72,73	松崎 海 ………… 49,86,118, 119,120,123,166	リサ ………… 110,111,123,145
とうさん[草壁タツオ(くさかべたつお)] ………………… 40,41	ハル〈借りぐらしのアリエッティ〉 …………… 114,115	松崎 空 ……………… 118,119	竜太郎 ……………… 66,68,69
トーマス …………… 140,141	ハル[吉岡ハル]〈猫の恩返し〉 ……… 49,86,94,95,96,160,161	松崎 花 ……………… 118,119	リン ……………… 88,90,91,122
ドーラ …………… 36,37,63,86	ハルの母〈猫の恩返し〉 ……… 94,95	松崎 陸 ……………… 118,119	ルーン ………………… 94,95
ドーラの息子たち [アンリ、シャルル、ルイ] ………… 37	バロン〈猫の恩返し〉 ……… 49,86, 94,95,161	松崎良子 ……………… 118,119	老婆たち [あいこ、いずみ、うたこ、えりこ、おゆき、かずこ、きりこ] …… 6,7,8
トキ ………………… 76,78,79	バロン〈耳をすませば〉 ……… 49,72, 73,74,94	松野 豊 ………………… 64,65	老婦人〈思い出のマーニー〉 ……… 134, 135
トキさん ……………… 110,111	番台蛙(ばんだいがえる) …… 88,90, 91	眞人(まひと) ……… 6,7,8,10,11, 62,171	老婦人〈魔女の宅急便〉 ……… 50,51, 53,123
徳さん ………………… 98,99	パン屋の亭主[おソノさんの夫] ……… 51	マルクル ……… 100,101,123,162	老ペリカン ……………… 6,7
徳丸理事長 ……… 118,119,121	ヒイさま ……………… 76,78,79	マンドレーク ………… 140,141	六代目金長(ろくだいめきんちょう) ……………… 66,68,69
トシオ ………………… 54,55	久子 ………………… 134,135	マンマユート団 …… 49,59,155	ロボット兵 ……………… 36,37
トシちゃん ……………… 98,99	ピッコロおやじ …… 58,59,105,155	マンマユート・ボス ………… 58	**わ**
トト …………………… 94,95	ヒミ ………………… 6,7,8,11	御門(みかど) ………… 128,129	ワラワラ ……………… 6,7,8
トトロ ………… 29,40,41,42,63, 67,149,159	広小路幸子(ひろこうじさちこ) … 118, 119	ミスター・カーチス ……… 58,59, 63,105,155	
トンボ …………… 50,51,63,86	広田君 …………………… 63	水沼史郎(みずぬましろう) ……… 118, 119	
な	ひろみ …………………… 94	ミツオ …………………… 55	
ナウシカ …………… 32,33,34,35, 48,62,104		未亡人[清太・節子の親戚のおばさん] ……………… 44,45,150,151	
ナオ子 …………………… 55			
ナゴの守(なごのかみ) ……… 78,79			

175

スタジオジブリ全作品集 増補改訂版

2024年11月7日 第1刷発行

編集／講談社
監修／スタジオジブリ
　　　新潮社（『火垂るの墓』）
編集協力／P1～P31、P132～P133、P170～P176：
　　　　　長瀬千雅、宮内宏子（エフィラ）
　　　　　P32～P131、P134～P169：
　　　　　今西千鶴子、梅木のぞみ（サクセスストーリー）、老田 勝
文／中島紳介　小宮山みのり　柳橋 閑
　　賀来タクト　齊藤睦志
装丁・デザイン・アイコン作成（キャラクター相関図）／
　　矢島 洋・畠中貴実代（TOHOマーケティング株式会社）
書名手書き文字・扉絵／鈴木敏夫
ポスター協力／週刊少年マガジン編集部

発行者／安永尚人
発行所／株式会社　講談社
　　　　〒112-8001　東京都文京区音羽2-12-21
　　　　編集　☎ 03-5395-3142
　　　　販売　☎ 03-5395-3625
　　　　業務　☎ 03-5395-3615
印刷所／TOPPAN株式会社
製本所／大口製本印刷株式会社

落丁本・乱丁本は購入書店名を明記のうえ、小社業務あてにお送りください。送料小社負担にてお取りかえいたします。なお、この本の内容についてのお問い合わせは、海外キャラクター編集あてにお願いいたします。本書のコピー、スキャン、デジタル化等の無断複製は著作権法上での例外を除き禁じられています。本書を代行業者等の第三者に依頼してスキャンやデジタル化することは、たとえ個人や家庭内の利用でも著作権法違反です。

ISBN978-4-06-536906-7
定価はカバーに表示してあります。
N.D.C. 778 175p 26cm　Printed in Japan

『風の谷のナウシカ』© 1984 Hayao Miyazaki / Studio Ghibli, H　『天空の城ラピュタ』© 1986 Hayao Miyazaki / Studio Ghibli　『となりのトトロ』© 1988 Hayao Miyazaki / Studio Ghibli
『火垂るの墓』日本語表記の場合：© 野坂昭如／新潮社, 1988　英語表記の場合：Akiyuki Nosaka / Shinchosha, 1988　『魔女の宅急便』© 1989 Eiko Kadono / Hayao Miyazaki / Studio Ghibli, N
『おもひでぽろぽろ』© 1991 Hotaru Okamoto, Yuko Tone / Isao Takahata / Studio Ghibli, NH　『紅の豚』© 1992 Hayao Miyazaki / Studio Ghibli, NN　『海が聞こえる』© 1993 Saeko Himuro / Keiko Niwa / Studio Ghibli, N
『平成狸合戦ぽんぽこ』© 1994 Isao Takahata / Studio Ghibli, NH　『耳をすませば』© 1995 Aoi Hiiragi, Shueisha / Hayao Miyazaki / Studio Ghibli, NH　『On Your Mark』© 1995 Hayao Miyazaki / Studio Ghibli
『もののけ姫』© 1997 Hayao Miyazaki / Studio Ghibli, ND　『ホーホケキョ となりの山田くん』© 1999 Hisaichi Ishii / Isao Takahata / Studio Ghibli, NHD　『千と千尋の神隠し』© 2001 Hayao Miyazaki / Studio Ghibli, NDDTM
『猫の恩返し』© 2002 Aoi Hiiragi / Reiko Yoshida / Studio Ghibli, NDHMT　『ギブリーズ episode2』© 2002 Toshio Suzuki / Studio Ghibli, NDHMT
『ハウルの動く城』© 2004 Diana Wynne Jones / Hayao Miyazaki / Studio Ghibli, NDDMT　『ゲド戦記』© 2006 Ursula K. Le Guin/Keiko Niwa / Studio Ghibli, NDHMT
『崖の上のポニョ』© 2008 Hayao Miyazaki / Studio Ghibli, NDHDMT　『借りぐらしのアリエッティ』© 2010 Mary Norton / Keiko Niwa / Studio Ghibli, NDHDMTW
『コクリコ坂から』© 2011 Chizuru Takahashi, Tetsuro Sayama / Keiko Niwa / Studio Ghibli, NDHDMT　『風立ちぬ』© 2013 Hayao Miyazaki / Studio Ghibli, NDHDMTK
『かぐや姫の物語』© 2013 Isao Takahata, Riko Sakaguchi / Studio Ghibli, NDHDMTK　『思い出のマーニー』© 2014 Joan G. Robinson / Keiko Niwa / Studio Ghibli, NDHDMTK
『レッドタートル ある島の物語』© 2016 Studio Ghibli・Wild Bunch・Why Not Productions・Arte France Cinéma・CN4 Productions・Belvision・Nippon Television Network・Dentsu・Hakuhodo DYMP・Walt Disney Japan・Mitsubishi・Toho
『アーヤと魔女』© 2020 NHK, NEP, Studio Ghibli　『君たちはどう生きるか』© 2023 Hayao Miyazaki / Studio Ghibli
『くじらとり』© 2001 中川李枝子・大村百合子・Studio Ghibli　『コロの大さんぽ』© 2001 Studio Ghibli　『めいとこねこバス』© 2002 Studio Ghibli　『やどさがし』© 2006 Studio Ghibli
『星をかった日』© 2006 井上直久・Studio Ghibli　『水グモもんもん』© 2006 Studio Ghibli　『ちゅうずもう』© 2010 Studio Ghibli　『パン種とタマゴ姫』© 2010 Studio Ghibli
『たからさがし』© 2011 中川李枝子・大村百合子・Studio Ghibli　『毛虫のボロ』© 2018 Studio Ghibli